童心课堂
基于儿童学习机制的实践研究

潘磊　胡芸 / 著

东北师范大学出版社

长 春

图书在版编目（CIP）数据

童心课堂：基于儿童学习机制的实践研究 / 潘磊，
胡芸著. — 长春：东北师范大学出版社，2021.9
ISBN 978-7-5681-7342-1

Ⅰ.①童… Ⅱ.①潘… ②胡… Ⅲ.①课堂教学—教
学研究—小学 Ⅳ.①G622.421

中国版本图书馆CIP数据核字（2021）第186656号

□责任编辑：王立娜　　　　　□封面设计：言之凿
□责任校对：刘彦妮　张小娅　□责任印制：许　冰

东北师范大学出版社出版发行
长春净月经济开发区金宝街 118 号（邮政编码：130117）
电话：0431-84568115
网址：http://www.nenup.com
北京言之凿文化发展有限公司设计部制版
北京政采印刷服务有限公司印装
北京市中关村科技园区通州园金桥科技产业基地环科中路 17 号（邮编：101102）
2022年4月第1版　　2022年4月第1次印刷
幅面尺寸：170mm×240mm　印张：17.75　字数：287千

定价：45.00元

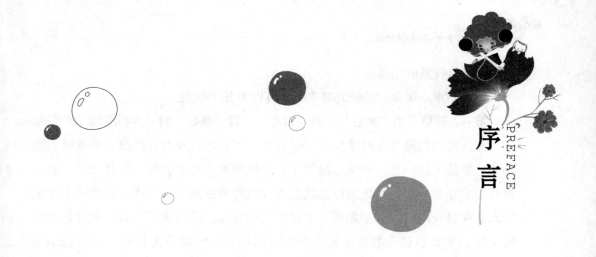

童心筑梦　扬帆起航

《辞海》有云，童心就是"儿童心情，孩子气"。明代思想家李贽曾在《童心说》中对"儿童心情"有过论述——"绝假纯真，最初一念之本心"。童心是一种真诚、纯洁、坦荡的"赤子之心"，也是一种没有受到任何污染、弥足珍贵的生命自然状态。

那么，这一生命的自然状态为何如此弥足珍贵？

也许，我们可以在法国教育学家卢梭的语句中有些许领悟——"大自然希望儿童在成人之前就像儿童的样子。如果打乱了这种次序，我们就会造就一些早熟的果实，他们长得既不丰满也不甜美，而且很快就会腐烂。"

作为一个教育的关注者和思考者，我经常问自己一些关于儿童教育的问题。因为身处21世纪，相比以往任何一个时代，都没有像现在这样，如此关注儿童的身心成长过程，这种关注被重新定义，回归本心，并被提到了前所未有的高度。

今天，我欣喜地看到，《童心课堂——基于儿童学习机制的实践研究》一书正是立足童心、涵养童心、点亮童心的实践范例。本书系2017年度江苏省基础教育前瞻性教学改革实验项目"基于儿童学习机制的童心课堂实践研究"[苏教办基（2017）9号]的研究成果之一，是连云港师范高等专科学校第二附属小学集体智慧的结晶。

纵观"童心课堂"的研究与实践，有以下几个特点：

第一，凝练了思"童心"、研"童心"、育"童心"的"童心浸润"新文化

连云港师范高等专科学校第二附属小学是江苏省政府首批命名的省级实验小学，始建于1915年，办学已逾百年。学校秉承"孔望文明、智贤文化、童心教育"的办学理想，始终坚持以优美的校园环境感染人，以优秀的校园文化滋养人，在自身不断发展中积蓄了丰厚的文化底蕴，已形成了具有鲜明特色的校园文化。学校以提高教育质量为核心，以提升学校品位为目标，以促进学生与教师的共同发展和成长为出发点与归宿点，一直行走在研究"童心"的道路上。

第二，形成了真切关注、真实研究、真性培育的"童心筑梦"新理念

当前，儿童因成长环境相对封闭，且接受信息多元化，而导致的课堂学习中目的不清、态度不正、动力不足、兴趣不浓等普遍问题日渐凸显，因此，遵循儿童学习机制引导儿童发展，即用"学习机制"打造童心课堂，成为研究的初衷和动力。2017年，"基于儿童学习机制的童心课堂实践研究"这一江苏省前瞻性课堂教学改革项目，已历经两年多的研究实践。附小人努力实践、反思、再实践，对儿童心理学进行了本土化的解读与实践，逐步探索出基于儿童、为了儿童的童心课堂教学范式，并在不同的学科中加以实践，其成效显而易见。

第三，建构了"理论—模式—实践"的"童心培育"新体系

该研究基于学生，从儿童心理学、建构主义、人本主义等教育理论中寻找依据与方向，从儿童的心理特征出发，关注儿童学习的发生、发展与结果，以"三阶段、六环节、九要素"这样的结构化模型的建构来探寻儿童学习的一般过程与一般规律，对儿童的"学"与教师的"教"进行本土化的建模，从理论、结构、体系和目标层面展开了一系列实践构想。

第四，打造了基于儿童学习机制的"童心课堂"新样态

立足童心课堂，教师的设计建立在充分了解儿童的知识储备、生活经验和心理需求的基础上，而学生则怀着一颗好奇的心对新知识充满兴趣。在富有趣味的情境下，根据教育部发布的《普通高中语文课程标准（2017年版）》《义务教育数学课程标准（2011年版）》等，从英语、道德与法治、科学、音乐和体育等学科中选取一个教学主题来具体阐述儿童不同学习内容的学习机制。正是这样，学习悄然发生了，我们仿佛感觉到了，童心课堂上，孩子们那种扬帆起航的激情澎湃。

第五，探索了促进学生幸福成长的"童心评价"新路径

随着基础教育课程改革的深入实施，有关教育质量评价的议题已经成为当今我国基础教育研究的热点，受到了众多理论研究者及一线教师的关注与思考。基于儿童学习机制的课堂教学评估体系力求体现"以人为本，以学生发展为本"的核心素养理念，同时遵循素质教育的评价原则，评价方式民主多样，评价内容丰富有效，充分体现了多元性和开放性，努力构建了以"童心星卡：从结果评价走向核心素养评价"为主要方式的教育评价体系，从顶层设计走向全面实施，从校内课内拓展到校外活动，从关注学业成绩到关注能力提升，从单一结果过渡到多元过程……全校师生用一张张小小的星卡铺筑出一条星级少年成长的美丽路径……

"童心筑梦"新理念——"遵循规律，还学于生"双原则；

"童心培育"新体系——"自主—合作"建构学习双路径；

"童心课堂"新样态——"表现活动与思维能力"双要素；

"童心评价"新方法——"诊断与激励、过程与结果"双手段；

"童心浸润"新文化——"智贤文化与涵养心智"双效应。

本书的出版，只是冰山一角，希望它能为"童心课堂"的打造带来一些新的启迪。在教育这条长河中，让我们始终珍视童心，尊重生命，将关爱、宽容、成全赋予每一个生命，让学校真正成为爱的摇篮；让我们坚持顺应童心，张扬个性，尊重儿童生命的自主、自由和独特，让学校真正成为生命的花园；让我们不断融入童心，开启心智，相信每一个孩子都潜力无限，人人都会开出属于自己的那朵最美的花束，并用教育智慧去润泽每一个纯真心灵，静待花开；让学校真正成为师生共建的心灵港湾，让每一个梦想都能扬帆起航。

臧 雷

2021年5月

（作者系江苏省连云港市教育局副局长、全国优秀教育工作者、特级教师）

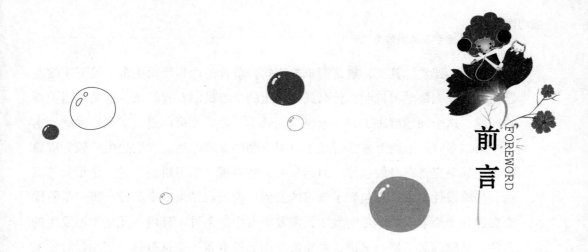

作为一所拥有一百余年历史的小学，她的发展是与她的历史紧密联系在一起的。

我们研究儿童，提出"童心课堂"，是源于1915年附小创办的《童年》校刊，是源于1929年时任校长的刘百川等创办的学校第一份《童心》校报，是源于曾在我校任教的朱智贤先生所著的《儿童心理学》。

我们研究儿童，探索"童心课堂"，是对教育本源的一种追溯，是对教学现象的一种审读，是对教学规律的一种尊重。

我们研究儿童，打造"童心课堂"，是基于一所基础教育学校对儿童学习方式的认知，是基于一群一线教师对儿童学习特点的理解，是基于一种教育实践对儿童学习规律的诠释。

2017年，直指学校课堂教学改革的顶层设计架构"基于儿童学习机制的童心课堂实践研究"成功申报了江苏省前瞻性课堂教学改革实验项目。五年来，在这个研究中，我们被专家、同行问得最多的是"什么是童心课堂""什么是学习机制""童心课堂与其他课堂有什么不同"这三个问题。对于这三个问题，我们在教学研究实践中也曾一次次地反问自己，直到今天，我们还在寻找更适切的答案。

什么是我们追求的童心课堂？当然，书中也给出了一些界定。这里，我们只想用最简单的表达：遵循儿童生理心理特点、符合儿童学习机制的课堂教

学即为童心课堂。其实，越是简单的语句，蕴含的内容反而更多。接下来的问题便是：什么是学习机制？什么又是儿童的学习机制？我们认为这是相当重要的问题，这个问题解决了，学理也就弄通了，然后才可以进行实践。因此，本书中第二章有一个两万来字的关于学习机制的文献综述。我们想借鉴较为成熟的理论成果完善自身的认知，但越学习，越发现"学习机制"是一个很大的概念。从阶段性上说，它包含了学习的发生、发展和结果三个阶段，每一个阶段会突出几个要素，如学习的发生，需要有发生的条件、环境。儿童学习发生的条件，从教师教学层面来讲，是指教学用品的准备（包括教具、实验器材的准备，学案教案的设计与下发，以及调取学生知识储备的相关复习与铺垫）；从学生学习层面来讲包括积极稳定的情绪、学习用品的准备等；从课堂层面来讲，包括成功的学习（教学）情境的创设、学生学习动机的激发等。同样，学生的发展阶段和结果（结束）阶段，也会有相关的要素把控着学习全过程。因此，关于学习机制的研究，我们仅仅是开始，甚至还没有开始，这也是后续我们研究的方向——关于儿童学习机制2.0的研究。

关于"童心课堂与其他课堂有什么不同"这个问题，则涉及童心课堂的特点与特质。这方面内容，书中也有论述。在这里提出来我们是想表达这样一种观点：任何一种课堂教学改革都不是崭新的，都是在普遍规律与认知上凸显特点的一种做法，我们的童心课堂也是如此，如果硬要说童心课堂有什么特质，我们觉得我们提出的"三阶段、六环节、九要素"可以算是吧。三个阶段就是指学习的发生、发展和结果，即学习的一般过程；六个环节即为契合学习过程三个阶段而安排的六个教学环节——情境创设、目标导向、探究合作、质疑表达、感悟迁移、创新应用；在这些环节中，凸显童心课堂的九个要素——问题、动机、目的，需要、冲突、动力、测量、转移、生长。其实，这里哪个词都不是我们所特有的、独有的，特别是教学的六个环节，当前绝大多数课堂都有这样几个环节。但我们基于学习机制的理论进行教学的探索与优化，关注儿童的心理需求，我们认为这是有价值的，这也是我们后续还需要进行研究的方向。

研究儿童，就要遵循儿童的心理需求，正视儿童的求知欲和发现力。对儿童的研究，我们一直在路上；从童心课堂到童心教育，对童心的呵护与化育，一直贯穿于学校的教育过程中；对童心教育的追求，我们执着而又热烈！童心教育是我们对教育的追求与渴望，也是我们对儿童自然成长规律的尊重与敬畏；同时，希望我们每一位老师都葆有一颗童心，过一种简单且快乐的生活，守护儿童，呵护儿童成长，让自己也让儿童成为真实、善良且美好的人！

目录
CONTENTS

第一章

童心的源起与概述

连云港师范高等专科学校第二附属小学是江苏省政府首批命名的省级实验小学，始建于1915年，办学已逾百年。学校办学历史悠久，底蕴丰厚。朱自清小时候曾在此读书，朱智贤从这里开始研究儿童心理学，海州地区最早的女共产党员冯菊芬、吕继英在这里播撒革命的种子，20世纪40年代在教育界有"南刘北董"之称的刘百川和董渭川（董淮）都曾在此追求自己的教育理想。

学校秉承"孔望文明、智贤文化、童心教育"的办学理念，始终坚持以优美的校园环境感染人，以优秀的校园文化滋养人，在自身不断发展中积蓄了丰厚的文化底蕴，已形成了具有鲜明特色的校园文化。在"孔望文明、智贤文化、童心教育"的涵泳下，我们以提高教育质量为核心，以提升学校品位为目标，以促进学生与教师的共同发展和成长为出发点与归宿点，一直行走在"童心"研究的道路上。

第一节　寻根——追随先贤的足迹与梦想

一、孔望文明：在传承与创生中寻找自我

春秋战国时期，古代海州是郯子国的属地。据《左传》的记载和明代海州刺史张峰的考证，鲁昭公十七年（前525）秋，孔子"问官于郯"时，曾至海州城东五里处登上朐阳山观望大海，遂"世传其山为孔望山"。据海州史学界考证，孔子还曾经在我校新校区的原址上开坛讲学，传道济世。

孔子是儒家创始人，是一个学术人。

孔子是一个思想家，是一个哲学人。

孔子是一个教育家，是一个教育人。

"天不生仲尼，万古如长夜"——在古海州的热土上，孔子曾留下自己的学术足迹，也曾播下自己的教育梦想。因此，万世师表的孔子，成为百年附小的第一代智贤学人。2000多年前的孔子强调"有教无类"，提倡"因材施教"，在当时只能是一种美好的梦想。而今天，在连云港师范高等专科学校第二附属小学（以下简称"师专二附小"）这片教育热土上，已变成触手可及的现实。"孔望书院"就建在孔子当年讲学之处，矗立于师专二附小教育集团校内。学校位于秦东门大街以北、振海路以西、玉带河以南，占地面积约43000平方米，建筑面积约31000平方米。

我们一直在传承，用生命去传承。

我们传承中国传统文化，尚德修身，崇文重义；我们传承中国经典国学，诵读经典，书韵飘香；我们传承中国教育思想，有教无类，学思结合。

孔望文明所要表达的是，孔子等先贤所代表的国学、儒学、教育学在海州千年不断的传播与滋长。

二、智贤文化：追寻"智贤合一"的"全人教育"

学校源于板浦的尚义学堂，始建于1915年，至今已有百年历史，底蕴丰厚，人才辈出。从学塾"尚义堂"改称"江苏省立第八师范附属小学"开始，先后称为江苏大学区立东海中学实验小学、江苏省立东海师范学校附属小学、江苏省海州师范学校附属小学等，2000年定名为连云港师范高等专科学校第二附属小学。

学校现有70个教学班，近4000名学生，在职教师165人。有12位江苏省特级教师在此工作过，112人次获省市基本功、优质课比赛一等奖。

"智贤"是一种文化的符号和象征，其一是为了纪念在我校工作过的我国现代著名教育家、儿童心理学泰斗朱智贤先生；其二是为了纪念在我校工作、学习过的像朱智贤先生那样的代代附小人；其三是希冀师专二附小每一位师生都成长为富有"智贤精神"的"智贤人"。

"智"，智慧，智略。这是附小全体师生在求学方面的追求，寓意附小人要学会学习、学会思考、学会创造，做一个"智慧之人"。"贤"，贤能，贤达，这是附小全体师生在做人方面的追求，寓意附小人兢兢业业、见贤思齐、高情远致、厚德载物，是"贤达之人"。

我们追求"智贤合一，智贤共生"的教育教学境界："智贤合一"的背后，体现了天人合一的思想，是对人类智慧的无限启迪和对人类道德的深情唤醒。"智贤共生"背后表达的是共生共赢、学教相长的理念与追求。智贤文化是附小人为了认清自我而做出的历史选择，智贤文化是附小人对教育教学本质内涵的独特解读，智贤文化是附小人在新课程理念与视野下坚定行走的方向与航标。

"贤者生智，智者成贤""做学做人，智圆贤达"，没有智慧的贤，不能震撼人的心灵，没有贤达的智，不知自己的未来在何处。"智"，指向知识与技能、过程与方法；"贤"，指向情感、态度与价值观。智贤文化，让理性与人文比翼双飞；智贤文化，让智慧与道德共生共长；智贤文化，让人成为"大写"且"完整"的人。

第二节　溯源——百年附小的童心血脉

一、《童心》

1915年，附小创办了第一期《童年》校刊。1929年，刘百川校长和朱智贤老师创办了附小的第一张校报——《童心》。

新时期，新学校，需要我们重新审视学校教育的价值所在。

今天，重读朱智贤、刘百川、宋佛庵、杨汝熊等老师的文章，我们可以清晰地提炼出一代代附小人坚持的教育主张——童心教育。

童心教育，就是以学生的发展为中心，追求本原、纯真、扎实、存在的本然童心，一如《童心》报发刊词中百川校长的谆谆教导："小朋友的心是绝顶的聪敏、活泼、勇敢、快乐。"

刘百川先生（1903—1971），是我国近现代教育家。1926年，刘百川先生从江苏省第八师范毕业后，从一名普通的小学教师成长为大学教授，1929年3月任东海中学附属实验小学（我校前身）校长。主要著作有《一个小学校长的日记》《乡村教育实施记》（共三辑）《国民教育》《现代儿童教养研究》《全面发展的教育》等。

刘百川先生一生对初等教育、乡村教育、国民教育有杰出贡献，新中国成立后，对全面发展教育的认识与实践有独到之处。

刘百川先生的"乡村教育思想""教育行政学术化思想""教师自主发展思想""人的全面发展思想""教育评价的思想"等等，对当下的教育无疑具有深刻的借鉴意义。

二、《儿童心理学》

朱智贤，1908年出生于黄海之滨的江苏赣榆县（现在的赣马镇城里村），6岁入小学堂，品学兼优；高小毕业后进入海州的江苏省立第八师范学校（现连云港师范高等专科学校前身）。1929年春毕业后以优异的成绩与杨汝熊一起被留在附属小学（现连云港师专二附小）任教。1930年被保送中央大学教育学院深造。

在我校工作期间，朱智贤先生任教师兼儿童自治指导主任，他把自己对于儿童心理学的见解付诸《童心》校报编写的实践中。甫一工作便开始致力于儿童心理学的研究，两年间发表了23篇论文。1962年4月，朱智贤先生的《儿童心理学》由人教社出版。先生编写的《儿童心理学》，系统地阐述了儿童心理发展的特点和规律，使人们了解了中国儿童心理发展的种种特点和规律。《儿童心理学》初版与读者见面至今已近60年，后几经修订，至今学者们普遍认为，朱智贤先生的《儿童心理学》是新中国儿童心理学发展史上的"活化石"。

无论是《童心》校报，还是朱智贤先生的《儿童心理学》，近一个世纪以来，百年附小从未停止过对"童心"的尊重与研究。当下，《童心》校报、《童年》月刊依然时时出现在孩子们的课桌上，只不过文章、作品的作者已经是师专二附小的当代学子。学校每年都会为新入职的青年教师赠送朱先生的《儿童心理学》，定期组织教师进行学习汇报，并举办读书沙龙活动，让百年附小的童心血脉蓬勃跳动！

第三节 追求——"至真至善至美"的 童心教育

童心教育，让儿童成为真实、善良且美好的人，换言之，让儿童成为敞亮、高尚且自然的人。今天，我们研究童心教育的内涵，我们追求一种"至真至善至美"境界的童心教育，是为了让儿童过一种简单且快乐的生活，让儿童永远保持一颗赤子心和一种年轻态。

"童心"本来就是教育的追求，无痕、致远。我们还认为，童心是儿童发自天性的追求"至真至善至美"的赤子之心；童心是一种属于儿童的发现力，对于未知的世界充满着渴望；童心使儿童的求知欲"一直很强"，敢于正视自己某个方面的无知，从而喜欢探索；童心让儿童因为自己的单纯和不满足，而使自己更有智慧。

追求童心教育，是我们在当前教育大环境下，基于我们对学校历史的追溯、对学校现实的反思及对学校未来的期待而做出的慎重选择。

一、童心课程的开发和建构

站在儿童立场，关注儿童成长，学校有五个课程载体作为重要的平台支撑。

1. 童心园打造儿童校园的环境文化

童心园里有写着"童心、童真、童趣"的三块石头令人醒目，富有童趣的儿童雕像散落其间，生动，有趣，彰显生命。另外，学校精心打造了展示学校历史上出现的优秀教师的"智贤园"，纪念为人做学、经典垂范的朱自清先生的"自清园"，为了纪念我校创始人董淮先生，提醒我们师传二附小的"智贤学人"与"智贤学子"要不甘平庸、追求卓越的"淮园"，以及百川广场、童心广场等，形成了"一道两场三院四馆五像六园七廊八景"的环境文化。

2. 童心大舞台是学校德育主阵地

童心大舞台上，同学们自主设计、自主管理，以主题班队会、辩论赛、情景展示等论道说理，是学校大队部为少先队员开辟的一片寓教于乐的新天地。

3. 童心剧场是学生艺术展示大平台

"给我一片舞台，还你一份精彩！"学校每个学期精心打造若干系列活动，包括舞蹈、声乐、器乐、课本剧、小品等。孩子们到了童心剧场，一个个就成了舞台的主人，从节目的编排到服装的选择，从剧本的编写到演出的效果等，一场比赛不仅是才艺的展示，更是对孩子们组织能力、协调能力等多方面的培养。

4. 童心社团充分满足学生成长需求

学校成立了人文社团和艺术社团，有"吕继英中队""冯菊芬中队""朱自清中队"等英雄中队，有"绿蔷薇科学院""朱自清少儿文学院""红领巾少儿法学院""孔子少儿儒学院"等人文少儿学院，以及"菊芬艺术总社团""百川体育总社团"等社团，它们定期开展活动，提高学生的综合素养。

5.《童心》报是展示学校素质教育成果的形象代言

1915年创刊的《童年》月刊和1929年创刊的《童心》校报是学校发展历程中的瑰宝，是学校亮丽的名片。现在，重新复刊的《童年》和《童心》已经成为师生展示才华、对外宣传、沟通社会和家庭的重要媒体。每个月，当散发着油墨香味的一刊一报走入每个家庭的时候，师传二附小的办学理想、办学成果也一起家喻户晓了。

二、童心教育的品牌活动

1. 以德育为主要活动内容的童心德育节

学校以少年儿童的节日为契机，实施开展专题庆祝活动，同时抓住每一个传统节日的教育契机，实施开展童心教育，一个节日带动一个群体，给学生带来健康的生活。

2. 以智育为主要活动内容的童言读书节

学校珍视孩子的童心，推广"自由、快乐、随性"的读书方式，开展我与图书有个约会"开心采蜜集""好书推荐会""汉字听写大赛""动物世界漫谈""诵读大赛""小主持人风采展示""读书大王""书香家庭评比"等丰富多彩的"童言读书节"系列活动，让孩子悄然走进书本，乐于做一个美丽的读书人。学校将图书馆搬进了校园的各处走廊中，孩子们随手就能翻阅书籍，尽情享受休闲与读书的快乐。

3. 以艺术为主要活动内容的童梦艺术节

每年槐花开放的五月，是一个放飞梦想的季节。"我型我秀·我的节日我做主""我就是明星""校园歌手大赛""主持人大赛"等系列演出，书法、绘画、器乐表演等系列比赛你方唱罢我登场，让孩子们过足了"明星"瘾。如果说前者只是少数同学的舞台的话，那么每年的庆六一文艺演出，则让整个校园都沸腾起来：每个年级一台戏，让班主任、全校学生望眼欲穿！针对文艺演出班主任及学生的参与热情与表现欲空前高涨！

4. 以体育为主要活动内容的童趣体育节

我们的体育节目标是让每个孩子成为运动会的主人，这不仅是对我校学生体能素质的检验，更是激发学生运动兴趣的一次盛会：全校每个学生必须参加3个项目，还有15个趣味项目每人可以任选3项。体育节让整个校园成了欢乐的海洋！"校长杯"足球联赛则把体育节的活动推向高潮！

5. 以实践为主要活动内容的童幻科技节

学校为孩子们精心打造了科学主题教室，分为生命科学室、工程与物质科学室、地球与宇宙科学室等，并且打造了物联网教室、开放科学馆、机器人教室等，这些教室成为孩子们动手实践、体验科学奥秘的地方。科技节中，有青少年科技创新发明、科技小论文写作、科技幻想绘画、科技知识竞赛、科普知识宣讲等项目。站在童星廊道中，抬头仰望，满天星辰，每个孩子也成了学校、老师心目中具有不同特质的星星。

童心课堂是追寻童心教育的阵地。我们从教育人的教师入手，积极倡导以童心教育为核心理念的课堂教学。首先要求教师以童心的视角去开展课堂教学，遵循生命发展的"次序"，关注儿童心灵和精神的成长构建，使小学阶段成为孩子一段美好的人生经历。这就要求每一位教师尊重儿童天真、纯朴、活泼的生命自然状态，创造充满爱、富有童趣、自由、和谐的教育情境，把属于儿童的生活还给儿童，把童年的幸福还给儿童。童心课堂，珍视童心，崇尚真爱；依归童心，张扬个性；开掘童心，开启心智；融入童心，教学相长。

第二章

基于儿童学习机制的童心课堂的研究背景

　　如果说历史给了我们关注儿童、研究儿童的血脉，那么当下儿童的特点、生长和需要给了我们动力、目标与方向。在百余年的历史长河中，一代又一代的附小人关注儿童心理，研究儿童的学习机制，以追求"至真至善至美"境界的童心教育作为我们孜孜不倦的教学实践与理想。

　　当前，儿童成长环境相对封闭，且接受信息多元化，儿童在课堂学习中目的不清晰、态度不端正、动力不足、兴趣不浓等问题普遍存在，为了改善这些问题，我们提出要遵循儿童学习机制，引导儿童发展，即用"学习机制"打造童心课堂。2017年，学校成功申报了江苏省前瞻性课堂教学改革项目《基于儿童学习机制的童心课堂实践研究》。两年多来，围绕这个项目，附小人努力实践，反思，再实践，对儿童心理学进行了本土化的解读与实践，逐步探索出基于儿童、为了儿童的童心课堂教学范式，并在不同的学科中实践。

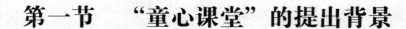

第一节 "童心课堂"的提出背景

基于对学校历史的尊重与传承，结合当下儿童学习中存在的一些问题，学校于2017年提出"基于儿童学习机制的童心课堂实践研究"这一课题，并成功立项为江苏省第三批基础教育前瞻性教学改革实验一类项目。这一前瞻性项目的提出，主要基于以下四个方面的思考：

一、基于解决当前小学生在课堂学习中普遍存在的问题的迫切性需要

新课程改革虽然已经进入深水区，但小学课堂并没有在新鲜血液里获得彻底新生，小学生的课堂学习还存在着诸多亟待解决的问题：①单向接受性学习现象依然严峻。学生被动接受教师讲解的知识，"教"与"学"的关系不和谐，"学"亦步亦趋于"教"且不敢越雷池一步。②学习水平不均衡现象日益突出。横向看，不同群体学生学习水平差距明显，学生本身在不同学科或学习内容间存在差距；纵向看，学生学习水平在不同学段也存在着差异。③缺乏独立思考的习惯和大胆质疑的勇气。随着"套路"式学习的泛化，学生依赖教师、依赖教辅资料的情况比较普遍，学生迷信权威、迷信书本，不能提出有价值的问题，不敢质疑与批判。本前瞻性项目的提出，就是尝试寻找解决以上问题的办法与途径。

二、基于发展学生核心素养、落实"立德树人"根本任务的校本化思考

2014年3月，教育部《关于全面深化课程改革 落实立德树人根本任务的意见》下发，文件中有个词引人关注：核心素养。2016年9月，《中国学生发展核

心素养》总体框架正式发布，教育要以培养"全面发展的人"为核心。核心素养是育人目标的全息演绎，学校要引导学生学习的全过程，让每一节课成为撬动学生学科整体素养和人生素养发展的杠杆。本前瞻性项目改革，就是我们校本化思考的结果。

三、基于学校文化建设、处理好继承与创新关系的自觉性追求

文化是一种传统，是人类文明的积淀。学校文化是一所学校持续健康发展的重要保障，是学校发展的动力。我校有着悠久的办学历史与深厚的文化底蕴，董渭川、刘百川、朱智贤、徐阶平、杨汝熊等教育专家都曾在这里教书育人、著书立说。浓郁的教育教学研究氛围作为一种优良的传统一直被附小人传承，这成为我校文化建设的源头与生长点。从"智贤文化"走向"童心教育"，进而研究"指向儿童学习机制的童心课堂"是我校发展的历史必然。

四、基于教师专业自主发展与学生终身发展和合共生的时代的呼唤

教育的本质是人的发展，是师生的共同成长：学生的成长离不开教师的专业发展，教师的专业发展是为了学生更好地成长与发展。"用研究改变学校气质，用研究培养'智贤学人'。"通过本项目研究，去实现我校教师团队的高位再发展，为培养拥有"强健的体魄、自由的身心、持续的能力、美好的品质"的中国公民奠定基础。研究"指向儿童学习机制的童心课堂"的实质，恰是基于儿童，为了儿童，让儿童的学习真正发生，具有引领未来学习的意义。

缘于以上情况，我们提出了用"学习机制"打造童心课堂的教育设想，即在朱智贤儿童心理学理念指引下，研究梳理基于儿童学习心理、符合儿童学习现状的学习机制，全力打造触发儿童学习兴趣、发掘儿童学习潜力、张扬儿童个性、基于儿童学习机制的童心课堂。

第二节 "童心课堂"的研究基础

一、传承基础

连云港师专二附小教育集团，是省政府首批命名的省级实验小学，市教育局直属小学，始建于1915年，至今历史已逾百年。学校底蕴丰厚，人文荟萃，涌现出了"朱氏双贤"——朱自清小时候在此读书，朱智贤从这里开始研究儿童心理学；"南刘北董"——20世纪30年代教育家刘百川和董淮都曾在此追求自己的教育理想。特别是朱智贤教授对儿童心理学的研究及成果一直影响并指导着百年附小的教育教学。

二、智力基础

"特级群体"：百年附小教师队伍建设历来被人们所称道，人才群的出现甚至被人们称为"二附小现象"——学校先后培养了13位省特级教师，这在连云港市是绝无仅有的。13位特级教师对百年附小教师队伍的建设起着不可估量的作用，他们的教育情怀、教育思想、教学技艺、研究意蕴等，在自然、自主的传、帮、带中潜移默化地影响着周围的每一个人，酝酿着百年附小的气质与气息。

三、环境基础

学校于2014年迁入海州区振海路199号新校址，占地面积64416平方米，总投资近2亿元。依据学校办学理念和指向儿童学习机制的童心课堂实践研究计划，我们对学校环境进行了整体规划：两场（百川广场、童心广场），三道（百川大道、问渔大道、浴宇大道），四园（春华园、夏荷园、秋实园、冬梅园），五苑（智贤苑、渭川苑、自清苑、菊芬苑、继瑛苑），场、道、园、苑的命名有的与校史上的人和事有关，寄托着我们的教育理解和教育理想，为本项目研究提供了坚实而广泛的物质基础。

四、实践基础

学校在"十一五"期间，以省规划课题《和谐的学与教关系实践研究》（批准号：D/2006/02/188）为研究重心，为提高课堂教学效益进行了有意义的实践探索。"十二五"期间，学校顺利完成了省规划课题《智贤文化的建构与实践策略研究》（批准号：D/2013/02/148）的研究工作。目前，学校正在研究的主课题是省规划课题《追求"至真至善至美"境界的童心教育实践研究》（批准号：D/2015/02/090）。在"十三五"开局之年，我校又有三项省重点课题成功立项。近年来，我校每学期都会进行不同层次的童心课堂研讨活动。

五、成果基础

2013年，在江苏省教学成果奖（基础教育类）评比中，我校荣获两个一等奖和一个二等奖；在2017年市教学成果奖评比中，我校《基于"童心"理念的课堂教学实践与研究》等两项均获一等奖。我校自2011年起连续6年获省"教海探航"论文竞赛优秀团队奖，13次获得省"师陶杯"论文竞赛优秀组织奖，其中2014、2016年总成绩名列全省第一。研究成果《学科教室：扎根"童心教育"的乐学天地》等陆续发表于《江苏教育》等期刊上。研究成果《"童心课堂"的教学追求及实践框架》获2016年省"教海探航""师陶杯"论文竞赛双料一等奖。前期的研究为本项目建设的深入开展奠定了基础。

第三节　基于儿童学习机制的童心课堂文献综述

一、学习机制相关文献综述

在中国知网以“学习机制”为检索词，以“主题”为检索项，以“精确”为匹配类型，共搜到中文文献482篇。进一步聚焦基础科学和社会科学领域共有105篇，其中关键词含有“机制研究”78篇、含有“学习记忆”65篇、含有“学习动机”53篇、含有“运行机制”48篇、“动力机制”42篇、含有“学习动力”38篇、含有“机制构建”34篇。我们结合选题与内容最终确定对吻合度较高的87篇文献进行研究。这些文献主要以期刊形式呈现，共76篇，另有硕博论文10 篇、会议论文1篇；从时间上看，近五年此主题的发文量较少，但整体呈现缓慢上升态势。这些研究主要分为四类：第一类是指向学习机制的理论研究，主要从心理和生理角度进行专业的测试与实验；第二类是关注学习机制与学习方式的相互关系与变化研究；第三类是聚焦某类学习机制包括学习过程与策略等的研究；第四类是基于学科教学的学习机制研究（对学习机制的定义研究）。

（一）指向学习机制的理论研究

关于学习机制的理论研究是所有文献中对机制的研究与表述最为严谨与专业的。当然，对于一线的基础教育者来说，也是最为深奥与难以理解的，存在无法跨域的专业和理论鸿沟。比如，类属于经济与管理学领域的赵志刚等学者认为“通过向分类器系统中引入社交学习红利这一量化投资者模仿强度的参数，构造了一个结合了个体学习与社交学习的新学习机制"①；上海华东师范大学心理系的熊哲宏等学者提出"用作为认知心理学元理论的'联结主义范式'作为解释儿童发展的机制，已成为当前认知发展研究的新趋势……联结主义模型是大量相互作用的单一处理单元所构成的网络，是对人脑实际工作方式的一种模拟，同样也是一种探讨认知和学习的新科学方法"②；罗必良博士基于"囚犯困境"模型，阐明了学习机制如何诱致合作意识的产生，并进一步揭示了制度与意识形态的形成机理。③上述研究是以某一专业视角对学习机制的界定与分析，从文本上理解，此类机制的界定更倾向于一种特定的系统、模型或是总结的新方法。

相对于上述专业的理论研究，我们认为下面几位学者的研究成果更易于理解与接受，对一线的教育教学工作具有一定的指导意义：

1. 学习双机制理论

华南师范大学心理学系莫雷教授结合知识类型和学习过程提出学习双机制理论。该理论认为人有两类学习机制，一类是联结性学习机制，另一类是运算性学习机制。联结性学习机制是指个体将同时出现在工作记忆中的若干客体的激活点联系起来而获得经验的心理机制；运算性学习机制是指有机体进行复杂的认知操作（即运算）而获得经验的心理机制。④并结合具体知识的类型分析不同学习机制的过程与主要教学目标。

2. 促进全面发展的学习机制

陈佑清教授提出学习不仅仅是书本知识学习，而是一种包括符号学习、交往学习、操作学习、反思学习、观察学习等在内的多个维度的学习，即完整的学习。多维学习之间的关联与互动，是促进学生作为"生活主体"全面发展的学习机制。他在对单一维度学习类型及局限进行分析的基础上提出确立一种

① 赵志刚，张维，熊熊.学习机制与格式化特征［J］.第四届（2009）中国管理学年会：金融分会场论文集：157-174.
② 熊哲宏，徐云.联结主义范式对儿童发展解释的理论优势与限度［J］.西北师大学报（社会科学版），2004（7）.
③ 罗必良.学习机制、意识形态与社会经济发展［J］.广东社会科学，2002（1）：71-76.
④ 莫雷.知识的类型与学习过程：学习双机制理论的基本框架［J］.课程·教材·教法，1998（5）.

多维学习观①，并具体阐述了多维学习的交叉存在、交互作用和联合作用是全面发展的保障及实现机制，是促进学生全面发展的学习机制和基本条件。在此基础上，他又具体探讨了上述不同学习类型的机制：符号知识学习的特定机制应该从陈述性知识、程序性知识及策略性知识学习过程的角度去理解②；操作学习的机制是由认知阶段、练习阶段、自动化阶段等构成的③；交往学习的机制应该从交往的条件、交往的过程和交往的结果三个不同的层面来理解④；实践学习的机制在本质上是一种以实际问题为对象的问题解决的过程，在这个过程中，知识的灵活运用和多种活动（动手操作、人际交往、实地观察、自我反思、符号活动）的综合使用非常重要⑤。反思学习的过程包含获得或积累经验、对经验进行反思、提升反思结论、应用并检验反思结论⑥；观察学习由注意过程、保持过程、生成过程和动机过程这几个环节组成⑦。

3. 大脑学习的原理

李静波从生理学、脑神经学、认知心理学、信息加工心理学等多学科领域探索研究大脑学习的本质奥秘，进行学习机制的脑科学研究。总结提炼出大脑在认知信息时的一般过程为：感觉器官获取外部信息→神经传递系统对感官获取到的信息进行传递→内感官对传递进来的信息进行过滤，并形成注意→过滤后被注意到的信息形成感觉及瞬间记忆→瞬间记忆的信息经过一定条件的转化形成工作记忆→工作记忆的信息经过深加工形成长期记忆。⑧

陈光辉等学者从认知发展角度总结目前脑机制研究主要包括：脑内的发展

① 陈佑清.多维学习与全面发展——促进全面发展的学习机制探讨［J］教育研究，2011（1）：45-49.
② 陈佑清.教学论新编［M］.北京：人民教育出版社，2011.
③ 陈佑清.操作学习：类型、特征及其教学过程［J］.基础教育课程，2015（13）：35-38.
④ 陈佑清.交往学习论［J］.高等教育研究，2005（0）：22-26.
⑤ 陈佑清.实践学习的机制探讨［J］.教育科学研究，2009（3）：10-13，18.
⑥ 陈佑清，曾莉.反思学习的含义及过程［J］.基础教育课程，2015（17）：32-35.
⑦ 陈佑清，董晶晶，叶如丹.观察学习的类型、过程及其教学组织［J］.基础教育课程，2016（1）：41-46.
⑧ 李静波.大脑学习的原理［J］.科技创新与应用，2013（7）：280-281.

变化（联结、化学和形态学）、认知能力的发展变化（表征复杂性、维持选择性注意的能力、加工速度），以及认知加工在人生各个发展阶段的不同机制。同时指出认知发展的脑机制研究存在两大取向，一是对个体单个年龄段脑机制的静态描述研究，二是对个体发展中多阶段脑机制的发展研究。前一取向的研究主要用来解释认知发展中脑机制的神经生理特征，不同脑区在个体不同阶段的成熟程度和特定功能。后一取向的研究主要着眼于个体发展过程中脑功能产生的机制及其发展模式。学习与脑机制发展之间存在重要的关系，错误驱动机制、自组织机制、统计学习机制和建构主义学习机制的建立和发展受制于儿童发展的先天因素、其他脑机能系统和所生活的物理与社会环境。脑的表征系统在个体学习过程中的分离趋势和整合趋势同时增强，其脑机制的研究能够更好地揭示个体的认知发展特点。[1]

4. 认知神经科学、心理科学视域下学习机制的研究理论

崔亚萌从认知神经科学的视角出发，把学习机制重新界定为：学习机制则是指学习活动在内部基础和外部因素的共同作用下顺利运作的过程。而认知神经科学视域下的学习是个体的心智网络在脑与环境的相互作用下形成的活动，因此学习机制具有强烈的相互作用性、动态复杂性和网络协调性。脑生理基础、心理基础、具身基础以及社会互动基础是学习机制的发生基础。根据认知神经科学的研究，学习活动不仅受到大脑自身生理机制的调控，也同时受到学生内部心理活动、外部具身活动和社会互动的影响，只是这三者对学习活动的作用往往也需要通过大脑这一中介调控器而实现。[2]沈德立等学者提出高效率学习的心理机制，是在知识呈现符合学生认识规律的情况下，具备以下五个主要心理要素：选择性注意是实现高效率学习的前提，元认知是高效率学习的监控系统，非智力因素是高效率学习的动力源泉，学习策略是实现高效率学习的保障，内隐认知，特别是内隐学习是高效率学习的特殊形式。[3]

---

① 陈光辉，徐夫真，王益文.认知发展的脑机制研究：问题与展望［C］.中国神经心理学学术会议论文集，2005.

② 崔亚萌.认知神经科学视域下学习机制的初步研究［D］.郑州：河南大学，2017.

③ 沈德立，白学军.高效率学习的心理机制研究［J］.心理科学，2006（1）：2-6.

综上所述，关于学习机制的理论研究主要是在脑科学、认知神经学、心理学等领域进行的一种专业分析。从内容上看，可以划归为两类：一类是内化的学习机制，包括脑机制、心理机制，这些研究对学习机制进行了一定程度的提示，但对于一线的教育工作者来说，还是存在一些难以理解的问题，毕竟是在头脑或心理内部的过程，没有一定的专业知识，难以直接应用教学实践；第二类是外化的学习过程。无论是莫雷教授的学习双机制理论，还是陈佑清教授的多维学习类型机制，都是一种以学习过程、学习环节、学习阶段来解构该类学习机制，但是学习机制并不单单指学习过程，严格意义上来讲，学习过程只是学习机制的一部分。这样的解构说明只是把不同类型的学习过程进行了具体说明，或是强调了学习发生、发展和结束的每个环节的侧重点和特征。我们认为虽然还是没能说清学习机制到底是什么，但这样外化的学习过程能让教育工作者对学生的学习有一定的了解和把握。

（二）关注学习机制与学习方式的相互关系与变化研究

除了上述几类对学习机制本身进行理论阐述和研究之外，还有一部分研究围绕学习机制与学习方式的相互作用与变化而展开。

1. 对特定学习群体学习机制的研究

张昕等学者从优化大学生学习机制的视角提出科学的高等教育质量评价，要在理性认知高等教育质量评价与大学生学习机制辩证关系的基础上，确立起以评助学、以评促学、评学共轨的协同联动，以更好回答如何对高等教育质量共同发生作用并形成合力。[①]此外，该研究具体地阐述了知识习得过程中大学生学习机制的构成：首先，知识的领会阶段。该阶段主要是通过大学生对一定知识的接触、感知和理解，充分领略知识的内涵。知识领会阶段，往往会涉及大学生对一定学习内容的预期、动机、感知、注意、加工，这一阶段的完成既依赖于大学生已有的知识结构，还取决于大学生是否有获得相应知识的主观需要；其次，是知识的巩固阶段。该阶段就是指大学生在领略和理解一定知识的基础上，牢固地掌握知识并持久地、稳固地保持在自己的头脑里，强调反复练

---

① 张昕，殷玲玲. 高等教育质量评价：大学生学习机制优化的视角 [J]. 江西师范大学学报（哲学社会科学版），2019，52（5）：111-115.

习与及时复习。没有知识的巩固阶段，就没有知识的掌握、积累和应用，知识仍是外化于主体的存在，而无法为其所用。最后，知识的运用阶段。该阶段主要是将现实问题与已掌握的知识相联系，依据已有知识的属性解决问题、加以有效利用的阶段，它既是知识习得的最后阶段，也是检验知识理解和掌握情况的一种手段，更是使大学生加深理解和巩固知识的重要方式。需要注意的是，不是在任何情况下都可以习得一定的知识，知识的习得讲究规律性和条件性，特别是学习的基础、意愿和情境等，要真心向学、学会学习，这也是大学生学习机制生成中必须予以重视的方面。[①]

东北师范大学心理系的金志成等学者采用两因素混合实验设计对学习困难学生认知加工机制进行研究：在严格控制条件下，比较了学困生和学优生在工作记忆（WM）容量上的差异，并进一步探讨学困生WM容量低主要是由存贮能力造成的还是由加工效率造成的或是两者同时起作用的问题。[②]实验结果表明：在WM容量上学困生不如学优生，差异很显著（P<0.01）。学困生WM容量低主要是由其存贮能力造成的。此结果启示人们应注重训练学困生的存贮能力，以提高其WM容量，从而改善他们的学业。

冯国峰从"学习型组织理论"视野下对高校学习机制进行了研究。[③]在学习型组织理论中，由于学习主要是指组织学习，因此学习机制也主要指组织学习机制，是组织学习的内在机理及协调组织内与学习有关的各要素在一定结构中相互关系的运作方式，是组织系统化地收集、分析、储存、传播和使用与组织及其成员业绩有关的信息的制度化的结构和程序安排。由于组织学习是在个体、群体、整个组织三个层次上进行的，所以，组织学习的内在机理就是个体、群体、整个组织运用各个层次的理论、方法与技术进行知识的收集、加工与存储、共享与交流、使用、再创造等，即个体学习、群体学习、整个组织学习就构成了高校学习运行机制的主要内容。而组织结构、组织制度、组织文化、学习技术等就成了激发与保障个体学习、群体学习、整个组织学习按照一

① 张昕，殷玲玲. 高等教育质量评价：大学生学习机制优化的视角［J］.江西师范大学学报（哲学社会科学版）2019，52（5）：111-115.

② 金志成，隋洁. 学习困难学生认知加工机制的研究［J］.心理学报，1999（1）：47-52.

③ 冯国峰. "学习型组织理论"视野下高校学习机制研究［D］.郑州：河南大学，2005.

定的运行方式持续、快速、高效运转的配置方式和组织形式。

2. 对特定学习形式的学习机制研究

宁波大学的王慧提出了基于技能操作类教学视频的模仿学习原理，指出模仿学习包括认知阶段与超越阶段，并进一步阐述了每个阶段的构成要素：模仿认知阶段由注意阶段、观察阶段和反复匹配等要素构成；模仿超越阶段由丰富的认识图式、综合和独立创作等要素构成。并对基于视频的模仿学习机制进行了概括：基于视频的模仿学习是一个逐层深入与各要素互相关联的过程，现象的模仿与思维的深度加工缺一不可，技能类教学视频资源建设应该围绕这一过程的核心理念展开，体现互动、体系与变式的特点。[1]

李易飞等学者针对大规模网络公开课（MOOC，Massive Open Online Course）的学习要素、学习过程，从学习者视角对MOOC平台的学习机制进行了归纳和改进。他们认为学习者视角下基于MOOC平台学习的学习者机制，应包含如下要素：MOOC平台、导学、先行知识、学习效果、实践社区和信息。并构建了基于学习者视角的学习机制模型，见图2-1：

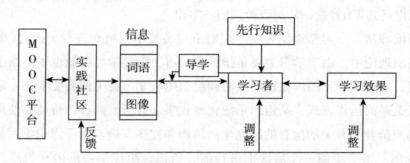

图2-1 基于学习者视角的学习机制模型

横向上，MOOC平台首先提供资源支持，这是学习活动可以进行的首要条件；随后实践社区获得资源拆解并分配给社区中的学习者；学习者对信息也不是全盘接受，而是进行信息筛选，主动创造、探究，这些学习活动最终由学习效果呈现出来。另外，学习效果可以被及时反馈给学习者，促使其调整兴趣点；社区收集学习者的兴趣点与资源分享反馈给MOOC平台，最终由平台做出

---

① 王慧.技能操作类教学视频的学习机制研究［J］.宁波大学学报，2017（5）：100-104.

资源调整。纵向上，先行知识首先影响学习者的初始兴趣点，并让学习者进行更具针对性的资源查找；其次，导学辅助程序可由学习者选择开启或关闭，在学习初期大多数人会选择导学辅助；最后，学习者的学习效果可以被直接反映给社区，社区在第一时间可以进行内部资源的再分配，帮助学习者规划下一步的学习方案。[①]

华东师范大学李文淑在《教育人工智能（EAI）对学习机制的影响》一文中提出教育人工智能（EAI）的快速发展带动了教育领域的改革与创新。为学生与教师提供了智能辅助工具，提高学习和教学效率，为探索知识的需求提供多元化学习途径，但学习者主观能动的不可替代性决定了EAI在学习机制发生过程中只能起外部引导作用，在知识的转化与转移、批判性思维、情感素质、价值观、实践能力等方面起不到根本教育作用。[②]该文在阐述人类学习机制的发生过程时引用了《教育心理学》中对学习机制的界定：学习机制是学习者为了掌握知识和经验而使其心理变化适应环境变化并以相应的行为方式表现出来的一般过程。实际是指个体的学习发生、进行、结束的整个发展过程，以及在这个过程中学习者为了提高效率所使用的规则、方法、技巧及调控方法的总和[③]，亦称之为学习策略。学习机制是建立在学生元认知水平基础上进行的认知学习过程，学生具有积极能动的学习动机加之教师准确清晰的示范讲解对于知识的迁移与转化是非常关键的因素。所有的学习过程都是通过学习主体（人或机器）的一系列内在心理动作对获得的外部知识信息进行（人或机器）内部加工的过程。其中内部信息加工的过程主要包括信息输入、加工处理与信息输出。[④]

王永固等学者在《MOOC：特征与学习机制》一文中结合 MOOC 的实践形式、分类及特征描述，提出大规模开放在线课程具有四项学习机制：在线学习有效性机制，具体包括教学方法、教学媒体、学习者和教学内容、干扰因素的

---

① 李易飞，李需瑶.基于MOOC的学习困境及机制探讨：基于学习者视角分析［J］.中国电力教育，2014（12）：147-150.

② 李文淑.教育人工智能（EAI）对学习机制的影响［J］.现代教育管理，2018（8）：119-123.

③ 冯忠良，伍新春，姚梅林，王键敏.教育心理学［M］.北京：人民教育出版社，2011：134-156.

④ 冯忠良，伍新春，姚梅林，王键敏.教育心理学［M］.北京：人民教育出版社，2011：200-212.

效应机制；精细掌握学习机制，包括教学视频的精细掌握和形成性测试的精细掌握学习机制；学伴交互协作机制，包括课程讨论区和课程作业的学伴相互测评机制；复杂系统自组织机制，包括 MOOC 的自组织机制、动态演化机制、自组织涌现现象和后现代课程特征。在线学习有效性机制揭示MOOC构成要素对其教学效果的效应机理，精细掌握学习机制和学伴交互协作机制阐释MOOC核心要素的学习机理和作用机制，复杂系统自组织机制解释MOOC的动态演化过程、自组织涌现现象和后现代课程特征。①

综合上述关于学习机制与学习方式的相互关系与变化研究理论，无论是基于某种特定学习群体（大学生、高校、学困生），还是基于某种特定的学习方式（MOOC、技能操作类的模仿视频、EAI），都从不同的角度阐述了学习机制具有的普适性和专业性。普适性即需要关注学习过程中每一个阶段的发生、发展和结束，需要厘清构成学习机制的内部与外部因素，协调好内外互通与互促，以保证学习机制的有效运行。专业性即在普适性的基础上，不同的研究视角关注的人群、方式的特点不同，形成的机制也有所侧重与不同。以上论述让我们更深入地了解了学习机制与学习方式的相互关系，但由于不同的研究对学习机制的认识不同、理解不同，对学习机制的阐述程度也不同，有些研究就是单纯地把学习机制当作学习过程来理解，论述过程的几个阶段与特点；而有些研究就将其定位为学习策略，论述不同的策略作为不同的学习机制。

（三）聚焦某类学习机制的研究

如果说从脑科学、神经科学、心理学等领域研究学习机制，为我们的教育教学提供理论和实验依据，那么更多的研究则是关注教育教学中的某一类学习或是某一种学习的学习机制，为我们提供了可借鉴的实践样本。

1. 语言类学习机制的研究

南京大学的乐眉云教授认为儿童习得语言是由于人的大脑有一种人类独有的语言机制，即语言习得机制。文章从自然发生理论出发介绍了该理论如何应用语言学、认知科学、神经生物学、计算机科学等多学科，并以语言描述习得的全过程、其内部和外部环境，以及各种生理的、心理的和社会的条件后指出

---

① 王永固，张庆. MOOC：特征与学习机制［J］.教育研究，2014（9）：112-120，133.

该理论比其他理论有更广阔的应用前景。该研究综述了大量国外关于语言习得的学习机制，"能使我们将传统的先验论和经验论的对立融入一个新的详尽的研究规划"①。

陈闽光在《婴幼儿语言学习机制简析》一文中也介绍了国外一些关于儿童语言习得的模仿理论、强化理论和转换生成理论等，并提出了一种值得借鉴的幼儿园外语教学法：即以听——做动作为主要教学形式，教师用外语发出指示，不用母语解释，而以自己的动作帮助孩子理解，学生跟着完成动作，以此建立第二语言与身体运动之间的联结。并阐明"语言是习得的。它受遗传、后天环境、个体主动性三方面因素的影响，随着年龄阶段的改变，这些因素在语言学习中的作用也在变化。模仿和强化可以不断地修正孩子不规范的语言现象，在语言学习中也是十分重要的"②。

张莹等学者在《幼儿动作的学习方式、特点及其机制》一文中对3—6岁幼儿的语言理解学习机制进行了清晰的界定：语言理解的学习，主要是用于成人讲解和指导下对行为与态度的学习，幼儿使用语言理解的学习方式有倾听、提问和对话等，听觉是语言学习重要的刺激源。具体机制为通过听觉刺激幼儿，从而使幼儿产生学习欲望，幼儿的本体觉与触觉不断地体验不同的动作，最后获得新动作。③

李蕊、罗峥在《情感联结学习机制》一文中指出，情感联结学习是指通过评价条件反射，将中性刺激与情绪刺激反复匹配，进而导致中性刺激的效价向着情绪刺激的方向转变。文章采用2×3的混合实验结果表明，中性的声音可以通过建立评价条件反射来获得情感效价。④

① 乐眉云. 自然发生论：语言习得新理论［J］.外语研究，2003（4）：65-68.

② 陈闽光. 婴幼儿语言学习机制简析［J］.学前教育研究，2001（2）：17-18.

③ 张莹，崔康丽，袁朝霞，郑秀英. 幼儿动作的学习方式、特点及其机制［J］.西南师范大学学报（自然科学版），2015（6）：170-175.

④ 李蕊，罗峥. 声音情感联结学习机制［C］.增强心理学服务社会的意识和功能：中国心理学会成立90周年纪念大会暨第十四届全国心理学学术会议论文摘要集，2011.

2. 动作类学习机制的研究

在《幼儿动作的学习方式、特点及其机制》一文中，张莹等学者共提出了四种幼儿动作的学习方式，除了上述的语言理解学习，还有探究学习、模仿学习和手触学习，在分析和归纳其基本特点后逐个揭示了不同学习方式的学习机制。例如，探究学习的机制为：幼儿在视觉和听觉上获得了刺激，激发其强烈的好奇心，引发探索欲望，于是他们运用触摸和操作等方式不断地尝试、体验物体之间的距离、空间、力量、速度、软硬、方向、运动形式等各种关系，通过身体各个部位的肌肉、肌腱、关节、韧带等身体的感觉进行探索，获得了新的动作技能；而模仿学习的机制为：在与环境的相处中幼儿的视觉与听觉获得一定刺激，产生学习欲望，激发参与兴趣，并运用本体觉和触觉不断触摸、练习、操作等形式，最后掌握新的动作技能；手触学习的机制为：幼儿在运用触觉与本体觉的过程中，体验到了动作的肌肉感觉，然后不断地进行练习获得动作技能的过程。从学习机制来看，幼儿动作学习主要是通过各类感官进行的，探究学习主要是以视觉和听觉刺激为主，模仿学习是以视觉、听觉刺激为主，语言理解学习是以听觉刺激为主，手触学习是以触觉和本体觉刺激为主，尽管获得的刺激来源不同，但是最终的反应选择与反应程序基本一致。[①]

3. 特定学习模式、学习方式或学习类型的机制研究

杨敏在《原型体验教学初探》一文中提出原型体验学习是一个以生活原型为基础的活动过程，而生活原型是通过经验的转换创造得来的，是学习者激活经验、整理经验和转换经验的结果。因此，原型体验学习是一个三阶段的循环往复和螺旋上升的过程，其中涉及三个相互关联的学习环节：原型体验、原型整合和原型重构。原型体验学习机制体现在四个方面：已有原型是原型体验学习的内在动机，自主参与是原型体验学习的前提，复杂情境是原型体验学习的现实基础，及时反思是原型体验学习的关键环节。[②]

模仿是儿童学习的一种重要机制。郑名等学者提出，学前儿童在模仿他人

① 张莹，崔康丽，袁朝霞，郑秀英. 幼儿动作的学习方式、特点及其机制 [J].西南师范大学学报（自然科学版），2015（6）：170-175.
② 杨敏.原型体验教学初探 [J].教育与教学研究，2013（08）：40-42.

行为的过程中，模仿策略选择是特定情境下权衡利益与损失的过程。[①]

　　刘磊等学者从聚焦于项目的情境学习的相关概念厘定入手，阐明引发学习发生的两大因素和两个条件分别是目标因素和情境因素，外推条件和内生条件。学习的过程既不是传输的过程，也不是接受的过程，而是由行动意图、行动和行动路径三个步骤组成，也可以分为接触期、磨合期和成熟期三阶段。学习的结果是获得情境体验和问题解决路径。[②]

　　王亚在《解析瑞吉欧幼儿教育的学习机制》一文中指出瑞吉欧幼儿教育具有包括活动学习有效性，幼儿园、家庭、社区交互协作性，系统的自组织性等核心学习机制，其背景文化、教学方法、环境等要素揭示活动学习有效性的效应机理，团体中心、社区管理模式反映了瑞吉欧幼儿教育学习环境的作用机制，系统的自组织则呈现出瑞吉欧幼儿教育学习系统的自组织机制并彰显生态课堂的特征。[③]

　　林颖从神经心理学、神经影像学两个方面阐述了内隐序列学习的脑神经机制，并区分出两种表征重述：外源性的和内源性的，两者的共同特征是内部驱动。在任何学习中，不管是内隐学习还是其他类型的学习，都可以区分出三个过程：对学习要素进行编码的知觉过程、获取知识的认知过程和提取已学知识的认知过程。学习要素指要学习的系统关系中的基本成分；获取知识指机体学习这些关系的实际过程；提取已有知识指对已习得的知识建立暂时稳定的表征。它们存在着两种不同的学习机制：①单一序列通过联结机制被习得；②模糊序列通过层级编码机制进行学习。前一种机制可能是内隐的，而后一种机制可能需要参与。[④]

　　对于问题解决的学习机制的探究，张银在已有学者提出的合成、调适、

① 郑名，韩增霞，王志丹．效率至上还是忠实优先：学前儿童模仿学习机制探讨［J］．心理科学进展，2016（5）：716-724.

② 刘磊，徐国庆．聚焦于项目的情境学习机制研究［J］．武汉职业技术学院学报，2010（9）：30-33.

③ 王亚．解析瑞吉欧幼儿教育的学习机制［J］．桂林师范高等专科学校学报，2015（4）：139-142.

④ 林颖．内隐学习机制及其个体差异的研究：发展的视角［D］．上海：华东师范大学，2003.

组块、程序化、增强、法则归纳等基础上，提出提问策略的系统化设计和学习组织内部关系的设计。前者是引入问题链思想，旨在优化问题解决学习系统的"提问"功能；后者是引入学习共同体思想，设计了旨在促进有效交流与协作的四层组织关系模型，除了传统教师（或者系统）和学生两个角色以外，增加了"导学"及"学习助手"两个新的角色。研究指出，无论问题解决学习系统以何种技术形式呈现，学习的本质不变，需要始终遵循学习的规律，围绕学习机制来开展。[1]

吕静认为，合作学习对培养小学生亲社会行为有着极其重要的意义，要充分发挥合作学习在培养小学生亲社会行为中的积极作用，从积极营造合作学习的亲社会文化氛围、完善培养小学生亲社会行为的平台小组及坚持以评价促进学生亲社会行为的培养这三方面来阐释合作学习对培养小学生亲社会行为的促进机制。[2]

周妤琪围绕概念性知识的学习条件、学习过程、学习策略三方面入手来研究其学习机制，构建了学习过程的模型图，并从知识的注意与预期、习得与保持、提取与应用三个阶段提出了概念性知识的学习策略。[3]

谭倩芳对差异化教学模式下健全高职院校学生学习机制进行研究，提出优化高职院校学生学习机制的举措：①完善学生学习流程机制，提高学习实效。包括区分学习能力层次，制定学习目标；根据学情差异，优化学习方案；因人设定突破目标，提升核心竞争力。②优化高职院校差异化教学的支撑系统。包括推荐学习方法，规划学习路径；多样化的教学资源，资源智能评分；智能咨询服务，常见问题解答；提供情感监控，实现人文关怀；学习路径有分析，实现时间管理功能。[4]

庞维国对国外几个有代表性的自主学习模型从心理机制方面做了阐释，认

① 张银. 面向问题解决的网络系统学习机制研究及策略设计［J］.电化教育研究，2015（10）：31-35.
② 吕静.合作学习对培养小学生亲社会行为的促进机制［J］.农家参谋，2020（7）：270.
③ 周妤琪.概念性知识的学习机制及其应用研究［D］.成都：四川师范大学，2015.
④ 谭倩芳.差异化教学模式下健全高职院校学生学习机制研究［J］.教育教学论坛，2020（2）：362-363.

为培养学生的自主学习能力，可以从影响学生内在学习动机的诸因素、丰富学生的各种认知策略、训练学生的各种元认知过程及教会学生主动营造和利用学习的社会性和物质性资源等诸多方面入手。在教学过程中，可以结合学生的学习实际，选择上述几个或某个方面作为突破口来培养他们的自主学习能力。①

4. 学习组织构建的机制研究

彭楚钧将项目式教学法和团队学习两者结合，探索一种"项目式团队学习"教学模式，并分析该教学模式的基本要素和学习机制：学习动力机制根据群体动力理论（Group Dynamics Theory），团队学习具有群体约束力、凝聚力及驱动力等群体动力特征；分工协作机制强调团队成员间的分工协作，其关键是明确的学习目标和责任分工；目标导向机制即团队存在的目标是最大限度地发挥成员的交互作用和群体效应去发现问题、解决问题，引导团队成员实现目标；团队互动机制团队学习具有认知互动性，包括：相互理解性、相互支持性和相互监控性。②

王瑞永等学者在对学习型组织理论的阐述中，强调构建未来学习型组织的关键问题是科学有效的学习机制。科学有效的学习机制应包括学习子系统、人员子系统、组织子系统、知识子系统与技术子系统，在这五个子系统中，学习子系统起主导作用，贯穿于其他四个子系统，其他四个子系统相互之间具有联系，同时都对学习子系统具有支持作用。③并较为详细地说明了各个子系统的构成要素与运行机制。

林忠从实践操作层面也总结了创建学习型教师组织需要创建学习型教师组织的学习管理机制、激励机制、分享机制、流动机制和转化机制。④黄国玲老

① 庞维国. 从自主学习的心理机制看自主学习能力培养的着力点［J］. 全球教育展望，2002（5）：26–31.

② 彭楚钧. "项目式团队学习"教学模式、学习机制及应用效果研究［J］，现代经济信息，2017（18）：375–377.

③ 王瑞永，韩燕. 未来学习型组织的有效学习机制构建［J］，未来与发展，2010（1）：10–15.

④ 林忠. 让教师在组织中自愿地"学习"起来——谈学习型教师组织学习机制的创建［J］. 中小学教师培训，2005（9）：16–17.

师针对当前合作学习机制存在的问题，对于合作学习科学与否也提出了自己的完善意见：提高教师设计与控制合作学习的能力是提高合作学习质量的关键；正确把握合作学习的每一步是完善合作学习机制的重点，包括明确任务、进行分组、小组计划、协作研究、成果汇总、最终评价；坚持在分工中合作，在合作中独立；采取分组学习与同伴教学相结合的方式进行合作学习。[①]

张韶虹等提出学习机制是高职教育产学研结合持续发展的根本。[②]构建产学研结合的学习机制，就要使产学研结合的组织成员，在共同目标下产生共同的意愿，从而产生自我超越、不断创新的自发动力，形成一种自组织的结合。其实施机制有互相学习机制、创新激励机制、质疑机制。构建互相学习机制的主要途径是加强交流沟通，使产学研结合组织的各个成员之间相互了解其他成员的特点、需求和独特的工作艺术，从中学习、吸收其他成员的优点和长处，产生不断寻求超越和完善自身的动力，以形成不断学习、不断超越的自觉意识；构建创新激励机制的主要途径是培养组织成员的创造力，构建竞争环境，用制度促进创新氛围的形成。构建质疑机制的主要途径是勇于进行自我否定，完善民主监督机制，使质疑机制制度化。

综合上述对语言类学习机制、动作类学习机制、特定学习模式等机制，以及对学习组织建构的机制研究文献来看，总体可以分为两类，一类是高校的学者们从实验角度、模型建构角度对学习机制进行的数据推论与文献综述。其研究基本局限在具体的实验范式中。但由于研究的角度、内容、版块、范式各不相同，因此几乎没有对学习机制形成一般性的理论框架，只是针对具体的实验范式提出的理论模型。例如，郝佳佳等学者基于从众学习机制的观念演化模型，用一个称为观点值的变量表示个体的观念，在小世界网络上模拟并考察个体观念值的更新演化过程。研究表明：从众系数越大，群体越容易达成观念共识。群体中固守观念的个体所占比例越大，达成观念共识的速度越快；但群体在局部学习机制下受到网络拓扑结构影响，演化过程相对复杂，在全局学习机

① 黄国玲.课堂合作学习机制的改进与完善［J］.开封教育学院学报，2013（7），132-133.
② 张韶虹，程光富.构建学习机制：高职产学研结合持续发展的根本途径［J］.职业技术教育，2005（10），32-34.

制下更易达成观念共识。[①]另一类是基础教育者针对课堂教学、自主学习、某一类知识的学习进行的类似于学习过程或是学习环节的解读，并没有较为深刻的关于学习机制的论述。例如，葛长娥老师谈如何有效建立"建构式"课堂学习机制[②]，用小组快速应答机制、小组激励机制、小组督管机制和互教互学机制这四种教学手段与方法来代替学习机制。全篇并没有关于具体学习机制的论述，只是对上述教学方法提出具体要求。

从内容上看，除了将文献粗线条地分为上文四种类型外，还可以从研究的内容来看，其一是综述类，主要是高校的一些学者对国外及国内先进的学习原理、学习定理进行梳理与分类；其二是对某类学习机制进行的解构，主要是将一个大体系的学习机制分解为多个机制的叠加。比如，彭楚钧就将"项目式团队学习"机制分解为分工协作机制、目标导向机制和团队互助机制；其三是将某类学习过程进行阶段式或环节式的分析，以关键要素的操作点来对机制进行阐释。比如，杨敏的原型体验学习就是学习者激活经验、整理经验和转换经验的结果。[③]已有原型是原型体验学习的内在动机，自主参与是原型体验学习的前提，复杂情境是原型体验学习的现实基础，及时反思是原型体验学习的关键环节。

但从众多的文献中，也发现了一些共性的特点：一是绝大多数研究虽然研究的主题不甚相同，但对学习的论述特别是学习过程的论述，基本上是分为三个阶段来进行的。比如，杨敏的原型体验学习就分为原型体验、原型整合和原型重构；在刘磊的聚焦于项目的情境学习就分为了行动意图、行动和行动路径三个步骤或是接触期、磨合期和成熟期三个阶段[④]；周好琪从知识的注意与预期、习得与保持、提取与应用三个阶段提出了概念性知识的学习策略……无

① 郝佳佳，贾贞，高剂斌.基于从众学习机制的观念演化模型［J］.桂林理工大学学报，2017（01）：223–230.

② 葛长娥.如何有效建立"建构式"课堂学习机制［J］.新语文学习（教师版），2013（5）：24–25.

③ 杨敏.原型体验教学初探［J］.教育与教学研究，2013（8）：40–42.

④ 刘磊，徐国庆.聚焦于项目的情境学习机制研究［J］.武汉职业技术学院学报，2010（4）：30–33.

论是怎样的三个阶段，都能用学习机制的发生、发展和结果三阶段来概括。二是对于不同的学习机制，多数学者都从内外两个系统来整体考量。比如，外源性和同源性、完善学习流程机制和优化支撑系统、优化提问功能和促进有效交流……这些研究都从不同的层面解释了学习机制并非单线条地程序推进，定是由多种系统多个程序的协调动作，至少可以包括内部机制和外部机制（条件或环境）这样的两方面。三是出现了一系列的高频词。①对于文献的搜集，主要以篇名或文章的关键含有"学习机制"来遴选，因此学习机制是每篇文章必出现的高频词，另外还有"关联""联结""动机""内部驱动"等心理学领域的词也经常出现，可见研究学习机制还是以心理学等学科为基础。上述的共性特点为本研究提供了方向和借鉴。

（四）基于学科教学的学习机制研究

除了上述三类研究外，占比最大的是基于学科教学的学习机制研究，在所有文献中占近一半的比重。学科主要集中在外语、语文、数学及其他如化学、音乐少数一两篇。

1. 外语学习机制的研究

针对汉、英语的特征和中介语错误的分析，马书红提示了英语学习的机制：①英语学习是一个逐渐建立新的语言系统的过程，因此，英语学习者需要改变汉语中不使用形态手段的造句和谋篇习惯，学习正确地使用英语形态手段遣词造句；②英语和汉语系统中的词汇和语法规则只是语言的外在形式，用来表征汉、英语人士对世界的认知方式和思维模式，因此，学习英语不仅是学习其词汇和语法，更重要的是学习它们所表示的认知概念内容，从而构建与英语形式相匹配的新的概念系统，防止母语概念的负迁移所导致的语言形式错误。②文章并对具体的教学过程提出建议。

关于英语学习机制，俞青海等学者提出科学的英语学习机制包括英语学习的本质和英语学习的运作两个方面。③认识英语学习的机制就必须认识学习英

---

① 周妤琪. 概念性知识的学习机制及其应用研究［D］. 成都：四川师范大学，2015.

② 马书红. 中介语错误的根源及其揭示的英语学习机制［J］. 海外英语（上），2020（1）：5-6.

③ 俞青海，周洪宝. 英语学习机制的认识［J］. 现代特殊教育·优才教育，2000（6）：27-28.

语的本质，即英语学习是怎样的一种活动，何种性质的学习，具有哪些基本特征。要从英语学习是开发大脑生理机制的过程、英语学习是完善生理机制的过程、英语学习是适应新社会环境的过程这三个方面来认识英语学习机制。

宋步峰在《隐喻认知与英语教学》一文中，在分析隐喻认知机制（隐喻研究的新视角，即用源域［source domain］与目的域［target domain］之间的映射来阐释隐喻认知现象）的基础上，提出英语学习者的学习机制，即未学的英语语言知识作为新信息（外部刺激）输入大脑，通过大脑内的信息处理器和已知信息相联系，新旧信息相互作用后，成为新的已知信息输出，储存在人的记忆中[①]，这样就完成了一次学习任务。同时，他认为将隐喻认知理论应用于具体的英语教学中具有理论上的可行性，也具有教学实践中的可操作性。因为英语学习的过程是一个新旧语言知识相互作用的过程，学习者要通过已知的语言知识来认识和掌握未知的语言知识。这与隐喻认知机制基本上是一致的，而隐喻认知方式更系统、更具体、更生动，因为隐喻是两个认知域之间的映射，只要掌握了两个认知域之间的实体对应关系，就有可能通过已熟知的认知域来全面认识未知的认知域。

蔡慧敏指出，英语学习机制是指语言学习者能够获取掌握知识使其内化为自身的经验，从而导致语言学习者的心理状态为了适应变化的环境而通过学习者相应的行为方式表现出来的过程。简单而言，就是指学习者在英语学习的开始、进行和完成的全部发展过程，以及英语学习者在学习过程中为了提高英语学习效率而使用方法、学习方法调整的一个总和，因此也称英语学习机制为英语学习策略。英语学习机制是学生的认知英语学习过程，这个过程是建立在英语学习者元认知水平的基础上。[②]通过对教育人工智能和英语学习过程的内涵的分析，将人工智能和英语学习过程进行比较以探究其运行过程的一般过程，结论是：英语学习过程是英语学习主体（其中包括机器和人）的一系列内在心理活动对需要获得的外部知识进行一系列的内部信息加工过程（包括信息的输入、信息的消化处理和信息的输出）。

---

① 宋步峰.隐喻认知与英语教学［J］.山东师大外国语学院学报，2002（2）：108-109.

② 蔡慧敏.人工智能对英语学习机制的影响［J］.内江科技，2019（2）：100-101.

高蓓从师生关系维度出发，在分析借鉴中西史上师生交往的理论与实践经验之后，通过重构主体间性的师生交往关系，构拟"规则+文化"的英语学习机制。[①] 研究认为主体间的学习机制能推动个体的主体性发展，是实现交往行为合理化的有效途径，更是社会进化的根本动力。构拟"规则文化"的英语学习机制就是要从主体间性出发，在我国目前传统教学法和交际教学法的实践基础上将两种教学法相结合。在规则的学习过程中侧重使用传统教学法，在文化的习得过程中侧重对学生交际能力的培养。

现代心理学表明，除了外显的、有意识的学习形式，还存在内隐的、无意识的学习形式。国微在《二语习得视阈中内隐/外显学习机制研究》中指出，内隐学习是一种无意识获得刺激环境中的复杂知识的过程，外显学习是一种有意识获得学习的过程。[②] 在英语教学中内隐和外显学习的结合是最好的学习方式。两者相互依赖和相互补充的密切关系被称为"协同效应"，这种学习方式的提出深深地影响了英语教学。因此在英语教学中注意内隐、外显的协同效果，当教授学生学习一个复杂的、有一定难度的任务时，学生应具备一定的内隐知识基础，然后再试图建立外显的任务模型，使学生在不知不觉中使无意识活动指向于学习对象，从而产生更好的学习效果。正确处理内隐、外显学习有助于提高学生的语言能力、教师的教学效果。

杜洪波从理论和实证两个方面阐述了"藏族学生英语学习过程中的内在机制：在英语学习过程中，藏族学生习惯性地运用自己最熟悉的语言来承载知识和认知系统，以完成新旧知识的同化过程"[③]。"对于简单的目标语言信息，藏族中学生可以直接将之与已经建立起的英语知识和认知系统联系，经过同化作用转化为长时记忆。具有一定难度的目标语言信息则部分通过教学语言汉语转化，而目标语言超出了藏族学生使用汉语或英语来理解的范围，那么学习者会习惯性地调用头脑中最为根深蒂固的母语知识和认知系统来帮助理解，而藏语的使用会更多地产生负迁移作用。"在英语输入输出过程中，利用藏语进行

---

① 高蓓.基于主体间性的英语学习机制的构拟［D］.哈尔滨：黑龙江大学，2010.

② 国微.二语习得视阈中内隐/外显学习机制研究［D］.哈尔滨：哈尔滨理工大学，2011.

③ 杜洪波."藏—汉—英"三语环境下藏族中学生英语学习的认知基础和学习机制分析［D］.
　　成都：西华大学，2008.

辅助思维的现象多出现在汉语水平低的藏族学生中。汉语水平较高的藏族学生更多地习惯用教学语言汉语来帮助对英语的理解和表达。英语水平越高的藏族学生，更多地使用英语思维，同时使用藏语进行思维的频率也越低。但是总的说来，汉语作为教学语言，在藏族中学生英语学习的过程中使用更多。

李国宏对"双元结构"的操作机制进行了整体的描述。①成年人的整个英语学习过程是在两种语言间不断转换进行的。整个过程由三个阶段组成。首先是感知觉阶段：学习者必须对英语材料进行感觉和知觉层面上的接触，通过眼、耳等感觉器官接收语言信号，这个阶段得到的只是语言符号的外形知觉和分析过程；然后是双语之间的相互转换过程，即解码—概念传输—编码过程。这一阶段是整个操作过程中最为关键的一环，解码器对语言符号进行意义提取的一个成分，以便进行进一步的抽象概念表征；策略器是解码器在进行解码过程中访问的一个成分，如自上而下和自下而上加工、语用知识的提取、推理过程、环境因素和文化因素等。策略器是一个可选环节，如果相关的英语材料简单，解码器可直接完成解码；英语知识结构和母语知识结构，这两个结构为相应的语言知识贮存体，包括语言符号、语音知识、语义知识等。最后是表达输出过程。在获得了所需要语言的意义形式之后，语言的表达便通过相应的外部器官如口、手对意义形式进行语言层面的输出。此外，监控系统对整个操作机制进行控制，如果有一个环节出错，系统将返回重新进行相应的操作。

关于双语语言的心理词典表征机制的研究已成为现代认知心理学语言心理学一个重要的研究领域。王孝龙经过实验研究得出儿童双语者双语学习机制的问题：①语音类似效应启动实验结果表明出现了心理词典显著的语义、语音启动效应。②维吾尔族儿童双语者维汉双语之间的启动是双向的，语义在维汉双语中有着明显的启动效应。③以语音启动的条件下维汉熟练的双语儿童的双语心理词典的语音、语义启动仍然出现了显著的效应。④维吾尔族儿童双语者在不同阶段双语心理词典的联结模式是不同的，非熟练双语者的联结模式是词汇联结，熟练的儿童双语者双联结模式是语义中介联结。双语之间的交互作用影响也因维吾尔族儿童双语者第二语言的水平有着显著性差异。⑤对于维吾尔族

---

① 李国宏. 从"双元结构"的角度透视成年人英语学习机制［D］. 成都：西华大学，2007.

熟练的儿童双语者双语之间的作用是相互促进的，维汉双语之间彼此促进效果显著。[①]

上述几篇关于外语学习机制的研究比较深入，或多或少地已经触及了学习机制的本质，关注形成外语学习机制的核心要素和主要阶段，也从实验、文献等多角度对机制的运行进行了详细的分析，对外语教学乃至一般语言类学科的教学都有一定的指导意义。当然，也有个别文献对学习机制的理解较为单一，如杨丽卿在《建立主动学习机制 培养自主学习策略》一文中结合中职学生英语学习的现状，提出首先采用灵活多样的教学手段，建立主动学习机制。[②]具体包括采用直观、情境、交际的教学方法，培养学生学习英语的兴趣；利用电教媒体进行教学，激发学生英语学习的兴趣；组织开展丰富多彩的课堂游戏活动，提高学生英语学习的兴趣。其次，教会学生自觉地运用各种学习策略，包括引导学生自主探索、归纳语言规则；引导学生进行与所学相关内容信息的收集；自主学习，将所学知识点融会贯通。很显然，这里对学习机制的理解就是指学习的一些策略。

2. 语文学习机制的研究

陈春芍对于高中生作文素养的学习机制从作文素养的发生机制、形成机制、发展机制三方面来分析。他认为体验与反思是作文素养的发生机制、交互与整合是作文素养的形成机制、扩展与变构是作文素养的发展机制。[③]并在此基础上提出培育作文素养的路径可以相应地设置为问题教学法、整合性教学和研究性学习。

如何建立科学高效的初中语文合作学习机制？李影等老师给出了两点建议：第一，教师在组建小组的时候，应充分考虑学生的兴趣爱好、学习能力、知识水平、心理素质、性别差异及座位的摆放，构建最佳组合团队；第二，发挥教师的主观作用。教师要合理地为学生择取有效的学习任务、形式及时机，

① 王孝龙. 维族儿童维汉双语者心理词典表征结构及双语学习机制的实验研究［D］. 烟台：鲁东大学，2014.
② 杨丽卿. 建立主动学习机制 培养自主学习策略［J］. 时代教育，2016（2）：240-241.
③ 陈春芍. 高中生作文素养的学习机制与培育路径［J］. 教学月刊·中学版（语文教学），2018（11）：44-47.

积极地组织学生进行合作学习，与此同时还要适时地了解各小组的合作活动，并对其不足的地方给予指正和指导。①

曹亚兰针对苏教版小学语文"口语交际"教材，从教材为口语交际活动的实施提供了场景、话题、任务、角色，交际规则等系统条件明确了口语交际活动所要达成的目标，教材为说话人内部收集、组织、筛选、加工语言提供了相应的机会或条件，以及教材为说话人监控人之间的言语行为提供了相应的机会或条件四个方面解释了"教材蕴含了怎样的学习机制"②这个问题，并结合语言学习机制指标统计对教材的改进和完善提出了建议。

高静探析了合作学习在小学语文阅读教学中的实施机制，即将文本学习与人本对话深度融合、将合作学习与独立学习有机整合和将口语交际与工具学习充分结合。③同时对当前合作学习在小学阅读教学中从角色定位、教学评价、教学水平等三方面进行了反思。

在古诗文教学中，针对大部分教师往往过于关注诗句的"感知记忆"，未能引导学生深入学习古诗文内在的思维和审美特质这个问题，崔兴君提出可以通过古诗涂鸦引导学生走近古代语言情境，以动态的意象呈现想象古诗文的意境，利用思维导图让学生在理性分析中把握古诗文的文化脉络，最后以戏剧表演再现古诗文的现代表达这四个方面来探索古诗文的学习机制与路径，以期提升学生古诗文学习的效果，实现文化的传承。④

牟芬霞在《小学语文学习共同体构建策略》一文中认为在小学语文教学中引入学习共同体机制，会对语文科目的教学效果产生深远的影响。⑤她认为学习共同体中学习的机制即从社会构建主义看来，人在社会文化情境中会通过与他人的交互作用，不断地接受其影响，从而构建自己的见解与知识。学习共同体的构建，就是要让学习者在助学者的引导下，不断地交流，不断地琢磨和

① 李影，王保霞.如何建立科学高效的初中语文合作学习机制［J］.学周刊，2014（9）：100-101.
② 曹亚兰.苏教版小学语文"口语交际"教材评价研究［D］.海口：海南师范大学，2016.
③ 高静.探析合作学习在小学语文阅读教学中的实施机制和教学反思［J］.读与写（教育教学刊），2019（11）：108.
④ 崔兴君.小学古诗文的学习机制与路径探析［J］.江苏教育，2020（33）：29-32.
⑤ 牟芬霞.小学语文学习共同体构建策略［J］.课程教育研究，2017（25）：46-47.

检查自己已经拥有的经验和成果，从而使自己的知识可以流向他处，别人的成果也可以为我所用。对于学习者而言，共同体是个体进行学习并构建知识的场所，通过不断的参与交流来构建个体的知识。学习者在学习共同体学习的过程中，与他人的交往存在着认同与协商两个过程。在协商的同时，个体的身份也在发生变化。学习者在共同体的学习实践中，获得了身份的发展，形成了共同体中的自我，实现了个体知识与人性的双重社会性建构。伴随着个体知识建构、意义协商、身份形成三个相互交叉、相互作用的过程，学习者实现了自我的学习实践。同时总结出利用学习共同体进行教学的策略：利用"话题式"确定学习目标；组建学习组，确定成员的功能任务；提供真实的、多极的、可供理解的学习环境；及时对学习成果进行反观评价。

相对于上述几位老师关注语文学科教育中的某类型学习机制的研究，彭峰从语文走班教学的"自己提出问题""自己得出结论""合作解决问题""自己完善结论"四个环节中总结出了"讨论"和"作业"两套机制。[①]他认为，讨论机制包括小组长轮流做；小组长在交流中，用"谁先发表意见""谁有补充或不同意见"等语言来组织；每位成员在表达看法时，有时需要朗读课文相关语句；每位成员要快速地记录他人的发言要点四步组成。作业机制包括组长将提供到大组交流的一个问题写在黑板上；每位成员需要将学习成果整理出来，可以是"问题解答""模仿写作""诵读课文"等。这两套机制，主要作用在于指导小组长有序地组织交流，帮助每位成员明确在小组讨论阶段要做的事情。

关于语文学科的学习机制研究，老师们更多地是以学习机制的理论研究来指导具体的语文学科教学，从当前语文教学中的热点、难点问题出发，如基于语文教学内容的作文素养学习机制、小学古诗文教学、口语交际教学，或是基于语文学习方式的合作学习机制、学习共同体构建机制、自主学习机制等进行具体策略层面上的研究。这些来自一线教师的教学经验可能与学习机制本质、理论有所差异，甚至是将学习机制与学习策略、教学策略等同，但仍具有一定

---

① 彭峰. 语文走班教学：自学班学生"无师自通"[J]. 江苏教育：小学教育，2015（9）：
27-29.

的指导与借鉴价值。

3. 数学学习机制的研究

针对数学概念的学习机制，万志琼从学习的内容、学习的类型、学习的方式和影响学习的因素四个方面来解释。[①]具体而言，在概念学习内容上，需要借助学生的主动思维获得，理解概念意味着建立概念的系统，确定概念间的关系，弄清概念的内涵和外延，形成对概念的正确、科学的认识。在概念学习的类型上，需在学生理解学习材料的逻辑意义（外部条件）基础上，积极主动地将新概念与自身认知结构（内部条件）中已具有的知识经验进行联系而获得，让学生感到概念本身具有的逻辑意义，然后在学生原有的概念系统中找到与之相联系的背景知识并在此基础之上通过点拨、启发、诱导使学生主动地明确概念的内涵和外延。概念学习的方式主要有概念形成和概念同化两种方式。概念形成应从大量实例出发，借助比较、分类等思维过程从中找出一类事物的本质属性，再通过具体的例子对所发现的属性进行检验与修正，最后通过概括得到定义并用符号表达出来的由具体到抽象的归纳过程。它又可分为观察实例、分析共同属性、抽象本质属性、确认本质属性（正反例比较）、概括定义、符号化和具体运用（如辨别学习）等阶段。概念同化一般是直接揭示数学概念的本质属性，通过对数学概念的分类和比较，建立与原认知结构中有关概念的联系，明确新概念的内涵与外延，再通过实例辨认发现新旧概念的区别和差异，从而将新概念纳入相应的数学概念体系中的分类、比较的演绎过程。它可分为揭示本质属性、分类讨论特例、同化新概念（新旧概念相联系）、实例辨认（包括正反例辨认）和具体运用（变式学习、加深巩固）等。影响学习的因素是学生原有的认知结构。它是学习数学概念的出发点和基础。概念的形成主要依赖感性经验，概念同化主要依赖知识经验。因此学生原有认知结构、感性材料和知识经验影响着新概念的掌握和习得。另外，因为抽象是概念形成的关键，概括是概念同化的关键，抽象概括能力也是学生形成和掌握概念的直接前提和关键。同时，学生的数学语言表达能力也在很大程度上成为影响学生学习的重要因素。

---

① 万志琼. 论数学概念的教学［J］. 楚雄师范学院学报，2002（6）：26-28.

周洁在小学数学思想方法的螺旋式教学研究中，论述了学生数学思想方法的学习机制，即指在数学思想方法学习发生、发展过程中的要素及其相互关系，表现为心理的变化及相应的行为变化，包括对层次、过程和条件进行分析。小学数学思想方法的学习发生在知识的学习过程之中，强调个体学习中思维的活动，在这样不断内省的过程中加深对数学思想方法的理解。[①]具体来看，可分为定向、体悟和回归内导三个阶段。准备条件是基础，在动机中生发，在变式中巩固，在内省中升华。具体见图2-2：

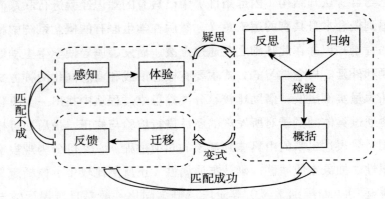

图2-2　小学数学思想方法的螺旋式学习机制

其中最为关键的是第二阶段，这一阶段是数学思想方法的"并入"，从而将数学思想方法"内化"；回归内导阶段是数学思想方法的"分离"，"分离"的结果包括具体获得方法技巧（数学思想方法的表现形式）和思想观念，这一阶段是对学习者通过回顾内化和外显过程从而优化和巩固所获得的思想方法性知识的过程，是内化的数学思想方法的再感受。这一过程受个体思维能力影响，也是下次学习活动展开的支持性条件，从而形成一种循环上升的过程。

从学生学习的横向层面看，学生原有的陈述性知识（准备条件）在教师的调动下，经过活动的体验过程，逐渐形成程序性知识（创新应用中体现的实践性知识）。如何获得"陈述性规则"呢？关键在于学生在活动中的体悟。具

---

① 周洁.小学数学思想方法的螺旋式教学研究［D］.成都：四川师范大学，2017.

体来说个体经历如下的过程：第一阶段——在情境中主体经过感知和体验两个环节，对客体有初步的认识，并通过认知间隙从而使学生产生动机。第二阶段——领悟，在数学观念的带动下，动机激发个体调动思维，并激活思想方法性知识，领悟阶段经历反思—归纳—检验—概括四大环节，值得注意的是学习者将进行初步检验，若检验成功则进入下一环节，若检验失败学习者会再次经历体验、反思、归纳的过程，从而试图找到错误原因。第三阶段——循环内导，这一阶段分为迁移和反馈两步，数学思想方法调控学习者的认知框架作用于学习任务框架，若相匹配则巩固学生体悟数学思想方法的过程，在问题解决的过程中明确和扩充了其适用的条件和范围，通过对其适用条件和范围的抽象和概括，会加深个体对数学思想方法的理解层次，进而影响数学观念乃至影响个体意识；若不相匹配则再次作为刺激作用于个体。

黄仙萍针对传统的释疑、答疑的方法与策略，努力构建导研式答疑的学习机制，使学生在教师指导（导）下，充分暴露思维过程，引领学生进行研究型（研）学习，指导、激励、帮助学生发展。[①]在导研式答疑学习过程中，质疑和释疑是互动的过程，学生通过教师的启发、诱导或提供解决该问题的有关线索来"答疑"仅是一个过程，而不仅仅是一个结果。对于学生来说，获得"答疑"的方法比知道结果更为重要，他们不仅可以根据教师的点拨与诱导进行有序、有效的自主探究，真正经历探索与获得解决问题的方法，并形成对疑问本身和探索过程深刻的体验，形成新的学习方式和学习技巧，而且可以借助习得的方法去解决一系列相关问题，从而使"答疑"成为有价值、有成效的探究性学习活动。

除了针对数学学习内容研究的学习机制外，还有关于关注学习态度和学习方式的机制研究。

吴文胜对针对数学教学中激发学生学习兴趣，提出了内外机制的完善：从完善教学手段，创设趣味性教学情境，激发学生学习数学的兴趣和优化教学场景两方面进行内部机制的促进；从加强师资建设，提高教师的教学水平和完善

---

① 黄仙萍.导研式答疑的学习机制分析与思考［J］.数学教学通讯，2016（15）：40-41.

基础设施建设，营造健康的学习氛围来实现外部积极因素的推动。①

李凤杰从创设问题情境，当好引导者；师生互动，当好合作者；合作探究有机结合；适时评价，促进小组发展四个方面建立小学数学教学中的小组合作学习机制。②

潘琪提出培养和建立学生终身学习机制，是培养和发展学生个性的具体表现。终身学习机制就是具有继续学习的理念和能力，且使学习成为终身之事的系统。③

廖文琪等以小学数学教学游戏化为研究对象，探究借助微信公众平台来加以推送、以动画和游戏化机制为主要手段的微课教学新模式，以期为广大教师的教学实践提供一些借鉴和参考，全面提升小学数学教学效果，达到培养数学思维和全面发展的教育目标。④

综合上述几篇关于数学学习机制的研究，部分研究对相关内容如数学概念、思想方法的相关机制研究具有一定的体系和深度，但更多的是以一种策略和教学手段来冠以"机制"一词，题目或是关键词中有"学习机制"，但具体的论述中并没有对机制、学习机制进行相关的阐释，仅以几条具体的策略或是几个环节的教学步骤来代替机制，显得较为单薄。

4. 其他学习机制的研究

相对于英语、语文和数学学习机制的研究，搜集的资料中还有一些其他学科的零星研究，如化学、物理、音乐等，也具有一定的研究价值：

吴晗清博士结合化学学习的特点，参照加涅累积学习理论，并通过大量的教学实践和调查研究，指出化学学习过程经历由易到难的四个核心阶段：实验现象、概念和原理、问题解决及创造性地提出新问题或新观点，由此构建出感

---

① 吴文胜. 数学教学中激发学生学习兴趣的内在机制和外部因素的研究 [J].数学学习与研究，2018（10）：85.

② 李凤杰. 浅谈小学数学教学中的小组合作学习 [J].中国校外教育，2017（Z1）：96-97.

③ 潘琪. 学生个性与数学教学 [J].新课程学习（社会综合），2010（11）：122-123.

④ 廖文琪，徐鲁强. 游戏化学习机制在小学数学微课中的应用研究 [J].中国教育信息化，2017（22）：10-12.

官感知、认知建构、认知重组和顿悟的四级学习机制模型（图2-3）。①

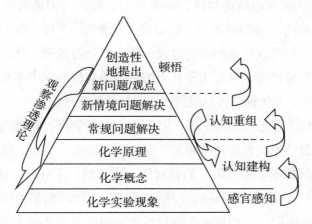

图2-3　化学四级学习机制模型

　　模型表达的化学学习机制不是一个简单的线性过程，而是一个具有累积性且有交叉的复杂过程。有效的化学学习应始于实验，利用丰富的实验现象激发学生兴趣和认知，从而构建重要的化学概念。通过概念的联结，形成能吐故纳新、具有活力的化学认知体系，从而培养问题解决能力。反过来，通过问题解决，又进一步优化学生的化学认知结构，而后再通过反复思考、凝练、顿悟，提升化学学科能力。理论能力的提升又增强化学实验的感知能力，是"观察渗透理论"，从而开启更高层级的新一轮学习。

　　构建初中化学有效学习机制，缪志刚从创设有效的学习情境、采取实验式探究学习和搭建学生展示和教学评价平台三个方面进行，其中创设学习情境包括创设问题型、生活型、化学历史型、实验型和旧知识型学习情境；采取实验式探究学习需加强对比型实验探究学习、加强探究型实验的探索和加强对装置型实验的探索学习。②

　　刘紫微等学者基于学习心理学视角剖析牛顿第一定律的学习机制，对于"原先静止的物体，不受外力，将保持静止"这一结论，因生活中有许多相关

① 吴晗清.化学学习机制模型的建构及其检验［J］.现代中小学教育，2014（3）：40-44.

② 缪志刚.构建初中化学有效学习机制研究［J］.启迪与智慧（教育），2012（7）：23.

事例，因此其学习机制是选择理论分析途径，引导学生举例，再通过求同法获得结论；对于"原先运动的物体，不受外力，将保持匀速直线运动"这一结论，初中教材采用实验归纳途径，通过共变法获得。①初、高中教材虽选用不同的实验装置，但所获结论和逻辑过程一致，即学习机制一致。明确了理想实验法的核心是逻辑推理，仅适用于获得结论环节，故教学中不宜扩大其适用范围，夸大其作用。并依据学习机制提出了具体的教学建议。

胡安全聚焦于思想政治理论课，对学生主体性学习机制进行了界定，即在充分发挥传统教学模式长处的基础上，建立以"学生、学习、活动"为核心的教学新机制，从根本上提升教学的针对性、实效性、亲和力、感染力。②从实现两个"转换"、形成一种新的"教学生态"、构建的基本依据和基本路径方面进行具体的说明。包括通过围绕思想政治理论课学习的主要环节，建立学生学习活动组织机制、学习问题和学习资料征集机制、学习热点和难点研讨机制、课堂主题演讲展示机制、暑期项目调查研究拓展机制等途径构建思想政治理论课学生主体性学习机制。

苏向丽从研究性学习的内涵、特点、意义及教学实施来探析音乐教学中研究性学习的机制，指出课内外结合型的研究性学习从音乐教学与专题研究相结合、课堂教学与课外教学相结合及综合实践活动三方面展开；课内型的研究性学习分为课堂讨论式、教材延伸式和作品赏评式。③

"学习"是个体在自身心理结构的主宰下，通过一定的行为方式，吸收、积累与构建经验的过程。单增义提出深度课堂观察的实效性取决于对学生学习机制的分析、教师敏锐的洞察力、适切的观察点、科学的观察工具、有价值的观察报告等方面。④教师要了解与分析学生学习行为背后的学习机制，这里的"了解与分析"不是对学习过程的发生、发展与结果的简单描述，而是把知识的掌握与学习者的习惯、基础、情绪及学习环境等因素相结合，分析其内在机

---

① 刘紫微，陈刚.试论牛顿第一定律的学习机制与教学［J］.物理教师，2019（4）：33-35.
② 胡安全.思想政治理论课学生主体性学习机制的构建［J］.思想理论教育导刊，2017（9）：153-156.
③ 苏向丽.音乐教学中研究性学习机制探析［J］.教学与管理（理论版），2008（8）：145-146.
④ 单增义.深度课堂观察应把握的五大关键环节［J］.基础教育参考，2018（5）：55-57.

理与相互影响。需要教师在学习机制的观察与发现上下功夫，把学生基本情况的摸底结果与教材三维目标相联系，与学生学习习惯、情感、合作学习态度、学习结果甚至与家长的基本情况相联系。

相对于前三类学习机制的研究，基于学科的学习机制研究，更偏向于对学习方法、教学方法和教学策略的总结。当然，针对学科的性质不同，在学习机制的研究中侧重点也各有不同，英语侧重于在人类大脑语言习得的规律上，结合具体的语言特征进行习得路径、策略方面的研究，虽然语文学科的学习同样类属于语言学习，但毕竟是母语学习，已经高于一般的语言类学习，在其基础上进行了更高层面的具体内容的学习机制研究。而数学学科的学习，秉承理性分析的风格，对学习机制有较为全面及综合的研究，如数学概念的学习机制、数学思想的相关学习机制，结合具体内容进行了深刻的说明和阐释。其他学科的学习机制也基于本学科的特点与具体的学习内容，对学习机制或多或少、或深入或浅层地进行了研究与阐述。当然，由于学习机制是涵盖学习环节、学习阶段、学习过程、学习要素、学习规律、学习策略等多层面的综合性的学习体系，一般简单的研究难以论述完整，也难以进行具体的表述，结合具体的学科教学进行论述，虽然研究者对学习机制的理解和认识不同，但呈现出的对学习机制某些方面的成果还是很有借鉴意义的。

综上所述，当前我国对"学习机制"的相关研究主要分为学习机制的理论研究、学习机制与学习方式的关系研究、不同学习类型的机制研究和基于学习教学的学习机制研究。结合上述文献研究的梳理，我们可以得出以下几条结论：

1. 学习机制的研究方向分为理论与实践两个层面

从众多文献中不难看出，有一些研究是关注学习的基本原理，探索学习机制的本质，从脑科学、神经科学、心理学等方面试图给学习机制的构成、过程及要素进行一个较明晰的界定。比如，莫雷的学习双机制理论、李静波的大脑学习的原理、陈光辉的认知发展的脑机制等。他们从某一个角度或多或少地阐述了对学习机制的研究。更多的研究是在学习实践层面的机制探索，无论是学习机制与学习方式的相互联系，还是关注特定学习群体或学习类型的具体机制，或是具体到学科学习的机制与过程论述，实践的研究较为广泛、丰富与多样化。

2. 学习机制的研究方法侧重于实验推理与模型建构

高校的一些学者与专家在国内外最前沿的学习科学研究的基础上，利用实验推理、文献解读对学习机制进行内涵诠释与模型建构，并以脑科学、心理学等研究理论进行多层面、多角度的说明。比如，崔亚萌从认知神经学、心理科学视域出发研究的学习机制的相关理论、沈立德从心理学角度研究高效率的学习心理机制；而基础教育的教师也基于自身的教学实践对某一类型的学习机制、特定群体的学习机制甚至某一具体的教学内容的学习机制进行研究，也会进行一些建模，至少是凝练出一套流程、环节或框架来尝试概括。例如，吴晗清构建的三角形状的化学学习机制模型，张宝针对幼儿探究学习、模仿学习、手触学习和语言理解学习机制的线性描述等。

3. 学习机制的研究内容呈金字塔结构

位于最上层但文献数量相对较少的是关于学习机制的理论研究，作者来源主要集中在高校的一些学者或是博士研究生论文，涉及脑科学、心理学、神经科学等专业研究领域；其次是关于论述学习机制与学习方式、学习过程之间相互关系的文献，基本上也都是高校的一些教授、专家，内容是基于国外的一些学习机制理论进行相关文献综述、实验推演，或是对当下学习机制理论进行分类解读，这部分文献较上一类数量稍多一些；位于第三层的、数量也更多的是根据学习的不同类型进行分类，聚焦于具体的一类学习机制的研究；而更多的位于金字塔底端的是基于不同学科、特定类型、特定内容的学习机制研究，这部分文献基本上是工作在一线的教师根据自己的教学经验总结出来的。

4. 学习机制的内涵界定有广义与狭义之分

根据上述文献所知，学习机制的内涵界定不尽相同，但都绕不开学习过程、学习环节、学习方法等。大体可分为两类，一类较为严谨地将其界定为在学习的发生、发展和结果阶段，学习者外部行为和内部心理相互作用，使学习顺利发生的一般过程。这个界定根据研究者研究的内容和方向不同，在语言描述上稍有不同和侧重，但大体意思如此。另一类则是广义地将学习机制等同于学习过程、学习环节、学习规律或学习策略，单线条地描述学习的一般过程，及其外显的一些行为。

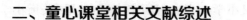

二、童心课堂相关文献综述

关于"童心"一词的使用在中国有久远的历史。《左传》中记载："昭公十九矣，犹有童心……"老子在《道德经》中共有五处提到婴孩赤子；孟子说："大人者，不失其赤子之心者也。"明代李贽认为："夫童心者，真心也。若以童心为不可，是以真心为不可也。夫童心者，绝假纯真，最初一念之本心也。"现代最为著名的是原南京师范大学附属小学斯霞老师的"童心母爱"，她曾说："作为一名教师，不仅要掌握知识，更要有童心、有母爱。与孩子打成一片，这叫有童心。"

《辞海》中将童心解释为："儿童的心情，孩子气。"

现代教育界对"童心课堂"（童心教育）的研究，庶可归纳为以下两个方面：

（一）从教育管理者的角度谈"童心课堂"（童心教育）

首都师范大学附属小学宋继东校长对"童心教育"进行了系统研究，出版了《必须保卫童年：童心教育的理念和实践》一书，从"童心管理、童心课程、童心教学、童心德育、童心教师、童心学生"几个层面进行阐述，提倡让孩子在童心课程中自由成长，在童心活动中自主成长，在童心评价中自发成长。冷水江市中连中心小学的刘红霞校长在《童真 童趣 童心——中连中心小学童心校园文化建设与实践》一文中提出："童心环境、童心教师、童心课堂、童心学生是童心校园文化建设的核心。童心校园文化建设顺应儿童的天性，丰富儿童的精神世界，让孩子们生动活泼、健康快乐地生活、学习、成长。"

（二）从教学的角度谈"童心课堂"（童心教育）

比如，南京市小营小学毛丽平校长在《追求被暖化的童心课堂——以基于校本的识字活动课堂研究为例》中认为"童心课堂"是为儿童提供"情境性的知识"，创造被暖化的儿童课堂；慈溪市第二实验小学毛圆圆老师在《构建小学低段数学"童心课堂"的思考和实践——以〈认识钟表〉一课为例》中批判了"成人化"的数学课堂，主张去"成人化"，给予儿童以"主体"地位。上海市浦东新区金茂小学的巫唯老师在《童心课堂：教学框架与学科实践》中提出："'童心课堂'是一种尊重儿童天性、激发学生潜能、促使学生快乐成长的新型课堂，即它是一种适合儿童天性、激发儿童潜能、在乐学中高效内化知识的本真课堂。"另外，湖北省武汉小学、青海省西宁市城中区西关街小学、浙江省桐乡市实验小学集团等学校也对"童心教育"有各自的实践与思考。

（三）国外相关研究情况

卢梭不仅发现了儿童，而且赋予儿童独特的地位。卢梭认为儿童不是"小大人"，他们有不同于成人的思想和情感。他在《爱弥儿》中提到人类最初的冲动总是好的，他称赞儿童，实际上也是在称赞包含儿童自然天性的童心。童心作为一种人的自然天性，从根本上说它或多或少地存在于每个儿童与成人身上。

尼尔·波兹曼认为童年的价值一方面在于，经历一个在信息上可控的童年期可以使儿童逐步成长为理想的成人，拥有健康、理性等素质；另一方面在于，儿童本身的纯真、快乐和无忧无虑，这本身就是一种重要的价值。此外，蒙台梭利提出"儿童创造成人"的理念，她认为："儿童不是一个事事依赖于我们的呆滞的生命，好像他是一个需要我们去填充的空容器，不是的，是儿童创造了成人；不经历童年，不经过儿童的创造，就不存在成人。"

综合国内外的研究，可知"童心课堂"是当今教育界关注较多的研究热点之一，有着重要的研究价值。但"学习机制"的研究还集中在学习者头脑的内部过程，对学习的判断只在经验积累和对外在行为的观察上，缺少学习机制在教学过程特别是课堂上的研究，亦未涉及学习者的年龄和心理特征，因此"基于儿童学习机制的童心课堂"有较大的研究空间。

第三章

基于儿童学习机制的
童心课堂理论建构

　　什么样的课堂是我们追求的"童心课堂"，它与学习机制的关系是怎样的？它具有什么样的价值追求和关键特质？这些是我们一直在自问与思考、实践与反思的问题……

　　我们的研究基于我们的学生，从儿童心理学、建构主义、人本主义等教育理论中寻找依据与方向，从儿童的心理特征出发，关注儿童学习的发生、发展与结果，试图以"三阶段、六环节、九要素"这样的结构化模型的建构来探寻儿童学习的一般过程与一般规律，对儿童的学与教师的教进行本土化的建模，从理论、结构、体系和目标层面展开我们的实践构想。

第一节　基于儿童学习机制的
童心课堂的内涵界定

本研究中，有两个核心词：学习机制和童心课堂。二者之间的关系不是各自独立的两个个体，而是相互支撑的统一体。我们把立足于儿童心理，遵循儿童学习机制的课堂称为"童心课堂"。具体解读如下：

关于"机制"一词，最早源于古希腊，机制（mechanism）观念，当时被看作一种反自然的力量。在当下社会，机制一词应用得相当广泛，尤其是在现代自然科学和人文社会科学中，如运行机制、发展机制、内隐机制、促进机制、成长机制、评价机制、竞争机制、实施机制等。从文献研究来看，学界对"机制"的定义较为一致，即各要素之间的结构关系和运行方式。《现代汉语词典》这样定义机制：机制泛指一个系统中各元素之间相互作用的过程和功能。综上所述，可以这样理解：机制是一个包含多个要素的系统，也是各要素既各自发挥功能又相互作用的一个过程。

一、学习机制

百度百科是这样定义学习机制的：学习机制是指各个要素之间知识流动的渠道和作用方式。通过不同层次学习机制的相互补充和衔接，构筑了学习机制体系。

心理学界对学习机制的界定是：所谓学习的机制，实际上是指学习是如何发生、进行、结束的，即学习的一般过程是怎样的。

《教育心理学》中对学习机制的界定：学习机制是学习者为了掌握知识和经验而使其心理变化适应环境变化并以相应的行为方式表现出来的一般过程；

另外，学习机制也指组织学习机制。

结合相关理论研究，可以明确学习机制涵盖的三个方面：①学习机制是由学习各要素构成的一个系统；②学习机制是学习各要素各自发挥作用又相互作用的一个过程；③学习机制能够解释学习是如何，以及为何这样发生、发展和结果的。基于这样的分析，本研究认为学习机制是一个既能呈现学习运作的过程又能阐释学习是如何运作的一个动态的、规则的系统。不同学科、不同学习活动，在符合其共性定义下又有其个性化的解读。

因此，在本研究中，学习机制可以理解为学习过程和学习规律的总和，包括内在机制和外部机制两方面。内在机制是指学习活动在内部的基础，具体为儿童学习的发生、发展和结果的一般过程；外在机制是指符合儿童学习规律的外部因素，在教学中可分为六个环节：情境创设、目标导向、探究合作、质疑表达、感悟迁移、创新应用。内外机制共同作用顺利运作的过程即为学习机制。

二、童心课堂

1929年，作为主笔的朱智贤与刘百川校长共同创办了《童心》校刊，刘百川校长在发刊词中讲道："童心是绝顶聪敏、活泼、勇敢、快乐的。"朱智贤先生认为："学"是教学活动最基本的根据，先有了"学"，然后"教"才有所附丽；教的历程必须依据学的历程，学习者如何学，教者就如何教。学习发生的问题，就是引起动机与决定目的的问题。教学之能事，就在从一种适当的动机，迅速地引导到一种较为确定而久远的目的，使学习能自发地、继续地进行。良好的教学，就在供给与组织良好的困难，使学习者能够很顺利地突破困难，更使学习不断地向更严密、更稳定的方向发展。学习结果包含两个重要问题：一是学习结果的转移问题（方法与限度），一是学习结果的测量问题。基于儿童学习机制的童心课堂实践研究，以朱智贤儿童心理学理论为指导，牢牢站在儿童立场，基于儿童，为了儿童，关注儿童的学习心理，研究儿童的学习是如何发生、发展与转移的，注重儿童学习的生成性与生长性，研究儿童学习的内生性与共生性，让儿童的学习在"自主选择"与"自由对话"的碰撞中"自成意义"，最终达成"智贤合一、智贤共生"的"童心课堂"。童心课堂是我校童心教育的重要载体和实践表达。

三、基于儿童学习机制的童心课堂

基于儿童学习机制的童心课堂的内涵，即以遵循儿童的生理和心理发展规律为前提，以对话、游戏、挑战、探究、展示为主要外部学习行为，引导儿童形成自我发问、互动质疑、辩论表达的内部学习机制，全力打造触发儿童学习兴趣、发掘儿童学习潜力、张扬儿童个性、基于儿童学习机制的深度课堂教学。简而言之，即追求遵循儿童身心发展规律和儿童学习规律的教与学的过程。

基于儿童学习机制的童心课堂实践研究尊重人本教育理论中人的自我实现需要，尊重朱智贤儿童心理学里儿童思维的特质，尊重建构主义学习理论中学习主体主动建构的特点，以儿童的发展为中心，顺应儿童天性，关注儿童知识经验的累积、技能与智慧的提升，同时关注儿童心灵和精神成长。

第二节 "童心课堂"的理论基础

一、儿童心理学

朱智贤1908年出生于黄海之滨的江苏赣榆县（现赣马镇城里村），6岁入小学堂，品学兼优；高小毕业进入海州的江苏省立第八师范学校（现连云港师范高等专科学校前身），后以优异的成绩留在附属小学（现连云港师专二附小）任教。1930年被保送中央大学教育学院深造。

朱智贤教授编写的《儿童心理学》，其中关于儿童心理发展的理论，我们梳理出以下几条：

（1）教育决定儿童心理发展，教育本身又必须适合儿童心理发展，从儿童心理的水平或状态出发，才能实现其作用。

（2）动力是儿童在不断地积极活动过程中，社会和教育向儿童提出的要求所引起的新需要和儿童已有的心理水平或心理状态之间的矛盾，是儿童心理发展的内因或内部矛盾。

（3）没有强烈的动机、明确的目的、浓郁的兴趣、坚强的意志，就不能有主动的、生动活泼的学习，就不能有儿童心理的高速发展。

（4）儿童心理从教育到发展必须经过一系列的量变和质变过程，只有那些高于儿童原有水平，经过他们的主观努力后才能达到的要求，才是最适合的要求。

（5）经过学习阶段后，向前逐渐发展，使活动单元之组织不断地达于高级的、严密与稳定的状态，是为学习之获得，亦即学习之结果。

在朱智贤儿童心理学理论的涵养和指导下，我们聚焦"童心课堂"，研究基于儿童、为了儿童的童心课堂。

二、建构主义理论

建构主义理论（constructivism）也译作结构主义（结构主义是structivism，两者既有联系，也有区别），是认知心理学派中的一个分支。建构主义理论一个重要的概念是图式，图式是指个体对世界的知觉理解和思考的方式。也可以把它看作心理活动的框架或组织结构。图式是认知结构的起点和核心，或者说是人类认识事物的基础。因此，图式的形成和变化是认知发展的实质，认知发展受三个过程的影响：同化、顺应和平衡。

建构主义提倡在教师指导下的、以学习者为中心的学习，也就是说，既强调学习者的认知主体作用，又不忽视教师的指导作用，教师是意义建构的帮助者、促进者，而不是知识的传授者与灌输者。学生是信息加工的主体、意义的主动建构者，而不是外部刺激的被动接受者和被灌输的对象。学生要成为意义的主动建构者，就要求学生在学习过程中从以下几个方面发挥主体作用：

（1）要用探索法、发现法去建构知识的意义。

（2）在建构意义的过程中要求学生主动去搜集并分析有关信息和资料，对所学习的问题要提出各种假设并努力加以验证。

（3）要把当前学习内容所反映的事物尽量和自己已经知道的事物相联系，并对这种联系加以认真的思考。"联系"与"思考"是意义构建的关键。如果能把联系与思考的过程与协作学习中的协商过程（即交流、讨论的过程）结合起来，则学生建构意义的效率会更高、质量会更好。协商有"自我协商"与"相互协商"（也叫"内部协商"与"社会协商"）两种，自我协商是指自己和自己争辩什么是正确的；相互协商则指学习小组内部相互之间的讨论与辩论。

教师要成为学生建构意义的帮助者，就要求教师在教学过程中从以下几个方面发挥指导作用：

（1）激发学生学习兴趣，帮助学生形成学习动机。

（2）通过创设符合教学内容要求的情境和提示新旧知识之间联系的线索，帮助学生建构当前所学知识的意义。

（3）为了使意义建构更有效，教师应在可能的条件下组织协作学习（开展讨论与交流），并对协作学习过程进行引导，使之朝有利于意义建构的方向发展。引导的方法包括：提出适当的问题以引起学生的思考和讨论；在讨论中设法把问题一步步引向深入以加深学生对所学内容的理解；要启发诱导学生自己去发现规律，自己去纠正和补充错误的或片面的认识。

三、人本主义理论

人本主义于20世纪50至60年代在美国兴起，人本学派强调人的尊严、价值、创造力和自我实现，把人的本性的自我实现归结为潜能的发挥，而潜能是一种类似本能的性质。人本主义最大的贡献是看到了人的心理与人的本质的一致性，主张心理学必须从人的本性出发研究人的心理。

该学派的主要代表人物是马斯洛和罗杰斯。人本主义强调爱、创造性、自我表现、自主性、责任心等心理品质和人格特征的培育，对现代教育产生了深刻的影响。马斯洛作为人本主义心理学的创始人，充分肯定人的尊严和价值，积极倡导人的潜能的实现。另一位重要代表人物罗杰斯，同样强调人的自我表现、情感与主体性接纳。他认为教育的目标是要培养健全的人格，必须创造出一个积极的成长环境。

人本主义教学思想关注的不仅是教学中认知的发展，更关注教学中学生情感、兴趣、动机的发展规律，注重对学生内在心理世界的了解，以顺应学生的兴趣、需要、经验及个性差异，达到开发学生潜能、激发其认知与情感的相互作用，重视创造能力、认知、动机、情感等心理方面对行为的制约作用。

第三节 "童心课堂"的前瞻理念

一、理论建模：儿童心理学理论的本土化解读

朱智贤教授为我校著名校友，1929年春毕业于江苏省立第八师范后，因成绩优异与杨汝熊一起被留在附属小学（我校前身）任教，甫一工作便致力于儿童心理学的研究。我们从朱教授的著作和相关理论中学习到：儿童的"学"是教师"教"的根据，教师教什么？怎么教？是从学生那儿寻找的答案。是先有了学才有教。教师教学的设计要遵循学生学习的规律，学生怎么学，教师就需要怎么教。

学习的发生环节，最重要的是如何引起学生的学习动机，建立起学习目标；在教学过程中，最关键、巧妙的一点就是教师如何让学生把短暂的学习动机转变为一种较为稳定的、长远的学习目标；在组织教学时，教师要善于创设有梯度的学习任务，让学生一个个地完成、突破，使学习越来越完善与深入。最后的学习结果需要展示与应用。"基于儿童学习机制的童心课堂"，即以儿童心理学为指导，研究儿童学习的发生、发展和结果。结合朱智贤儿童心理学理论、建构主义学习理论、人本理论，我们本土化的解读见图3-1：

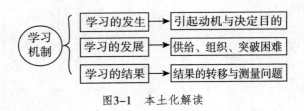

图3-1 本土化解读

二、结构建模：学习机制的"三阶段、六环节、九要素"

基于儿童学习机制的童心课堂实践，主要关注学习机制的"三六九"——

即三个阶段：学习的发生、学习的发展和学习的结果；六个环节：情境创设、目标导向、探究合作、质疑表达、感悟迁移、创新应用；九个要素：问题、动机、目的，需要、冲突、动力，测量、转移、生长。见图3-2：

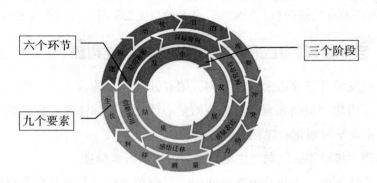

图3-2 学习机制的"三六九"

三、体系建模："童心课堂"的内涵统整

基于儿童学习机制的童心课堂起源于《童心》校报，植根于朱智贤的《儿童心理学》，革新于儿童的心理诉求。在朱智贤儿童心理学、儿童哲学、做思共生等理论指引下，关注儿童的学习心理，研究儿童的本质、儿童的思想、儿童的活动，顺应儿童的认知规律和天性，童心课堂突出的是"做"，在实践中研究，围绕"课程建设""文化环境""教师发展"等方面进行了深度实践。童心课堂的体系架构见图3-3：

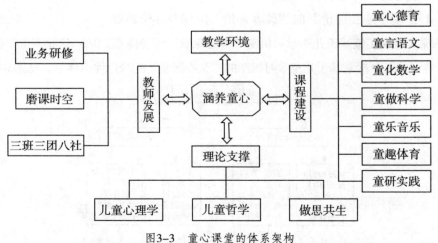

图3-3 童心课堂的体系架构

构建了涵养"童心"系列课程。设置童心课堂教学环境,落实立德树人根本任务。"童心学园"中的三班(智贤悦读书社、百川研修学苑、自清回声讲堂)、三团(捆绑式发展共同体、导师制立体发展群、伙伴式研究小团队)和八社(教师社团),关注不同年龄阶段教师的发展,是教师自主发展的文化符号和平台路径。

四、目标建模:儿童学习理想样态的实践构想

坚持以发展儿童核心素养为导向,追寻儿童学习的自主、本真、快乐、和谐的样态,构建"指向儿童学习机制的童心课堂"目标体系,扭转当下儿童自主探索、主动学习弱化的现状。建模如下:

1. 实现"被动接受"向"主动需要"的学习行为转变

尊重儿童天性,了解儿童学习心理,以呵护和培育儿童好奇心和学习力为出发点,让儿童从"被动接受"走向"主动需要",探索提高基于儿童学习机制"童心课堂"教学效益的行为策略。

2. 实现"教的研究"向"学的研究"的教学行为转变

探索建构基于儿童学习机制"童心课堂"的教学模型、程序等,从"教的研究"走向"学的研究",构建完善"童心课堂"的基本范式。

3. 实现"关注结果"向"关注过程"的动态评价转变

从学生学习状态和收获,教师教学的投入状态、教学过程的调控等维度,从"关注结果"走向"关注过程",建构基于儿童学习机制的各学科"童心课堂"的动态评估体系。

4. 实现"学业评价"向"素养评价"的绿色评价转变

深入研究实施基于儿童学习机制"童心课堂"评价体系,从"学业评价"走向"素养评价",探索基于儿童学习机制的"童心课堂"的绿色评价体系,见图3-4:

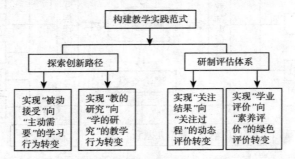

图3-4 基于儿童学习机制的"童心课堂"的绿色评价体系

第四节 "童心课堂"的价值特质

一、童心课堂的价值追求

指向儿童学习机制的童心课堂，直抵儿童心灵，让儿童心灵"在场"；直指儿童智慧，让儿童智慧"生根"；直通儿童天性，让儿童天性"释放"；直达儿童需求，让儿童需求"落地"。

1. 直抵儿童心灵，让儿童心灵"在场"

儿童立场追求一种"没有痕迹，直抵儿童心灵"的课堂。在一种没有痕迹的状态下，让儿童的心门自然地打开，让他们在不知不觉间被感动、被触动，然后发自内心地行动起来。

2. 直指儿童智慧，让儿童智慧"生根"

儿童立场追求一种"淡化结果，直指儿童智慧"的课堂。童心课堂深知"过程"对"结果"的情意，让儿童安静地思考、热切地思辨、有效地探究、愉快地发现……而儿童的智慧则在此过程中悄然生长。

3. 直通儿童天性，让儿童天性"释放"

儿童立场追求一种"摒弃功利，直通儿童天性"的课堂。以人的天性为参照，尊崇、顺应儿童的天性，尊重、解放儿童，让儿童在游戏中学、在玩中学、在做中学，充分释放并开发儿童的潜能。

4. 直达儿童需求，让儿童需求"落地"

儿童立场追求一种"去除干扰，直达儿童需求"的课堂。童心课堂排除花哨的、无意义的教学设计，舍弃看似精彩、实则多余的教学环节，基于儿童，了解儿童，为了儿童，真正地把儿童的需求放在中心地位。

二、童心课堂的五大特质

童心课堂，尊重人本教育理论中人的自我实现需要，突出"本、真、实、思、做"五大特质：

1. "本"即本然、本源，从原点出发，顺应儿童认知和成长规律

童心课堂注重的是"本"，即从教育的原点出发，遵循儿童认知和成长规律，采用儿童喜闻乐见的多样性教学模式，方为教育之根本。

教育家卢梭说："大自然希望儿童在成人之前就像儿童的样子，如果打乱了这个次序，他们就成了一些早熟的果实，既长不丰满也不甜美，而且很快就会腐烂。"也就是说，儿童的成长如同大自然万物生长一样，有其适应环境的成长规律，如果人为破坏或打乱其生长次序，就会出现畸形和毁灭。

童心是人的最初，教育者做事要从儿童的心之初考虑，设身处地，换位思考，应遵循儿童认知和成长规律，顺应生命发展的"次序"，就像农民种庄稼，春播秋收，勤于管理，不能催熟一样；学校教育会影响儿童的心灵和情感变化，心灵和情感是触动儿童待人接物、认知、想象和思维方式萌发的关键，教育就要像及时的雨"随风潜入夜，润物细无声"一样关注儿童成长。

2. "真"即至真、纯真，返璞归真，关注儿童心灵和精神的成长

童心课堂讲究的是"真"，从教育的育人功能出发，重申传统美德教育，增强传统美德教育的实效性；注重教育教学纯真性设计，感受生活的真实性，方为教育本质回归"真"。

明代思想家李贽云："夫童心者，绝假纯真，最初一念之本心也。"又云："童子者，人之初也；童心者，心之初也。"又云："童子者，人之初也；童心者，心之初也。"意为：童心是人们真实情感的流露，是天性，是真心实意。保持童心，就是要人们返璞归真，回归自然，不要矫揉造作，更不能虚情假意。

学校教育是与自然、生活相联系的，让教育依归童心，依归儿童世界，要真真实实，说真话，行真事，做真人，成为真孩子。因此，教育者要注重儿童学习过程中的问题纯真性的设计，关注儿童的直观视觉和丰富想象的特点，鼓励儿童富有哲理地回答问题；注重儿童活动方案纯真性的设计，给儿童一个公平、公正、合理的活动平台；注重儿童教育过程的纯真性设计，真心实意关

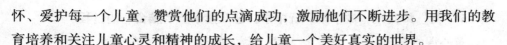

怀、爱护每一个儿童，赞赏他们的点滴成功，激励他们不断进步。用我们的教育培养和关注儿童心灵和精神的成长，给儿童一个美好真实的世界。

3. "实"即扎实、踏实，脚踏实地，给儿童创设学习、做事的氛围

童心课堂追求的是"实"，以儿童为中心，把握儿童学习过程中的生成机制，遵循儿童心智发展规律，依此进行的活动方案的制定、活动步骤的设计、小组人员的安排、活动过程的指导，以及活动过程的记录、总结，方为教育过程中的形和质的"实"。

我们的教育就是要有目的、有计划、有步骤，引导儿童在学校教育教学活动中，一步一个脚印，从小事做起，从我做起，脚踏实地地做好每一件小事。俗话说："说得好，不如做得好。"我们的教育要求儿童言行一致，即诚信励学，学做合一；教育者首先要从我做起，用师之言行、师之垂范，影响启迪儿童心智发展，诚实做人，扎实做事，不投机取巧，不说谎，做实事求是的"我"；教育者要注重宣传鼓励儿童的典型事例，形成实干的氛围、干实事的气场，使小学阶段成为儿童一段美好的人生经历。

4. "思"即善思，神思飞扬，给儿童创设一个宽阔的思维空间

童心课堂关注的是"思"，从教育达成的效果出发，遵循儿童思维发展的客观规律，创设富有童趣的教育情境，设计巧妙的问题，方为教育过程中的"思"。

爱因斯坦说过："学习知识要善于思考，思考，再思考，我就是靠这个学习方法成为科学家的。"从小养成勤于思考、善于思考的良好习惯，对于儿童的学习、工作乃至整个一生都是非常有益的。教学实践表明，在广远的意境中，儿童的想象力表现得极其惊人和美妙，可谓神思飞扬。教育者应精心设计灵巧、新颖、易于激发学生思考的问题，要尊重儿童思维的客观规律，善于创设教育情境，运用好提问技巧，从而达到良好的教学效果；教育者应该重视学生提出的问题，给予肯定的评价和悉心的指导，让学生用进一步的思考来解决问题，培养学生不迷信权威，勇于质疑的态度。学校教育要努力把握儿童潜能发展的最佳时期，从审美、情感、思维三方面提出培养发展创造潜能的举措；创设激发思考的教育情境，使儿童"乐思"，渐渐地学会"善思"；用我们的教育开启儿童善思的智慧，给儿童创设一个宽阔的思维空间。

5.“做”即实践，做中学、玩中学，让儿童亲历手脑合一的过程

童心课堂突出的是“做”，动手、玩、好奇心是儿童的天性，动手做、玩中学或做中学，顺应儿童认知规律和天性，是儿童亲历人生不可缺的一个学习过程，方为教育过程中的“做”。

我们的教育要以儿童为中心，设计学习和活动方案，提供使儿童主动参与、动脑动手的实践平台，让儿童亲自参与物体和自然现象的发现、观察与实验、动手与制作，接触实际，从而达到保护孩子的好奇心和激发他们学习的主动性的目的；激发、保护儿童想象力，扩展儿童思维，使其获得重要的科学概念之间的联系；锻炼学生学习探究的技能，改善儿童合作和交往能力，促进儿童语言和表达能力的发展，并在学习的过程中自己逐渐构建知识体系。

三、童心课堂的关键要素

（一）童心课堂的环境观

1. 校园环境

学校占地面积64416平方米。依据学校办学理念和基于儿童学习机制的童心课堂实践研究计划，我们对学校环境进行了整体规划——两场、三道、四园、五苑。场、道、园、苑的命名均与我校发展历史中的人和事有关，寄托着我们的教育理解和教育理想。

2. 教学环境

基于儿童学习机制的童心学科教室建设。站在儿童立场，审视儿童的心理诉求，关注儿童的内在需求，根据儿童年龄、兴趣、特长等精心打造富有文化气息和儿童气息的学科教室，具体表现在命名打破传统，整合与创新了学科资源，彰显了深刻的学科文化，并凸显教师特长，儿童是主人，给儿童最大限度的人文关怀，成为孩子们向往乐学的园地。

3. 课堂环境

童心课堂组建“探究团体”，最大限度让儿童进行合作探究。造就民主氛围，团体成员自由组配，并制定团体活动规则：交互主体对话，每个成员都主动贡献自己的智慧，课堂上学生从被动的学答走向能动的学问；回到儿童的生活方式，让儿童在游戏与故事中顺性生长，张扬与发展儿童的“主体性”。

（二）童心课堂的教学观

实现从"应试教育"向"素质教育"的理念转变，尊重儿童天性，了解儿童学习心理，以呵护和培育儿童好奇心和学习力为出发点，探索提高指向儿童学习机制"童心课堂"教学效益的实施策略。

实现从"知识中心"向"素养中心"的教学转变，探索建构指向儿童学习机制"童心课堂"的教学模型、程序、评估等，构建完善"童心课堂"的基本范式。

实现从"单一评价"向"多元评价"的方式转变，从学生学习状态和收获、教师教学的投入状态、教学过程的调控等维度，建构指向儿童学习机制的各学科"童心课堂"的评估体系。

实现从"个体经验"向"普遍借鉴"的价值转变，深入研究实施指向儿童学习机制"童心课堂"关键要素，探索指向儿童学习机制的"童心课堂"的推广策略。

（三）童心课堂的教材观

作为学生学习活动的主要媒介，教材要成为"学材"，需要去掉生硬和冷冰冰的面孔，增加对学生的亲和力，让学生喜爱教材。同时，教材要提供丰富的与学生生活背景有关的素材，要创设符合学生心理的氛围，从学生的已有经验和兴趣出发并体现这种已有经验和兴趣，让学生亲身体验探索、思考和研究的过程。

（四）童心课堂的教师观

教师也要拥有一颗童心，把自己看作"长大的儿童"，"像孩子般怀着一颗好奇心去设计教学"，与儿童一起生长、成长。学生享受童心课堂带来的属于童年幸福的快乐；教师在童心理念的关照下获得属于职业生涯专业发展的快乐。

第四章

基于儿童学习机制的
童心课堂实践样态

　　基于儿童学习机制的童心课堂，其实践从三个层面展开：作为一个教学改革研究项目，遵循从需求分析到理论体系的建构，再进行实践与应用，并在这个过程中不断地反馈与修改这样一个研究的实践路径；作为一个校本化的特色课堂，其不是凭空而出的，需要整个校园的文化建设作为基础，以及环境教育因子的熏陶；作为一种课堂教学模式，需要从基本模型、教学流程和操作要义等方面进行建模与架构。

　　教师的启发与引导和儿童学习作为童心课堂的两条线，相辅相成，儿童的学习在教师的引导下，经历了感受、体验、理解、质疑、迁移和创新五个阶段。教师的设计建立在充分了解儿童的知识储备、生活经验和心理需求的基础上，而学生则是怀着一颗好奇的心对新知识充满兴趣，在富有趣味的情境下，学习就这样发生了……

第一节 "童心课堂"的研究路线

一、设计研究框架

根据研究的需要，我们初步规划与架构了整个项目实施推进的研究框架，确定了项目实施的主要思路（图4-1），并在研究过程中不断地思考、调整与匡正：

首先，从中国学生发展的核心素养出发，依据人本理论，探索学生个体核心素养形成的理论路径和实践原则；

其次，依据朱智贤儿童心理学理论和建构主义理论，研究"基于儿童学习机制的童心课堂"的培养目标、模型、程序、评估等，建构基于儿童学习机制的"童心课堂"的基本范式；

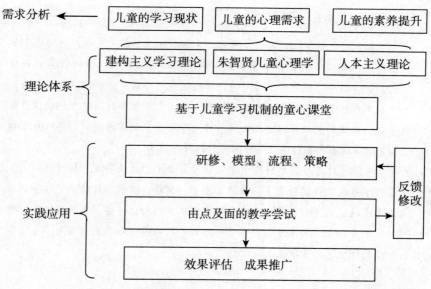

图4-1 "基于儿童学习机制的童心课堂"项目实施的主要思路

再次，依据"基于儿童学习机制的童心课堂"基本范式，以及结构、程序、评估等内涵，探讨将"基于儿童学习机制的童心课堂"的理论转化为行动的路径、策略；

最后，通过"基于儿童学习机制的童心课堂"的深度实践，不断完善"基于儿童学习机制的童心课堂"的内涵，推广"基于儿童学习机制的童心课堂"项目成果。

二、具体实施过程

本项目从酝酿到实践，经历了三个阶段，第一阶段为前期调研与项目申报阶段（2017.2—2017.5），针对儿童的学习现状和问题展开调研，撰写申报材料，进行市级、省级申报；第二阶段为项目专题培训与论证阶段（2017.7—2017.10），经过多轮省市级的项目培训，邀请专家进行论证，不断完善项目实施方案；第三阶段为项目研究与实践（2017.9—2020.4），根据实施方案进行实践行动，用理论指导实践，在实践中不断反思，再完善。具体从以下五个方面开展：

1. 基于研究的项目前测和中期调研

在研究立项初期和中期分别对学校的学生、家长和老师进行基于项目的一系列调查：其一，关于当前课堂教学与儿童的心理匹配度调查；其二，关于儿童学习方式的调查；其三，关于儿童对教师、学校的满意度调查；其四，儿童最关心的问题调查。力求用数据聚焦我们的研究方向，指导我们的研究路径。

2. 自上而下的计划制定与任务分解

学校细化并完善了项目的实施推进，从研究过程与成果物化两方面进行计划制定与任务分解，将活动再细化、分工再明确、要求再详细、操作再具体。

3. 建立健全的制度建设和保障体系

为了保障项目的有效推进，学校制定了"基于儿童学习机制的童心课堂实践研究"的项目管理制度、备课标准、项目教学反思监控、评价细则、童心课堂实施标准、童心课堂评价细则等制度。并邀请省内知名专家来校进行项目论证与指导。

4. 全员推进的项目培训及校本活动

每学期按计划进行全员培训，还有学科组、备课组研修等不同形式的项目

培训，包括项目负责人对项目的整体培训、特级教师做基于学科的教学研究、青年教师的课例研讨。

5. 由点及面的教学尝试与实践反思

在教学实践方面，每学期采用不同层次的"四课推进"模式进行由点及面的教学实践。第一"课"——试水课，由特级教师、"333"工程系列人员、省优质课获奖选手、教研组长、备课组长承担，目的是起到引领的作用；在这个基础上进行进一步的推进与展示，第二、第三"课"——推选课、展示课，定位于学科竞赛获奖选手及担任过市级公开课教学的教师执教，让童心课堂的理念继续铺开与衍生；第四"课"——汇报课，关注青年教师的成长，让他们在先期学习的基础上运用骨干教师执教的理念与教学的精髓来尝试呈现自己的课堂。

第二节 "童心课堂"的环境基础

文化是一所学校的灵魂，打造基于儿童学习机制的童心课堂需要我们本着尊重历史、传承文化、环境育人、文化润人的原则，对校园文化构思、环境布局精心策划及构建，学校目前已经形成了"一阁两场三道四馆五苑"的建筑主格局，文化元素和特色景观点缀左右，相映生辉。

1. 建筑——让历史在粉墙黛瓦中沉淀

学校的建筑设计风格属于简约中国风。浓浓的中国传统建筑元素与现代西方抽象几何美学相融合，粉墙、黛瓦、大屋顶、天井，建筑物规划严整，排序井然，符合中国人做事严谨的风格。建筑物灰、红相称，灰象征着我校厚重的文化底蕴，红象征着激情、活力。静中有动、动中有静，寓意我校的学生在厚重文化的浸润下充满朝气，蓬勃向上。校园整体设计和布局构造浑然一体。师生们徜徉在校园中感受浓郁的文化气息，荡涤自己的心灵。

一阁：兴海阁。振海路旁建有"兴海阁"，一座矗立于学校主轴的地标建筑。寓意振兴海师附小，振兴海州教育，为实现振兴海州的梦想培养优秀人才，实现海州复兴！

两场：百川广场和童心广场。百川广场以我校海州校区首任校长、教育家刘百川先生的名字命名；童心广场以1929年我校的校刊名字命名，意为一切以儿童发展为中心，让儿童享受童心教育带来的属于童年的幸福快乐。

三道：百川大道、问渔大道、浴宇大道。分别以知识与技能、过程与方法、情感态度价值观为脉络。百川大道，正所谓"海纳百川，有容乃大"；问渔大道，以我校前身"江苏省立第八师范学校校长"、曾任"江苏省教育厅厅长"的江恒源先生名字命名。江恒源，字问渔；浴宇大道，以我校校友、曾任江苏省省长的惠浴宇先生名字命名。

四馆：蒙学馆、儒学馆、礼学馆、艺学馆。蒙学馆：主要注重激发学生的"国学经典"启蒙教育；儒学馆：主要布置"儒学人物展览馆"；礼学馆：以各家的礼学主张为主；艺学馆：主要呈现关于艺术、音乐、舞蹈等"国学经典"等。

　　五苑：智贤苑、菊芬苑、继瑛苑、渭川苑、自清苑。智贤苑：以曾在我校任教的朱智贤先生的名字命名；菊芬苑：以我校校友冯菊芬先生的名字命名；继瑛苑：以曾在我校就读的吕继英先生的名字命名；渭川苑：以我校先贤董渭川先生的名字命名；自清苑：以曾在我校就读的朱自清先生的名字命名。

　　"未来不是我们要去的地方，而是我们要创造的地方；通向未来的路不是找出来的，而是走出来的。"学校的场馆无论从命名还是寓意，都承载着对历史的尊重和传承。这不仅仅是我们对先贤的纪念，同时也体现了当代附小人极其开放的情怀及海纳百川的胸襟。在这样的校史文化中，我们秉承童心教育，有三层寓意：一是童心，儿童的心，最真最纯最原始，是蓝色，海洋的颜色；二是同心，教师和学生的心在一起，为了同一个目标而努力，和谐共生，是绿色，森林的颜色；三是彤心，一颗充满爱国情怀，追求生活激情的心，是红色，太阳的颜色。

　　2. 景观——让生命在亭台楼阁里鲜活

　　学校在主建筑周围，精心设计了富有教育意义的文化景观，让师生在移步换景中触摸历史、对话先贤、感悟精髓、陶冶情操。

　　听水台：源自《论语·先进》："莫春者，春服既成，冠者五六人，童子六七人，浴乎沂，风乎舞雩，咏而归。"听水抚琴，既传承中国传统文化和古代教育思想，更有一种望孔情怀。

　　静心柱：学校的整体建筑是相互连接的，有众多的长廊和走道，在普通的柱子上用一片片仿古的竹简包裹，竹简上刻有《论语》等经典，让师生在不经意的驻足间习得经典。

　　论语墙：又名至圣先师浮雕墙，在孔望书院的北墙下，一面"经典墙"矗立在校训石和玉带水榭中间，墙上本是一个拱门，走近看会发现又不仅仅是门，正面雕刻的是《论语》中的经典场景，反面是《论语》中的经典语句。

　　秋实门：校园内的一处仿明清建筑。原址存于老校区，在学校异地搬迁后复建于此。以纪念幼时在祖父及父亲当差的海州县衙（我校老校区）玩耍的朱自清先生，在秋实门对面铸有朱自清先生雕塑，与秋实门久久相望。

玉带水榭：建立在小池塘上的小报告厅，延伸在水面上的室外书吧，艺术地排列着各类教育书籍。小鱼在屋底自由穿梭，惬意无比。人工建筑和自然景观融为一体，天然和谐，严肃中不失活泼，朴实中不失灵动，与学校氛围高度契合。

百川校史馆：设在"孔望书院"一楼的校史馆，又是一所博物馆、一所展览馆。馆内整体设计古色古香，全天候开放，方便学生随时参观，了解学校的历史、教育的发展史。馆内镌刻着《出师表》，提醒学子们"谨慎"行事。

校园内的每一处景观都蕴含多类隐形课程。人的课程，让一代代附小学子学习先贤们修身养性，习得才能，懂得做人处世的哲学，树立为国家、社会服务的理想，追求先贤们为学和做人的境界；经典的课程，在经典环境的布置和浸润中走近经典、感悟经典、习得经典；历史的课程，在对历史的触摸中激发学生爱国、爱校、爱家的大爱情怀。

3. 元素——让童心在一石一景中成长

富有特色的建筑设计、精心布局的景观设计和校园中扑面而来的学校元素相辅相成，和谐与共，共育师生。校园石亦多，或大或小，或立或卧，姿态各异；校园水灵动，流水潺潺，泉水汩汩，潭水幽幽；校园竹摇曳，楼角、水边、石处；校园立雕塑，先师、贤人、智者。

石。校风石——"尚德修身 崇文重义"，由学校前四任校长所题，寓意君子尚德重义，修身齐家治国平天下，崇文以怀九服（出自《盐铁论·错币》）；校训石——"智圆贤达"，"智"，智慧，智略，是做学方面的要求，希望附小人会学习、会思考、会创造，做一个"智慧之人"；"贤"，贤能，贤达，是做人方面的要求；校名石——学校从私塾"堂义堂"而来，历经数次更名，每一个校名都是学校办学历史的见证与传承。

水。校园中水声潺潺，处处皆是灵动，听水台上的涓涓细水，流经沧桑的古瓦，汇聚在汩汩喷泉之处，孔子与弟子们听水抚琴，仿佛见证着教育从古至今不变的真理；玉带水榭下的方正池水，朵朵莲花傲然挺立，活泼的鱼群自由嬉戏，喻义我们的学子在规则的天地里自由成长；"上善若水""水善利万物而不争，处众人之所恶，故几于道"，校园中的水，流淌在师生周围，提醒我们做人如做水，争做像水一样灵动的真君子。

竹。校园里的竹子，挺拔而清秀。清晨，孩子们跨入校园，门边的竹是热情的迎宾；课堂，孩子们朗声诵读，窗边的竹是欣赏的听众；课间，孩子们嬉戏玩耍，园边的竹是共同的玩伴；课余，孩子们畅谈理想，角落的竹是成长的见证。竹，有坚忍、坚毅之意。校园里处处皆有竹，竹以挺拔的身姿、傲人的气节，指引着我们学生的道德养成，即做像竹一样谦逊、坚强、正直的人。

塑。学校的场馆和景观中多有学校智贤先人的雕塑。听水台上的孔子和他的弟子们，仿佛还在探讨"有教无类"；秋石门对面的朱自清先生，远离家乡是否还有着对儿时生活的眷恋；菊芬苑里的冯菊芬先生，坚定的眼神述说着对革命的坚定信念；渭川苑竹林下循循善诱的身影不正是董淮先生吗……他们在述说着一段历史、一个梦想、一种情怀。

石、水、竹、塑，是自然也是人工，是历史也是当下，是元素也是德行，让我们的孩子在这样的文化环境中成长，成长为君子，成长为智士，成长为贤者，成长为适合的样子。

4. 廊道——流动童真的经典

不论是早在两千五百年前的大教育家孔子，还是一直致力于儿童心理学研究的朱智贤，都告诉我们儿童的成长有其自身的规律，也有其应有的面貌。教育要遵守这种规律，保持这样的面貌。我们在校园中，以廊道、地面和园林为载体，将儿童应该知道的故事、明白的道理、积累的知识、养成的品德融合成课程，娓娓道来。

学校充分利用文化墙和文化长廊，文化长廊上悬挂着孩子们熟悉的《弟子规》《增广贤文》等，在上下学的必经之处，孩子们可以随时吟诵和阅读。部分文化墙有孩子们的自行设计，孩子们可以张贴自己的"读书感悟"，也可以对"国学经典"进行摘抄和绘图。学校将图书馆搬进了校园的各处廊道中，孩子们随手就能翻阅一本书，尽情享受休闲与读书的快乐。

5. 地面——丈量童趣的快乐

为了让孩子们的课间活动更丰富多彩，让孩子们享受学中玩、玩中学的乐趣，我校进行了地面游戏文化建设，努力让校园地面也成为一种文化。为此，学校教师自编了地面游戏校本教材，分运动区、智力区，将各种体育活动及游戏，以方格、圆圈、符号、小脚丫等方式绘画在校园的空地、操场上，让学生在课间及体育活动中有序地开展活动。每到下课、大课间、体育活动课时间，学校的一块块地面便成了一片片欢乐的海洋。

6. 园区——讲述童知的天地

学校结合地方、校本特色，打造了一个个主题鲜明的文化园区，每一个园区都有专门的一个主题。

海州文化区：海州地区是连云港文明发祥之地。这里展示了海州的发展变迁、流传的优美故事及宝贵的民间技艺。

革命展览区：作为中国共产党海属地区第一个党支部的发源地，一大批革命志士从这里踏上了保家卫国的革命道路，这是附小学子不可或缺的一课。

校史研究区：镶嵌着学校的校徽，以及第一期《童心》校报和《童年》月刊等珍贵文物，让师生在不经意的穿行中了解学校办学内涵的源起与寓意。

照片陈列区：廊道上艺术地排列着学校的一些老照片，从中华人民共和国成立初期的学堂门口，到80年代校门、90年代和现在的校门，以校门的变化讲述学校的历史沿革。

名师荟萃区：这里是学校名师荟萃的地方。前有朱智贤、刘百川这样的教育先贤，近年来又先后培养了12位特级教师，还有众多省市级比赛获奖教师。

童星展示区：由学生笑脸拼成的一面笑脸墙，顶上设计了布有十二个星座的一方天空，喻义我们的孩子既要脚踏实地地快乐成长，又要怀揣梦想、仰望星空。

在这些具有特色的主题廊道里，还设立了相关内容的书吧，学生们在欣赏图片、文物和说明的同时，还可以舒适地静坐下来，随手翻阅身边的书籍，更进一步地了解主题知识，使碎片化的学习由点及面到体地完整与立体起来。

苏霍姆林斯基曾经指出："孩子在他周围，在学校走廊的墙壁上、在教室里、在活动室里经常看到的一切，对于他精神面貌的形成具有重大的意义。"我们正是遵循这样的理念，对学校的场馆廊道及角角落落进行了精心的设计与布置，让校史文化照进校园文化，以期我们的孩子在这样的环境中，不断地拔节、生长。

第三节 "童心课堂"的基本模型

教学模型引领教学实践。基于儿童学习机制的童心课堂，关注儿童的学习心理，研究儿童的学习是如何发生、发展与反馈的，注重儿童学习的生成性与生长性，研究儿童学习的内生性与共生性，让儿童的学习在"自主选择"与"自由对话"的碰撞中"自成意义"。我们通过优秀教师一轮轮、一节节渗透"基于儿童学习机制的童心课堂"理念的领航研讨课，让全校老师看到了儿童在课堂上的巨大学力，看到了"童心课堂"的价值特质，感受到"童心课堂"的可操作性。

"基于儿童学习机制的童心课堂"的基本教学路径与策略（图4-2），从来自儿童或教师的"问题"开始，经历"情境创设""目标导向""探究合作""质疑表达""感悟迁移""创新应用"的动态过程，让学生自主、自然成长。童心课堂，秉持儿童立场；童心课堂，学做合一；童心课堂，学教相长。

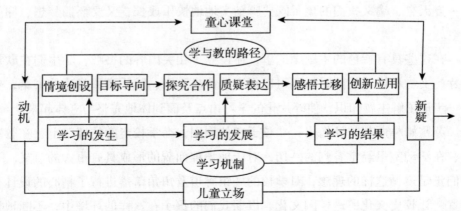

图4-2 "基于儿童学习机制的童心课堂"的基本教学路径与策略

"基于儿童学习机制的童心课堂"的教学模型牢牢地站在儿童立场，通过智慧的生长与素养的提升来体现每一个个体的成长。

第四节 "童心课堂"的教学流程

　　基于儿童学习机制的"童心课堂"的基本模型与具体学科相结合，根据不同学科的特点，各学科的教学操作流程也会在"同"与"异"之间碰撞出不同的火花。目前，我们根据不同学科的特点、功能，初步探索出"基于儿童学习机制的童心课堂"的教学流程，见图4-3：

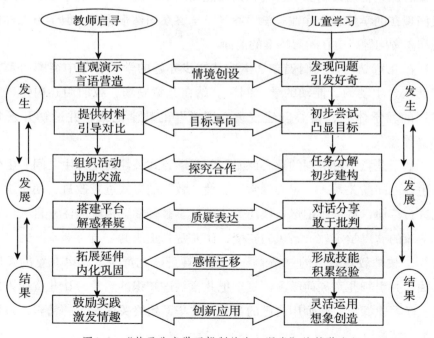

图4-3 "基于儿童学习机制的童心课堂"的教学流程

第五节 "童心课堂"的操作要义

　　童心课堂，从教师的教走向学生的学。教是为了不需要教，而学则是为了学会学——学与教的关系是教育永恒的主题。学生的主动与能动，学生的探索与研习，是有声有色的；而教师的引领与点拨，是无痕的、无声的、无意的、无为的，"无为"不是不作为，是不妄为，无为就是"有为"。

　　童心课堂，从被动的学"答"走向能动的学"问"。著名学者李政道说："我们现在的学校教育往往是学'答'，学答案固然很重要，但学习怎样提出问题和思考问题，应在学习答案的前面。"

　　站在儿童立场，我们倡导学生能从亦步亦趋的学"答"中突围出来，走向主动的、生动的、能动的学"问"。站在儿童立场，我们用心构建"童心课堂"的教学体系，精心创建"童心课堂"的教学范式，并适切开发各学科的操作系统。

　　"基于儿童学习机制的童心课堂"的教学方式关注的是师生之间、生生之间、生本之间的关系。"童心课堂"，使"教"的方式进行改进，使"学"的方式进行革命，从依赖记忆与模仿为主的"重教轻学"传统向注重自主探究、合作交流的"以学定教"新风向转变，让儿童真正成为"童心课堂"的"绝对主角"。教师教育教学的"精彩"，应该真正以儿童为本，以儿童的发展为本，关注并引领儿童如何学习，真正把儿童领进知识的殿堂，让儿童如饥似渴地自主学习、探究。教师用自己的智慧与才华，始终关注学生的精彩，最终创造学生的精彩。

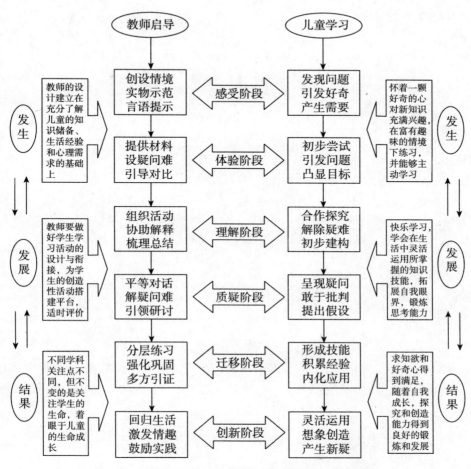

图4-4 "基于儿童学习机制的童心课堂"的操作要义

第五章

基于儿童学习机制的
童心课堂学科实践
——语文篇

　　语文课程是一门学习语言文字运用的综合性、实践性课程，工具性与人文性的统一是语文课程的基本特点。《义务教育语文课程标准（2011年版）》在总目标之下，按1—2年级、3—4年级、5—6年级、7—9年级，分别提出"学段目标与内容"，各学段目标按内容可以分为"识字与写字""阅读""写作"（第一学段为"写话"，第二、第三学段为"写作"）"口语交际""综合性学习"五个部分；语文学科从目标领域又可分为知识与能力、过程与方法、情感态度与价值观三个方面。教育部发布的《普通高中语文课程标准（2017年版）》提出语文学科核心素养包括语言建构与运用、思维发展与提升、审美鉴赏与创造、文化传承与理解。

　　综合各种教学目标与内容分类，本章就语文学习的三大基本任务"识字与写字""阅读""写作"来研究基于儿童学习机制的童心课堂的语文学科教学实践。

第一节　儿童识字与写字的学习机制

一、识字与写字概念

识字，是一个汉语词汇，简单地说就是认识文字，严格意义上则是指如何把具象化的事物在脑海中与抽象化的文字联系起来。

写字，也是一个汉语词汇，简单地讲就是书写文字。写字是人类表达思想的基本方式之一，本文单指书写文字。

《义务教育语文课程标准（2011年版）》指出，识字与写字是阅读和写作的基础，是低年级学段的教学重点，也是贯穿整个义务教育阶段的重要内容。在《义务教育语文新课程标准（2011版）》的总目标和阶段目标中，都明确提出了"识字与写字"的学习目标。语文课程是一门学习语言文字运用的课程，工具性与人文性相统一是语文课程的基本特点，而识字与写字能力的养成，是语文课程工具性特点的集中体现。

二、识字与写字的基本特征

1. 遵从汉语言文字的特点

文字是语言的语音符号的一种转换方式，语音是"听、说"的语言符号系统，文字是"写、看"的语言符号系统。汉语以单音节语素或词为基础的二次复合构词法为主，很少有形态变化。汉字构形也具有明显的规律性，也就是说每个汉字都有一个固定的形态，读成一个带调的音节，表示一个固定的意思。汉字的独立表意文字体系，源于汉字独特的造字方法。东汉的许慎在《说文解字》中提到汉字"六书"，即象形、指事、会意、形声、转注和假借，其中前四种为汉字造字法，后两种为汉字用字法。教学中，教师要引导儿童依据汉语言文字的造字方法，掌握识记汉语言文字的规律性知识和方法，培养儿童的识字与写字能力，使其形成系统的识字与写字素养。

2. 结合儿童认知能力特点

小学阶段儿童年龄差距较大，认知能力也存在较大的差异。低年级儿童往往只注意事物的表面现象和个别特征，时空特性的知觉也不完善。随着年龄增长，他们的感知能力有了很大提高，知觉的有意性和目的性明显发展，高年级儿童已能从知觉对象中区分出基本的特征和所需要的东西，对于时间单位和空间关系的辨别能力也逐渐增强，其准确性、系统性都在不断地提高。根据不同年龄段儿童身心发展特点的不同，识字与写字教学也表现出不同的样态，尤其体现在低年级的语文教学中，要引导儿童先识后写，多认少写；就识写的汉字而言，多从笔画少、易被识记的象形文字展开，再逐步向笔画繁多、结构复杂的汉字过渡。

3. 渗透中华优秀传统文化

汉字素有中华民族文化"化石"之称。不仅汉字字形表层包含着极其丰富的文化因素和汉民族的文化特征，汉字字形深层还蕴藏着汉民族的文化心理结构。透过汉字，我们可以感受到汉民族的思维方式、价值取向、民族心态及世界观等。例如"孝"字，上面是"老字头"，下面是孩子的"子"，"孝"字的字形就直接揭示了汉民族的人伦心理，子辈用自己的行动扶持长辈，让老人既安身又安心就是孝顺；再如"春"字，在甲骨文中，"春"的字形很复杂，简直就是一幅大地回春图，首先它的上面有草字头，草木青青、万物复苏，下面从"屯"，种子破土发芽，这就是大地的面貌，而且下面还从"日"，太阳使大地温暖，万物才会欣欣向荣。在这个复杂的字形里，包含了先民内心以优美的形式向季节的致敬。在造字的时候，先民把自己对于自然、人生的思考寄托其中。教学时，教师要重视引领儿童感知汉字背后的文化内涵，自觉接受中华优秀传统文化的熏陶，不断提高自身的文化素养，形成高雅的文化品位。

三、儿童识字与写字的学习机制

（一）统编版语文教材识字与写字内容编排特点

根据不同学段儿童年龄和心理特点的不同，识字与写字要求也不同。第一学段的儿童年龄较小，教学中要引导儿童多认少写，重在激发儿童主动识字的兴趣；第二、第三学段的儿童已具备较强的识字与写字能力，教学中重在考查儿童独立识字的能力。基于此，统编版语文教材在课后生字的编排上呈现以下几个特点：一是一年级上册教材先安排一个单元的识字课，引导刚入小学的儿童学习40个特别简单且高频的"基本字"，然后再学习拼音，有效利用儿童已有经验和汉字积累，实现幼小衔接；二是遵循识写分流、多识少写的原则，课后双横线中的字只要求认识，不要求书写，课后田字格中的字是要求写的字；三是集中识字形式多样，凸显汉字构字规律，以丰富多彩的识字形式激发初入学儿童学习汉字的兴趣；四是夯实识字与写字基础，重视培养识字与写字能力，在要求写的字旁边呈现新笔画，并对每一个要求写的字都做了笔顺跟随的处理。教材还十分重视儿童书写习惯的培养，不断强调写字姿势，使儿童从开始就养成良好的书写习惯。

（二）儿童识字与写字的学习方式

儿童识字大体可分为三个阶段，即"懵懂阶段""明晰阶段"和"融通阶段"。"懵懂阶段"是识字的准备阶段；"明晰阶段"则是识字能力不断提高的主体阶段，汉字所必备的笔画、笔顺、偏旁、部首、部件、结构，以及音、形、义联系等知识和能力都是在这个阶段学习和形成的；"融通阶段"则是辨认字形熟练程度和分析能力提高的结果，也是识字和阅读接轨的要求和表现。这三个阶段有先后顺序，是就学习者的能力发展而言的，也是就每一个字被掌握的过程而言的。

一般而言，儿童由认识一个汉字到准确记忆一个汉字，无外乎几个步骤，即读准字音、识记字形、理解字义、书写汉字。但在具体的学习中，依据汉字本身，教师还可以组织儿童开展组词、造句、书法创作、审美鉴赏等活动。

（三）儿童识字与写字的学习过程

1. 学习发生的条件——识字与写字的情境创设

儿童身心发展的特点决定了他们对于游戏和活动有天生的好感，而游戏和活动也唤醒了儿童学习的内部动机。因此，识字与写字教学中，教师要依据儿童的心理特点，结合不同汉字的字理和字义，创设丰富多彩的任务情境，运用多种识字教学方法，组织轻松有趣的教学活动开展识字与写字教学。例如，教师可以"教学目标"为导向，以"内容整合"为策略，以"任务驱动"为板块，以"活动体验"为环节，创设任务情境，注意调动儿童已有的经验参与当下的学习活动，还要注意与儿童已有的经验建立起联系，从而使儿童充分发挥学习的积极性、主动性和创造性，并最终形成自己的知识结构。

例如，教学带有"青"字的形声字族，教师可以组织儿童创编儿歌"天气晴，池水清；小蜻蜓，大眼睛，飞来飞去捉蚊虫"。引导儿童结合儿歌所描绘的情境识记字形、理解字义，最终达到能够运用的水平。运用这样的方法，儿童便可以掌握形声字的特点和识记方法，在阅读中如果遇到类似的汉字便可以举一反三，提高自己的识字量。

在低年级识字教学中，还可以借助谜语来开展会意字的教学，如教学"秋"字，就可以引导儿童读一读谜语"左边绿，右边红，左右相遇起凉风"；说一说自己还认识哪些像这样每个部件包含一层意思，所有部件合起来又是另外一层意思的汉字，儿童可以在书本中找，也可以在生活中找。在寻找的过程中，儿童能够再次积累新的汉字，由此良性循环。

2. 学习进行的过程——识字与写字的实践练习

当儿童进入识字与写字的任务情境后，教师便需要引导儿童在多个活动的牵引下，逐步开展识字与写字的实践练习，夯实儿童的字词基础，达成识字与写字工具性的教学目标。

首先，教师要组织儿童正确读准字音，做到准确识认，并在"生字开花"的活动中围绕一个汉字组词，丰富自己的词语积累量；

其次，教师继续组织儿童选用刚刚组成的任一词语说句子，训练儿童的语言表达能力和词语运用能力。这两个活动的创设均指向"识字"这一教学目标。儿童能够准确认识汉字的字形后便可以开展写字教学。

在正式写字之前，教师还需要组织儿童仔细观察字形，发现汉字的结构及各部件的大小和位置变化，做到准确识记汉字的字形。

汉字的造字特点决定了汉字本身就具有强烈的形象性和审美意蕴。所以接下来，教师就需要引导儿童通过抓关键笔画把汉字写漂亮，在书写的过程中感受汉字的形象美和蕴含于其中的文化美。

最后，引导儿童总结汉字的识记规律和书写方法，培养儿童的独立识写能力，感悟汉字文化内涵，激发儿童热爱祖国汉字文化的感情，形成高尚的汉字审美情趣。

3. 学习结果的反馈——识字与写字的作品展示

识字与写字学习结果的反馈，可以分为两个层级展开：一是实用角度，二是审美角度。

汉字作为一种最常用的语文工具，最直接的作用就是服务阅读和习作。因此，最好的巩固方法就是引导儿童在阅读和写作（写话）中练习运用。日常教学中，教师不仅要关注儿童在写字课上的书写效果，还要关注儿童各项作业的书写。

汉字独特的由来又决定了其可以作为一种审美艺术而存在。因此，还可以通过开展各级各类竞赛或展览等活动考查儿童的识写成果。例如，每次识字与写字教学结束后，教师可以展示儿童优秀的书写作品，组织儿童品评，再次巩固书写方法，感悟汉字的形体美；在儿童习得一定的书写技能之后，教师还可以组织儿童参加各级各类书法展示和竞赛活动，使儿童在活动中提高书写水平，强化练字意识，讲究练字效果，激发热爱祖国汉字的热情。

四、儿童识字与写字的教学建议

（一）低年级学段：多认少写，夯实基本训练

《义务教育语文课程标准（2011年版）》指出，低年级学段儿童"会认"与"会写"的字量要求有所不同，在教学中要引导儿童多认少写。教学中，教师可以依托现有的教科书进行识字教学，提高课堂识字教学效率；也要重视从其他学科及课外阅读中扩大儿童的识字量；教师还要提醒儿童从生活中识字，借助随处可见的广告牌、商标、姓名等一切自己能够接触到汉字的时机和场所主动识字。日常教学中，教师不仅要关注儿童的识字量，还要注重考查儿童认清字形、读准字音、掌握汉字基本意义的情况，以及在具体语言环境中运用汉字的能力。

不仅如此，《义务教育语文课程标准（2011年版）》还指出，低年级写字教学，重在引导儿童写好基本笔画、基本结构和基本字，按照规范要求认真写好汉字是教学的基本要求，练字的过程也是儿童性情、态度、审美趣味养成的过程。每个学段都要指导儿童写好汉字，低年级学段的儿童更应在每天的语文课中安排10分钟，在教师的指导下随堂练习，做到天天练。第一学段的写字教学主要引导儿童写好基本笔画、基本结构和基本字。不仅如此，在一天的学习

结束后，儿童回家后也要注重练字，在写好基本笔画的基础上，按笔顺规则用硬笔写字，合理安排汉字的间架结构，养成良好的书写姿势，在日常书写中逐步感受汉字的形体美。

（二）中年级学段：重视练字，感悟形体之美

三、四年级的儿童已经有了一定的识字量，对学习汉字也培养出了一定的兴趣，养成了主动识字的习惯，有初步的独立识字能力，书写姿势正确，有良好的书写习惯。他们也能够使用硬笔熟练地书写正楷字，书写规范、端正、整洁，在此基础上，中年级学段的儿童也能用毛笔临摹正楷字帖。

在教学中，教师要进一步培养儿童热爱中华汉字之情，保护他们识写汉字的兴趣。在写字教学中，对于一些结构较为简单的字，教师可以放手让儿童独立书写，需要重点讲解的是那些让儿童感觉难写的字。教师在重点讲解的基础上，可让儿童由字组词、连词成句，在辨析音同形近字的字形和近义词含义的基础上提高识字量。

写字教学中，教师仍然不能忽略语文课中的指导作用，要培养儿童养成每日一练的好习惯，在写好硬笔字的基础上，学习用毛笔临摹正楷字帖，在日常书写中感悟汉字独特的形体之美。

（三）高年级学段：独立识写，领悟文化内涵

五、六年级的儿童已经具有较强的独立识字能力，也有较为丰富的识字量和良好的书写习惯，能够用硬笔书写楷书，行款整齐，力求美观；有一定的书写速度，也能用毛笔书写楷书。

写字教学中，教师重点指导儿童写好作品，做到行款整齐、布局合理；书写正确，不出现错别字和不规范的字；养成自我检视的习惯，不断提高书写水平。教师在指导儿童写好硬笔字的基础上，还要重视让儿童写好软笔字。

本学段的教学重点是依托汉字的文化根基，认识汉字丰富的文化内涵和汉民族的文化特质。儿童在识字与写字的同时，接受汉字的文化浸染，激发儿童热爱祖国文字的情感，不断提高自身文化素养，形成文化品位。

五、儿童识字与写字的实践案例

认识形声字特点　领略汉文化魅力
——《猜字谜》教学设计与思考

执教：张情情

（一）教材分析

字谜是一种文字游戏，是中国文化中极具特色的内容，也是汉民族特有的一种语言文化现象。字谜的编写或是利用了汉字的造字规律，或是利用了汉字音、形、义某一方面的特点。猜字谜寓知识性、趣味性、哲理性于一体，能使儿童主动参与，积极开动脑筋。本课是字谜识字，如何根据谜面及汉字的特点猜出谜底，巩固"青"字族形声字是本课教学的重难点。

（二）教学过程

1.创设情境，认识字谜，唤醒儿童一探究竟的原动力

（1）创设情境，引出字谜

师（出示图片欢度元宵节）：谁来说一说：图片中的小朋友是怎样过元宵节的？你又是怎样过元宵节的？你知道元宵节都有哪些风俗吗？

学生自由分享过元宵节的经历，讲解元宵节的风俗，引出猜灯谜。

师：灯谜多以字谜的形式呈现，今天老师也带了几则，我们一起来猜一猜。

（2）初猜灯谜，激发兴趣

师出示字谜：一月一日非今天，"明"；守门员，"闪"；八十八，"米"。让学生猜一猜。

师：小朋友，现在我们知道谜语的内容是谜面，答案是谜底，像这样答案是一个汉字的谜语就可以称作"字谜"。（板书：字谜）

师："字"是本课要求书写的生字，想要写好这个字，需要注意什么呢？

学生交流。宝盖头的宽度要适中，"子"字要藏在宝盖头里，一横要和宝盖头等宽，书写时还要关注竖中线上的关键笔画。

教师范写，儿童练习。

设计意图：元宵节是一个喜庆的传统节日，从节日风俗"猜灯谜"入手，渗透祖国传统文化，能帮助学生了解"字谜"特点，激发学生学习兴趣，也让学生认识到本课所学的字谜就经常出现在元宵节的灯谜中，巧妙联系了学生的生活经验，唤醒了学生学习新知识的原动力。"字"是本课要求会写的字，在这一环节的教学中，引导学生随文学习并书写这个汉字，减轻了集中识字的压力，降低了写字难度。

2. 品读谜语，识记字形，感悟形声字族构字规律之趣

（1）读一读，把握字谜节奏

师出示字谜："言"来互相尊重，"心"至令人感动，"日"出万里无云，"水"到纯净透明。

师：这节课我们来学习第一则谜语，现在请同学们借助拼音读一读谜语，读完之后找一找字谜中的四字词语。

学生活动。（板书：互相尊重 令人感动 万里无云 纯净透明）

师：将这些词语放进谜语中再读一读，想一想这些句子如何停顿，在书上画一画。

学生活动。

指导读好谜语。（板书：读出节奏）

（2）记一记，归类积累生字

师：这则谜语中藏着很多生字，同学们能把它们圈出来，再读给同桌听一听吗？

学生活动。

组织交流，出示生字：言、互、令、动、万、纯、净。指名读，正音；说一说识记这些生字的方法（归类识记、联系生活识记、加减笔画识记。重点强调"净"字中的两点水旁和三点水旁的区别）。

（3）猜一猜，感悟构字规律

师：听说小朋友们要猜谜语，第3课的小青蛙也想和你们一起猜，大家欢迎吗？瞧，它带着它的小伙伴们来了（出示青蛙图片和汉字"青 请 晴 情"）。打个招呼，读一读这几个字。

师：现在我们就一起来猜谜。这则谜语由四个句子组成，每个句子都有一个谜底。自己读一读句子，看看能不能猜出是哪四个字，小组内说一说为什么这么猜。

组织交流。

①"言"来互相尊重："言"是言字旁，说明这个字表示尊重别人、有礼貌的意思，与别人交谈经常用"请"字，就是尊重别人、有礼貌的表现，谜底

是"请"。

②"心"至令人感动："心"是竖心旁，感动是一种情感，说明谜底和情感有关，谜底是"情"。

③"日"出万里无云："日"是日字旁，"万里无云"说明天气非常晴朗，谜底是"晴"。

④"水"到纯净透明："水"是三点水旁，纯净透明说明水很清，谜底是"清"。

师小结：四个汉字中，它们的偏旁就表明了四个字的意思，发音都和"qing"有关，所以这四个字都是形声字，它们的偏旁就是形旁。那么整条字谜的谜底又是什么字呢？大家猜出来了吗？说一说理由。

揭示谜底：青。四个字都发"qing"音，书写时都有"青"部，"青"便是它们的声旁。

设计意图：在这个任务中，教师先是组织学生读字谜，要求读准字词的音，识记字词的形，理解字词的义，以培养学生独立识字能力。这则谜语句式相似，每一句中都包含一个成语，对于一年级的儿童来说，朗读起来有一定的难度，因此，教学中先引导学生找一找四字词语，再判断停顿，降低朗读难度。在具体猜字谜这个活动中，联系第3课的"青、请、晴、情"等汉字，帮助学生理解字谜中每句话的意思，感悟形声字的构字特点，降低猜谜难度，以便学生准确猜出谜底。

3. 观察字形，自主书写，搭建识写成果展评的活动场

（1）读准字音，巩固生字

师（出示本则字谜中包含的四个要求会写的字：红、时、动、万）：谁来读一读这几个生字，你能想个办法记住这四个字吗？

学生活动。

教师小结识记方法：左右结构加一加，独体结构想一想，生字开花记词语，选择词语能说话。

（2）观察书写，评价反馈

师：请同学们再来看看"红、时、动"这三个字，你们发现它们的相同点和不同点了吗？

组织交流，相机小结。（相同点：都是左右结构的字。不同点："时、红"左窄右宽，"动"左右等宽；"红"绞丝旁的三个笔画要写得紧凑，"工"字写平稳；"动"中"云"字要写得稍高一点，"力"字横折钩的起笔要和"云"字第二横对齐，注意"力"字一撇要穿插到"云"下面）

师：现在请同学们伸出手，跟着老师一起写一写这三个字。（范写）现在请你们拿出铅笔，在作业本上描红、临写。

学生活动。

师（展台展示儿童的作品）：同学们都已经完成了书写，现在我们一起来欣赏展台上展示的这幅书法作品，大家觉得这个小朋友写得怎么样呢？

组织儿童再次书写，写完后与前字进行对照，看看自己有什么进步。

师：同学们，这四个字中，"万"字比较简单，比"方"字少一点，书写时要注意竖中线上的关键笔画。大家能独立把"万"字写好吗？

生自主书写，写完后教师展示儿童的书写作品，组织全班同学评价反馈。

设计意图：在这一环节的教学中，教师重在引导学生自主观察本课要求书写的汉字的结构特点，让学生初步领略汉字的形体美，也将识记汉字的方法渗透其中，同时让写字教学不仅仅停留在指导的层面，而是更多地指向帮助学生初步感悟汉字的造字规律和蕴含其中的文化内涵。随后，有重点地指导书写，使生字教学扎实有效且富有趣味。教学中，教师重视培养学生独立识字与写字的能力。"互评反馈"环节既展示学生的书写成果，也引导学生学会评价，这对于进一步激发学生独立识写汉字和热爱汉字的感情，起到了很大的助推作用。

（三）课例思考

语文课程是一门学习语言文字运用的综合性、实践性课程，工具性与人文性的统一是语文课程的基本特点。识字与写字教学的最终目的是服务阅读与写作，识字与写字也是学习其他学科的基础，因此是日常语文教学工作的重中之重。本课的教学设计，基于儿童的学习机制，有以下几方面的作用：

1. 任务情境中引入字谜——促进儿童识字与写字学习动机的觉醒

本课的识字与写字教学依托汉民族特有的字谜展开。字谜是一种文字游戏，是中国文化中极具特色的内容，也是汉民族特有的一种语言文化现象。因此在教学之初，教师便结合儿童已有的生活经验创设情境，引导儿童在交流元宵节的风俗中逐步融入情境，认识到字谜的特点以及汉民族瑰宝的文化属性。儿童在意识到字谜的文化内涵后便有了想要猜字谜的欲望，教师在此时巧妙引

入几则字谜让儿童猜一猜，能进一步激发他们的好奇心。课堂伊始，任务情境的创设、教学活动的开展，紧紧围绕一年级儿童身心发展的特点，切实激发他们的好奇心和求知欲，有效促进了儿童识字与写字学习动机的觉醒。

2. 品读谜语中识记字形——启迪儿童自主开展识写汉字的智慧

本课学习的谜语，也是一则短小精悍的儿童诗，因此在教学中，教师注重指导儿童的朗读，引导儿童感受汉语言文字表音表义的工具性作用，这对于呵护他们主动识字的兴趣有很大的帮助。在谜语朗读的过程中，采用随文识字的方法，让儿童读一读字谜，圈一圈生字，说一说结构，记一记字形，在交流和分享的过程中，帮助儿童读准字音，识记字形，理解词义，进一步明确可以采用多种方法识记汉字的字形，这既是学法的指导，也是落实培养儿童自主识记汉字能力的过程。通过直接与间接的多重指导、反复强化，儿童便能逐步掌握识记汉字字形的方法，形成独立识字与写字的能力，最终夯实自身的语文核心素养。

3. 书写实践中品评鉴赏——赋能儿童领略汉字形体与内涵之美

汉语言文字独特的构字方式决定了其具有非同一般的实用属性和美学价值。因此，本课的教学紧紧围绕两个目标展开，一是落实汉语言文字的实用属性，二是凸显汉语言文字的美学价值。教学中，教师先按部就班地引导儿童开展组词、造句等活动，丰富儿童的语言积累；接着组织儿童观察汉字的基本结构，聚焦汉字的基本笔画，做到胸中有丘壑；最后教师再范写，组织儿童描红临写。这些活动的开展，均指向落实汉字的实用属性，帮助儿童准确记忆字形，正确书写字形。在儿童完成书写后，教师利用多媒体展台展示儿童的书法作品，让儿童再次观察字形，领略汉字的形体与内涵之美，并适时培养儿童的品评与鉴赏能力，为高年级创作硬笔与软笔书法作品打下坚实的基础。

第二节　儿童语文阅读的学习机制

　　《义务教育语文课程标准（2011年版）》指出："阅读是运用语言文字获取信息、认识世界、发展思维、获得审美体验的重要途径。"[①]由此可见阅读的重要性。那究竟什么是"阅读"呢？《中国大百科全书·教育卷》如此解释："阅读是一种从书面语中获得意义的心理过程，阅读也是一种基本的智力技能，这种技能是取得学业成功的先决条件，它是由一系列的过程和行为构成的总和。"[②]这里强调阅读主体具备一定的阅读能力。而在《教育大辞典》中又将其定义为："阅读一般是指默读和朗读，主要指默读。是从书面语言获取文化科学知识的方法，信息交流的桥梁和手段。"这里主要强调阅读的类型及其社会功用价值。综合上述观点，"阅读"的内涵可归纳为以下三点：①它是指阅读者从视觉材料中获取信息的过程；②阅读者通过内部语言把获得的意义内化为自己的思想；③它是一个由感知等一系列活动组成的内部心理构建过程。在厘定了"阅读"的含义后，儿童语文阅读的内涵就不言而喻了，即在语文学科的学习中，儿童在课标的总引下，以一定的阅读文本为依托，进行有计划的、有目的的听说读写训练，从而掌握阅读方法，提高语文能力的动态生成过程。

一、儿童语文阅读的过程

　　深入了解儿童语文阅读的过程，可以帮助我们更好地分析影响儿童语文阅

---

① 中华人民共和国教育部.义务教育语文课程标准［S］.北京：北京师范大学出版社，2012.

② 中国大百科全书出版社编辑部.中国大百科全书·教育卷［M］.北京：中国大百科全书出版社，1985.

读的因素，能够更加准确地把握影响儿童语文阅读的诸要素和环节之间的有机运作方式，对于我们有效地进行儿童语文阅读教学起着至关重要的作用。

语文阅读的基本规律就是"言意转换"。"学习语言文字应用"是语文阅读的根本任务，而"语言运用"的过程就是言语理解与言语表达，"言意转换"很好地揭示了言语理解与言语表达的过程与特点。"学习语言文字运用"就是将文本形式的"言"与内容的"意"有机对接，既能进入作品的世界，深刻体悟内容的"意"，又能鉴赏作者创作的语言及其语言的无限创意，更要能将收获通过言语表达出来。因此，儿童语文阅读可分为以下三个阶段：

（一）感知："言意转换"的初步阶段

"阅读感知则是人们凭视觉感官接触文字载体，并把受到的条件刺激传导给大脑分析器，再现文字载体所联系的客观事物，知觉再把众多个别的、分散的感觉材料综合起来，形成一个较为完整的形象。"[①]儿童通过阅读这种方式将接收到的文本信息经过知觉综合整理，从而形成对文本的初步整体了解。

（二）对话："言意转换"的深化阶段

"人与文本是一种互为主体、互相解释、互相沟通的关系。文本解读是以理解、解释和构建文本的意义为指归，在解读过程中读者总是通过文本与潜在地存在于文本中的作者见面，这就必然沟通了解读主体和创造主体这两个主体世界，使读者与作者以文本为媒介发生心灵碰撞和灵魂的问答。"[②]也就是说，儿童解读文本的过程实际上就是在与文本的创造者进行对话，这是一种深层次的沟通与交流。

（三）体悟："言意转换"的融会阶段

这里所说的"体悟"，是指"言意转换"中读者对文本世界超越于一般经验、认识之上的那种独特的深层领悟和活生生的感应境界。在"言意转换"过程中，深层的体悟意味着消解，即消解主客体间的鸿沟，把两者有机地贯通起来，使读者从现实世界跨入艺术世界。体悟更意味着生成，它将主客体两个世界融合，构成一个新世界，使读者在融会间感悟到文本世界的真义。

---

① 马笑霞.阅读教学心理学［M］.石家庄：河北教育出版社，1997.

② 曹明海.当代文本解读观的变革［J］.文学评论，2003（6）.

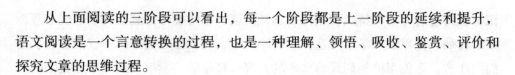

从上面阅读的三阶段可以看出，每一个阶段都是上一阶段的延续和提升，语文阅读是一个言意转换的过程，也是一种理解、领悟、吸收、鉴赏、评价和探究文章的思维过程。

二、影响儿童语文阅读有效性的因素

语文阅读强调阅读主体具备一定的阅读能力，这就需要我们关注语文阅读教学是否有效。影响教学的有效性因素主要有儿童主体的特点、文本的适切性、阅读过程中教师的引导。下文将从这三方面来阐释其对小学语文阅读教学有效性的影响。

（一）儿童主体的特点

儿童是阅读的主体，其在实际的阅读教学活动中不是被动的参与者，而是自主、主动的参与者，因此他们原有的认知结构、兴趣及动机等都是影响阅读教学有效性的因素。

儿童是否具有与文章相适应的原有认知结构是影响阅读理解的内在条件。处于小学阶段的学生，其认知结构主要指的是语文基础知识水平，即字词、字音、阅读方法等水平，对于语文阅读的有效性而言，这些都是直接影响因素。尤其是小学低年级的学生，语文基础水平若太弱会在阅读过程中产生很大的障碍。作为阅读的主体，儿童是教学活动的最终指向，如果不能及时地调适这些障碍，将会大大制约阅读学习的效果。此外，学习动机是"直接推动学生进行学习活动的内部动力"[1]，它对学生的学习有激活、指向和强化的功能，是影响学习效果的一个重要因素。因此，不合理的学习动机会激活和强化不良的学习行为，从而制约阅读教学的有效性。

（二）文本的适切性

心理学研究者一般将阅读过程分为对文本的感知和理解两部分，一些实证研究表明，文章的题材特点和结构规则是影响读者阅读的重要外在条件，因为它能调动读者已有的知识储备和经验回忆，是新旧知识间的桥梁。

儿童具有活泼好动、好奇心强、注意力和自控力较差、认识事物直观、易

---

① 张大均.教育心理学（第二版）[M].北京：人民教育出版社，2003.

记忆也易遗忘等心理特点，教师在选择阅读文本时要考虑到儿童的这些心理因素。比如，低年级的学生可选择一些绘图本，生动形象的插图不仅能够吸引他们的注意，还能帮助他们理解文本的内容；高年级的学生可适当增加文字部分的内容，逐步锻炼他们从文字符号获得阅读的快感。反之，低年级的学生面对枯燥的文字符号有很强的阅读障碍，容易丧失兴趣，导致阅读中断，增加他们对阅读的反感。所以，阅读时要根据儿童的心理特点，选择一些适切的文本来阅读。

（三）阅读过程中教师的引导

由于儿童还不具备一定的阅读能力，因此在阅读教学中，教师要适时地加以引导。合理运用正确的教学方法，既能帮助学生理解文本内容，又能激发学生的学习兴趣。在实际的阅读教学过程中，教师还应该巧妙地设计教学活动，充分增强学生的阅读兴趣，提高学生的阅读效率。此外，教师还应该注意恰当地进行教学评价，以增强学生的自信心，全面提高语文阅读教学效果。

三、儿童语文阅读的学习机制

儿童语文阅读的学习机制是阅读学习中各要素和环节有机协调的运作方式，清楚了语文阅读的学习机制，我们就掌握了语文阅读的规律，这对我们提高儿童语文阅读教学起到至关重要的作用。

（一）期待视野是语文阅读的内在动机

所谓"期待视野"是指"文学接受活动中，读者原先的各种经验、趣味、素养、理想等综合形成的对文学作品的一种欣赏要求和欣赏水平，在具体阅读中，表现为一种潜在的审美期待"[①]。这一观点与皮亚杰的认识发生论相契合。儿童的期待视野是儿童进行阅读的内驱力。

期待视野包含读者的"先结构"和"期待欲"。"先结构"指的是读者自身的个性心理，是读者的人生经历和审美阅历的积淀。由于读者的生活经历、审美品位和性格气质不同，他们的心理先结构也各不相同，有先结构参与其中的阅读接受，自然会使得同样的一篇文本被读出不同的意义。"期待欲"就是

---

① 朱立元.西方现代美学史［M］.上海：上海文艺出版社，1996.

读者进入和继续接受过程的欲望和动力，它是儿童进入阅读和继续阅读的内驱力，是激发儿童进行感知、对话等阅读环节的重要动机。

（二）对话体验是语文阅读的实现基础

语文阅读的实现是读者和作者在双向交互中动态生成的，也就是"对话体验"。在阅读过程中，对话体验就是读者的思想和文本的内涵相互交会，文本的意义产生于此，并且不断发展，呈一种螺旋式上升趋势。

接受美学把读者的阅读过程分为三个阶段：初级阅读阶段、反思性阐释阶段、哲学阐释阶段。其中，问答逻辑就属于反思性阐释阶段，此阶段的突出表现是"对话"和"问答"，儿童从作品的语言、思想感情等方面提出自己的疑问。这些问题可以是作品向儿童发出的提问，也可以是儿童提出的关于作品的问题。这些问题是儿童与文本的一种对话，这种对话促使读者的反思向作品的意象、意境层延伸。因此，从某种意义上说，语文阅读教学实际上就是实现一种多重的对话，对话体验是语文阅读得以实现的基础。

（三）建构生成是语文阅读的关键环节

在经历多重对话体验后，儿童对文本有了自己独特的理解，建构生成意义，进而外化表达出来。儿童是处于发展中的人，年龄及心智都有其特殊性，所以对文本的解读也具有特殊性，也正因如此，儿童才成为语文阅读活动中文本意义的创造者。佐藤学指出："学习的第一种对话实践，是同客体的对话。这种实践是认知客体并把它语言化地表述的文化性、认知性实践，是跟以往论述的'学习'活动相对应的。儿童直面教育内容的概念、原理与结构，从事具体客体的观察、实验和操作，运用概括化的概念和符号，建构客体的意义世界并且构筑结构化的控制关系。"[①]

儿童的阅读活动从本质上来说，就是主体面向客体进行的自身意义世界的建构过程，这也是语文阅读的关键环节。

期待视野是儿童进入和继续阅读的内驱力。在多重对话体验中实现主客体的相互融合，最后建构生成自我的世界，这一过程实质上揭示了儿童语文阅读的发生、发展与结果三个阶段，教师在这个过程中通过情境创设、质疑表达、

---

① 佐藤学. 学习的快乐：走向对话［M］. 钟启泉，译. 北京：教育科学出版社，2004.

感悟迁移、创新应用等教学环节的设计，关注儿童的阅读需要，激发儿童的阅读动力，最终促成儿童精神世界的生长。

四、儿童语文阅读的实践案例

感受美好之境
——《珍珠鸟》教学设计与思考
执教：王旭

（一）教材分析

本文是一篇生动有趣、富有人文情感的叙事散文。课文以生动细腻的语言写出了小鸟在"我"的照料和呵护下，对"我"从害怕到亲近、信赖的美好过程，表现了作者与珍珠鸟之间的情意，表达了"信赖，往往创造出美好的境界"的感受。本单元的主题是"万物有灵"，《珍珠鸟》这篇课文不仅蕴含着作者对珍珠鸟的喜爱，更是借助对珍珠鸟的细腻刻画谱写了一曲人与动物之间爱的颂歌。让学生借助关键词句，梳理出珍珠鸟与作者之间情感变化的线索，体会作者和珍珠鸟之间的情意是本节课的重难点。

（二）教学过程

模块一：图片导入，引发阅读期待

1. 看图激趣，揭题导入

（1）（出示珍珠鸟的图片）请同学们仔细观察，说说它的样子。

（教师补充：珍珠鸟，别名锦花鸟、小珍珠、锦花雀等。羽毛鲜艳，因散缀许多小斑点，形似珍珠而得名。体态娇小玲珑，叫声细柔，动作活泼轻巧，非常可爱。）

（2）这就是我们今天要学习的课文——著名作家冯骥才的《珍珠鸟》。

（板书课题）

2. 聚焦主题，初读感知

（1）同学们，这是一篇自读课文，你们准备怎么学习呢？

（指名说）

（2）回忆本单元的学习主题。

（一花一鸟总关情。）

设计意图：由图片（蓬松如球儿一般的小珍珠鸟）导入，容易激发学生的学习兴趣，产生了解课文内容的"期待欲"；让学生思考本课的学习方法，回顾本单元的主题，目的在于调动学生的"先结构"。本模块的设计就在于通过创设情境，引发学生阅读期待，让学生产生阅读本文的内驱力。

模块二：文本对话，感悟信赖之境

1. 初读课文，感受形象

（1）自读课文，说说课文借珍珠鸟表达了什么样的感情。

（对珍珠鸟的喜爱之情）

（2）作者笔下的珍珠鸟是什么样的呢？画出相关句子，读一读，说说你的体会，同桌交流。

预设1：红嘴红脚，灰蓝色的毛，只是后背还没生出珍珠似的圆圆的白点。它好肥，整个身子好像是一个蓬松的球儿。（可爱）

预设2：一会儿落在柜顶上，一会儿神气十足地站在书架上……（活泼好动）

预设3：银灰色的眼睑盖住眸子……还呷呷嘴……（憨态可掬）

2. 研读课文，感受信赖

出示研读任务：

（1）同学们，珍珠鸟是一种怕人的鸟，"我"是怎样逐渐得到它的喜爱的呢？请大家默读课文，圈画出相关词句，在小组内交流一下。

（2）小组探究，汇报交流。

预设1：第3—6自然段的相关语句。

（引导学生关注"我"是如何对待珍珠鸟的。）

预设2：第7—8自然段的相关语句。

（引导学生抓住三个"一会儿"体会珍珠鸟的顽皮，以及"我"对它的宽容。）

预设3：第9—10自然段的相关语句。

（引导学生关注小珍珠鸟在书桌上的表现及"我"的表现，体会它逐渐与"我"亲近的过程。）

预设4：第11—12自然段的相关语句。

（从"睡着了""睡得好熟"可以看出珍珠鸟已经完全信赖"我"了。）

（3）归纳总结：随着时间的推移，"我"和珍珠鸟的感情也越来越亲昵，请同学们完成如表5-1所示的表格，然后梳理出珍珠鸟与"我"之间情感变化的线索。

表5-1

时间顺序	活动范围	动作神态	亲昵程度

设计意图："信赖"是本文的主题思想，如何引导学生理解这个主题思想，理解珍珠鸟是如何逐步信赖"我"的是本课学习的重难点。为此，教师设计了两个教学环节：一是初读课文，感知形象。这是学生与文本的浅层次对话，目的在于把握文章的整体内容，对珍珠鸟有一个初步的形象感知；二是研读课文，感受信赖，这是学生与文本、与其他学生进行的深度对话，目的在于对文章的主旨有一个深刻的认识。

模块三：拓展延伸，升华美好之界

1. 总结提升，内化主旨

（1）同学们，作者将与小珍珠鸟的相处过程中的感受浓缩成了一句话，请大家从课文中找出来。

（信赖，往往创造出美好的境界。）

（2）同学们谈谈对这句话的理解。

2. 联系生活，生成表达

（1）在你们的生活中，发生过"信赖，往往创造出美好境界"的事例吗？

（学生交流）

（2）在我们身边，你觉得还有哪些品质能够创造出美好的境界？请选择一种品质，结合一件具体的事例写一写。

① 小组讨论交流。

② 展示评价。

设计意图：本模块的设计主要目的在于让学生内化对文章的理解并生成自己的表达，这一目标通过两个环节来实现：一是用自己的话谈谈对文章主旨句的理解；二是由课内延伸到课外，结合生活实际，写写身边的美好事件。两个环节层层递进，以主旨为抓手，逐步让学生建构自己的意义世界。

（三）课例思考

语文阅读的根本任务是"学习语言文字应用"，而"语言运用"的过程就是言语理解与言语表达。为了实现这一教学目标，本课《珍珠鸟》的教学设计遵循了语文阅读的三阶段特性，基于了儿童的学习机制：

1. 引入与回忆——激发语文阅读的真正发生

《珍珠鸟》是一篇细腻生动、富有人情味的叙事散文，主要描写了小鸟在"我"的照料和呵护下，对"我"从害怕到亲近、信赖的美好过程。由于学生对珍珠鸟这种小动物比较陌生，因此由珍珠鸟的图片导入，能够很好地激发学生的学习兴趣，从而对课文内容产生"期待欲"；再者，本课是本单元"万物有灵"的最后一篇，学生通过对前面三篇课文的学习，已经对本单元的主旨及学习方法有了一定的了解，教师让学生自主思考本课的学习方法有助于调动学生的"先结构"。这样，学生对文本的潜在期待就被激发了出来，自然产生了阅读本文的动机，阅读学习也应然发生。

2. 初读与研读——引发语文阅读的多重对话

学生对文本内容的理解建立在与文本对话的基础之上。那么如何让"对话"发生呢？根据学生的认知特点，本课设计了两个有层次性的阅读环节——初读与研读，这两个阅读环节环环相扣、层层递进，先是感受"珍珠鸟"的形象，对文章主要内容有一个整体感知，然后以"梳理出珍珠鸟与'我'之间情感变化的线索"这一探究任务为抓手，通过自主思考、小组讨论等多种形式让学生对文本进行深入研读，从而促使学生的反思向课文的内涵、意境层延伸。

3. 拓展与延伸——指向语文阅读的生成建构

语文阅读的最终目的就是"学习语言文字应用"，这也是评价语文阅读学习结果的重要标准。在经历多重对话体验后，儿童对文本有了自己独特的理解，因此要引导儿童将自我内化的思想表达出来。教学从"用自己的话谈谈对文章主旨句的理解"到"结合生活实际，写写身边的美好事件"，牢牢抓住本课中心思想，有意识地将儿童的阅读学习结果外化表达出来。这不仅关注了儿童对文本的解读与建构，而且尊重了儿童作为语文阅读活动中文本意义的创造者，将儿童的阅读成长引入了积极正向的良好机制。

第三节 儿童写作的学习机制

一、儿童写作的概念

写作是运用语言文字符号以记述的方式反映事物、表达思想感情、传递知识信息、实现交流沟通的创造性脑力劳动过程。它是人类运用语言文字进行表达和交流的重要方式，是认识世界、认识自我、创造性表述的过程。语文意义上的儿童写作，是指儿童在教师的指导下，把自己看到的、听到的、想到的一些有意义的内容用文字表达出来，它是学生思想水平和文字表达能力的具体体现，是字、词、句、篇的综合训练。

二、儿童写作的基本特征

1. 写作主体的个体性

写作是作者个性化的行为，受作者个体的情感、意志、认识等因素影响，作品带有明显的个性烙印。因此，即使是同一个写作对象，由于作者经历、情感态度、知识经验、思维角度等不同，呈现的作品也可能存在着巨大的差异。

2. 写作精神的创新性

写作由于具有鲜明的个体性，自然也带有较强的创新性。成功的作品都有其独创性，既不能模仿抄袭别人，也不能重复模仿自己，而要有超越别人和自己的创作精神，有的表现在内容上，有的表现在语言形式上，有的表现在思想上，有的表现在思维角度上。

3. 写作素养的综合性

写作素养反映了一个人的生活经历、道德修养、知识经验和文字运用能力等方面的综合素质。写作是一种认识活动和创新活动的综合，所要求的能力是非常广泛的，它既受外部条件的制约，也受内部条件的制约，是内外多种因素的综合体现。

4. 写作过程的实践性

写作要遵循一定的写作技巧，运用积累的写作知识和写作技能来完成。写作素材的积累需要通过社会实践获得，写作技巧的积累也必须通过实践活动。只有把写作知识和写作实践结合起来，才能把社会实践转化为真正的写作能力。

三、儿童写作的学习机制

（一）儿童写作的学习特点

1. 趣味化

儿童只有主动投入学习才能获得主动发展，而儿童的情感往往是和兴趣相连的，兴趣是儿童愿意主动学习的最佳动力。被感知的事物色彩、形象越鲜明，儿童越容易从无意注意变为有意注意，越容易激发表达欲望，而且带有真实、强烈、自然的童真童趣。

2. 生活化

儿童主要的思维方式是形象思维，儿童习作也多为写生活中的小事。大自然和社会生活是儿童最为熟悉的事物，也是儿童写作的重要素材来源。只有儿童亲身经历、记录、思考、体会，才能真正表达真情实感，作品才能充满生机与活力，因此儿童写作注重从生活中取材，教师要引导学生关注现实，热爱生活，表达真情实感。

3. 想象化

儿童时期思想单纯，思维束缚较少，经常充斥着稀奇古怪、天马行空的想法。鲁迅说过："孩子是可敬佩的，他常想到星月以上的境界，想到地面下的情形，想到花卉的用处，想到昆虫的语言，他想飞到天空，他想潜入蚁穴。"《义务教育语文课程标准（2011年版）》就指出："为学生的自主写作提供有利条件和广阔空间，减少对学生写作的束缚，鼓励自由表达和有创意地表达，鼓励写想象中的事物。加强平时练笔指导，改进作文命题方式，提倡学生自主选题。"

4. 实用化

写作教学不只是为了单纯让学生掌握各种写作技巧和形式，而是重视教育学生认识到写作的交际价值和功能。儿童写作的学习比较重视写作的实用性，使写作练习起到真正的社会交际作用。例如，要求儿童写请假条，写一份环境调查报告，给亲人朋友写信等。通过这一系列的活动，让儿童真正认识到写作是交际的工具，它可以使人们分享各种信息、想法、情感。

（二）儿童写作的学习方式

1. 由说到写的转化

儿童语言发展有一定的阶段性，首先学会听和理解语言，然后才有可能通过说来表达思想。儿童获得说的能力先于获得写的能力。利用已具有的能力作为学习掌握新的能力的基础，可以减缓学习难度。因此，写作能力的发展依赖先前阶段所获得的说的语言能力发展的程度，能说清楚句段是学生学习写作的基础。如果一个学生说话不连贯、不清楚，他的写作可能同样混乱。

2. 读与写的融合

《义务教育语文课程标准（2011年版）》强调："要重视写作教学与阅读教学、口语交际之间的联系，善于将读与写、说与写有机结合，相互促进。"儿童能通过具体的阅读活动发展阅读能力，能通过具体的写作活动发展写作能力。同时，儿童还可以从写作中学到有关阅读的策略，通过阅读获得许多有关的写作知识。这就是语言学习的整体观。儿童具有与别人分享想法和感情的天生愿望，一旦他们认识到语言文字的交际作用，有机会运用语言文字的工具，他们就会渴望进行阅读与写作，又在阅读和写作中促进自身读写能力的进一步发展。因此，儿童写作与阅读相辅相成。

3. 情境化的创设

语文特级教师李吉林实践创新作文教学，她结合古诗词中的"意境说"，提出了情境作文教学法，从而丰富儿童生活，发展儿童语言，激发儿童写作情绪，进而全面提高儿童的习作能力。教师借助新颖的教学形式，创设生动有趣的学习情境，鼓励儿童迈过学习的"障碍"，激起儿童学习的兴趣，激发其学习动机，促使儿童主动投入学习过程。

（三）儿童写作的学习过程

1. 学习发生的条件

学习发生的条件可分为内部条件和外部条件。儿童写作学习的内部条件包括儿童原有的所有与写作相关的知识基础和儿童的主动加工活动。低年级儿童在学习写作之前，已经具备了一定的观察事物、分析事物和表达情感的能力，在教师或家长的指导下阅读了一些课外书，只是能力水平不同，阅读量不一，这些都是儿童学习写作的原有基础。儿童是有意愿学写作的，能否写好更受儿童主观能动性的制约，教学时要尽可能调动儿童的学习兴趣，激发其主观学习的愿望，生成自发的学习动机，促进教学目标的达成。儿童写作学习的外部条件包括教师、教材、教法和教学评价。教师要成为儿童建构知识的积极帮助者和引导者，应当充分利用教材、教法和教学评价激发儿童学习兴趣，引发和保持儿童的学习动机，让儿童想要表达、乐于表达、真实表达。

2. 学习进行的过程

儿童写作学习进行的过程主要包括"感知""模仿""理解"三个环节。

感知是儿童认识和理解事物的基础。写作学习主要解决"写什么"和"怎么写"两个问题。在解决"写什么"这个问题上，需要积累丰富的写作素材，在这个过程中，需要儿童去真实感知，包括体验、观察、积累三要素，儿童利用必要的写作资料，用自己的认知经验去索引和同化新知识，从而不断地完善自己的写作知识体系，为真实的写作活动做好准备。模仿是儿童的天性，儿童的模仿不是机械的模仿，而是选择性模仿，"儿童能够将范句的句法结构应用于新的情境以表达新的内容，或将模仿得到的结构重新组合成新的结构"①。通过模仿这一心理活动，儿童能够快速认识、理解事物，从感性认识上升到理性认识，形成自我认知，并促进其创造能力的发展。理解是儿童对感知信息的处理，在帮助儿童解决"怎样写"的过程中认识事物，进行构思训练。儿童以原有的知识经验为基础，对新信息进行重新编码和认知，建构自己的理解。

3. 学习的结果

学习结果环节主要通过"感悟迁移""创新应用"来达成，主要包括"测量""转移""生长"三个要素。

当儿童建构自己对写作的理解后，需要在创作实践中检验与强化新的知识经验。创作过程中可能会形成新的问题，需要不断修改、更正已有的认知经验，有利于写作知识结构的稳固。在创作的过程中可能又会生成新的知识经

---

① 沈阳，贺阳.语言学概论［M］.北京：外语教育与研究出版社，2015.

验，与已有认知结构中比较稳定的相关写作经验建立起实质性的联系，同时也会产生新的思考，引发下一轮的学习。

四、儿童写作学习的教学建议

（一）训练儿童口头表达能力

口头语言和书面语言是表达思想的两种形式。从儿童语言能力的发展来看，口头语言是书面语言的先导和基础；书面语言是口头语言的发展，是心理上最复杂的一种语言形式。口头语言与书面语言相互促进，相互转化。口头语言是书面语言产生的源泉、存在的前提和发展的动力。书面语言的学习可以使儿童口头语言的词汇更丰富、表达更准确。在教学中，尤其要注意低年级儿童的口语交际训练，从吐字清晰、发音标准到会说一句完整的话，再到会说一段清晰完整生动、富有美感的话，为学习写作打好语言表达的基础。

（二）创设真实的语言表达情境

《义务教育语文课程标准（2011年版）》指出："写作教学应贴近学生实际，让学生易于动笔，乐于表达，应引导学生关注现实，热爱生活，表达真情实感。"儿童只有认识到写作是自我表达、与人交流，开展正常社会生活的需要，才更有写作的欲望，也才能写出带有个人烙印的个性作文。写作教学要利用丰富的教学资源、生活资源、自然资源、艺术资源等，创设能够激发儿童兴趣的真实情境，在学习和运用祖国语言文字的过程中，发展儿童的思维能力，包括思维的准确性、形象性、逻辑性等。儿童在情境中游戏，在情境中观察，在情境中发现，在情境中写作，在情境中思考，在情境中体验语言文字的理趣，以周围世界为源泉，一步步地认识世界、体验世界、描绘世界，在情境中开发思维潜能。

（三）让文本成为儿童习作的范例

好的例文有利于儿童模仿，是学写作文的重要拐杖。统编语文教材中设有专门的习作单元，其中选取了成功的例文典范，有利于学习目标的达成。但习作学习不能局限于一个单元的学习，在阅读教学时，教师应该充分挖掘课本资源，寻找读写结合点，让教材成为儿童写作的范例。比如，课文中有不少构段方式比较典型的段落，可以用来精心指导儿童学习，分析范文，引导儿童进行仿写练习，还可以引领儿童感悟文本中作者是如何布局谋篇的，学习迁移运用。

（四）重视儿童习作的评价修改

修改是写作过程的重要部分，是写好文章必不可少的一道工序。《义务教育语文课程标准（2011年版）》强调："重视引导学生在自我修改和相互修改的过程中提高写作能力。"一篇好的文章是改出来的，要经过反反复复的推敲、琢磨，教师可通过多种方式引导学生对草稿进行反复的加工、修改。写作知识、写作技巧、对草稿的处理编排、结构的变动，都是在修改的过程中完成的。修改的内容包括增删内容、斟酌表达方式、调整结构、疏通语句、推敲词汇等。修改的方式包括个人自改、比照例文修改、小组交流或同伴互改等。

五、儿童写作学习的实践案例

童心玩游戏　童趣学表达
——游戏作文《木头人》教学案例
执教：苏肖肖

（一）教材简析

本次习作是指导学生在玩"木头人"游戏的过程中学会观察，把看到的、听到的、想到的写下来，初步学会描写人物的动作、表情，以及自己的心理活动。

教材共分为三个部分。第一部分描写了"木头人"游戏的场景。第二部分是石季昂和王瑞滢两位同学在游戏之后写的两篇习作片段。选取的例文侧重点各不相同，例文一主要写了"木头人"游戏开始时，教室里热闹的场面，用"有的……有的……还有的……"这一组排比句把教室里同学们总的表现描写了出来，侧重于面的描写。例文二则抓住了张秋阳、曹兰欣两位同学在游戏中的表现，侧重于点的描写。第三部分提出了习作要求。

（二）学情分析

三年级的儿童充满好奇心，能够说完整的话，但由于刚接触作文不久，对于完整、系统的作文写作较为陌生，如果教学过于生硬机械，可能会导致儿童从一开始就厌恶习作，或生搬硬套，毫无生气。游戏是儿童的天性，利用游戏作文，激发儿童写作动机，帮助儿童在玩中学观察、学表达、学写作，打开儿童通往习作的大门。

（三）教学过程

1. 激发动机，童心同乐玩游戏

（1）想一想，回忆"木头人"

① 师：同学们，你们喜不喜欢玩游戏啊？玩过"木头人"游戏吗？谁来说说这个游戏是怎么玩的？

② 师：今天老师把这个游戏的难度提升了，同学们敢不敢玩一玩？

③ 出示规则，讲清要求：

第一，老师喊"开始"，同学们室内自由随意地活动。

第二，老师喊"木头人"，同学们马上停下来，做出各种有趣的表情或动作。

第三，留心观察其他"木头人"的表情或动作。

（2）做一做，一起玩游戏

① 师：现在请同学们想一想要做什么样的"木头人"才最吸引人。

② 师：老师喊口令，你们变成"木头人"。希望我们玩得开心，做得有趣。

③ 学生做有趣的"木头人"，老师选择最有意思的"木头人"，拍照上传到多媒体大屏幕上。

设计意图：本环节由学生熟悉乐玩的游戏"木头人"入手，让学生自由谈一谈游戏规则，陷入对"木头人"游戏的回忆中，既满足学生想要表达的欲望，又锻炼了学生的表达能力。接着出示本次游戏的新规则，激发学生想玩新游戏的激情，教师要对重点地方进行特别强调，强化学生的规则意识，保证游戏的顺利开展。

2. 质疑表达，童言童语说游戏

（1）看一看，观察"木头人"

① 师：同学们想不想看看老师拍到了哪些"木头人"？我们一起来看一看。

② 教师播放学生做"木头人"的照片，询问同学们为什么笑得这么开心。

（2）说一说，评价"木头人"

① 师：刚刚看得有点儿快，很多同学没能仔细地看，还想不想再看一次？这次我们慢一点，同学们看得仔细一些。（重新播放照片）

② 师：通过刚才的观察，大家觉得哪位同学做的"木头人"最有趣？有趣在哪儿？（抓住"木头人"的"动作""表情"等引导学生观察，说出自己的

真实想法。）

③ 刚才同学们抓住了"木头人"的动作、表情，还加入了奇妙的想法、有趣的想象把照片中的"木头人"说得活灵活现，十分有趣。可是有很多有趣的"木头人"老师没拍到，但你们明亮的小眼睛肯定发现了，对不对？那就请你们在小组里说一说好不好？（小组交流）

④ 师：谁先来说？（指名说）谁来评价一下他说得怎么样？

（3）读一读，学习小例文

① 师：同学们说得都很不错，但我们不仅要说得好，还要写得好。说到写，有的同学便开始害怕了是不是？不要怕，上课前老师给你们每人都发了一个法宝，快点拿出来。（展示例文）这是一个小朋友在玩过游戏后写下的小片段，现在请同学们自由地读一读。

② 师：谁给我们读一读这个小片段？其他同学在听的时候要认真思考：小作者是如何把"木头人"写得有趣的呢？

③ 相机点拨：观察仔细、用词准确、语言生动、内心想法及这样写的好处。

④ 小结：同学们，通过刚才的学习，我们知道小作者之所以能够把"木头人"写得有趣，是因为他观察仔细、用词准确、想象丰富，还写了自己看到"木头人"时候的想法。我们也可以挑战一下，把刚才玩游戏时看到的有趣的"木头人"写下来，好不好？

设计意图：在尽心游戏、细心观察的基础上，再进行具体形象的描述，才能创作出优秀的游戏作文。学生玩游戏时，教师相机拍摄典型有趣的"木头人"，传到大屏幕上，将精彩瞬间定格。趁学生正在兴头上，抓住时机，引导学生表达，说真实的话、完整的话，说精彩的话，并学习书上小作者的妙笔之处，教师只需相机引导总结，接下来的习作会更加得心应手。

3. 感悟迁移，童话童想写游戏

（1）学一学，静心写一写

师：老师给你们起了个头，"全班同学马上成了有趣的'木头人'"，同学们接着往下写两到三个"木头人"，写的时候可以参照黑板上的一些词语，当然，如果你们自己能想到更多的好词语那再好不过了。（相机提醒书写、用词、坐姿等）

（2）评一评，尝试改一改

① 师：有的同学已经写好了，到底写得怎么样呢？请一位小作者先来读一读，同学们认真听，等会儿我们一起来说一说。

② 生生互评、师生互评习作，提出修改建议。

③ 学生尝试修改自己的习作。

④ 总结：同学们，其实我们今天只写了游戏过程中一个有趣的瞬间，要想把游戏的完整过程写下来还需要同学们好好地想一想。

设计意图：教师拟定文头，提供好词好句，于学生意犹未尽之时指导写作效果更好。现场作文现场修改，引导学生之间相互评改，适时指导学生互评、自评和修改的能力，从而更好地完成自身的写作。

（四）课例思考

1. 游戏与体验——激发儿童写作激情

激情是写作的第一动力，诱导学生产生激情、保持激情，从而表达激情，是使学生从"要我写"转变为"我要写"的关键手段。三年级学生刚刚接触作文，对他们来说有很大的难度，如何让儿童乐意学写作，愿意写好习作则至关重要。本次活动以游戏为线索，围绕"木头人"游戏设计了三个模块，包括"激发动机，童心同乐玩游戏""质疑表达，童言童语说游戏""感悟迁移，童话童想写游戏"，通过亲身参加游戏活动，儿童充分调动眼睛、耳朵及身心，观察游戏，体验游戏，在童乐游戏中顺利完成思维到文字的转化。

2. 观察与评价——丰富儿童写作思维

本次教学目标的达成不仅需要儿童去玩、去体验，更需要儿童充分调动观察能力，仔细观察他人的"木头人"形象。游戏是短暂的，儿童还停留在欢乐之中，对于本次学习的目的还不是太清晰。教师借此机会抓住短暂瞬间，带领儿童回忆片刻的精彩，儿童在观察的过程中会思考：他做的动作或表情是什么样的？他为什么这么有趣？这一环节留给了儿童充分的思考时间，下面的评价"木头人"就自然而然地展开了。儿童在欢快的笑声中激发起无限的表达欲望，形成学习动机，此时让儿童尽情地去表达、去思考、去评价，教师相机加以引导，说完整、真实、生动的话就水到渠成了。"说"是"写"的基础，此时的畅所欲言，有条理、有分析、有层次、有角度的评价也是为下面的书面表达做铺垫。

3. 例文与修改——强化儿童写作经验

教师引导儿童从不同角度分析评价"木头人"的"趣"，其实是在为下面的充分写"趣"做铺垫。但儿童会说不代表会写，写作需要将口语转化成书面语，这个过程需要写作技巧的接入。教材中正好有一篇小作者的小练笔，此时教师积极引入充分利用，不仅激发儿童想要自己写的欲望，形成良性的写作动机，而且有利于儿童快速掌握此次学习任务的写作技巧，从对"趣"的感性认识上升到理性认识，梳理、架构语言表达。但即使是学习了例文的表达技巧，儿童的创作依然是有难度的，表现在语言的组织是否通顺、词语的使用是否恰当、人物动作或表情的捕捉是否到位等方面，这时需要进行后期修改。通过交流分享、评价修改，儿童对原有的认知经验进行重新建构，运用语言的能力和思维能力在修改中逐步提升，强化写作经验。

第六章

基于儿童学习机制的
童心课堂学科实践
——数学篇

　　小学数学从不同角度有不同的分类领域。《义务教育数学课程标准（2011年版）》按课程内容分为"数与代数""图形与几何""统计与概率""综合与实践"四个部分；从目标领域分为知识技能、数学思考、问题解决、情感态度四个方面；教育部发布的《高中数学课程标准（2017年版）》提出数学学科核心素养包括数学抽象、逻辑推理、数学建模、直观想象、数学运算、数据分析。

　　还有一些学者将数学学习分为数学概念的学习，数学技能的学习，数学原理的学习，数学思维过程的学习，数学情感、态度的学习等。综合各种教学目标与内容分类，本章就数学教学的三大基本任务"概念的理解""技能的习得"和"问题的解决"来研究基于儿童学习机制的童心课堂的数学学科教学实践。

第一节　儿童数学概念的学习机制

一、数学概念

关于"概念"的内涵，解释较多，这里采用《心理学大辞典（上卷）》中的释义：概念（concept）是人脑反映客观事物本质特性的思维形式。

数学概念（mathematical concepts）是人脑对现实对象的数量关系和空间形式的本质特征的一种反映形式，是人们通过实践，从数学所研究的对象的诸多属性中抽象出其本质属性加以概括而成的一类陈述性知识。数学概念既是一种数学的思维形式，也是一类数学知识。在数学中，作为一般的思维形式的判断与推理，以定理、法则、公式的方式表现出来，而数学概念则是构成它们的基础。正确理解并灵活运用数学概念，是掌握数学基础知识和运算技能、发展逻辑论证和空间想象能力的前提。[1]

从数学本身的发展来看，数学概念的来源一般认为有两个方面：一是直接从客观事物的数量关系和空间形式反映而得，二是在抽象的数学理论基础上经过多级抽象所获。[2]

二、数学概念的基本特征

1. 概念表达的概括抽象性

数学概念本身具有较强的概括性，也决定着其具有高度的抽象性，可以说

---

[1] https：//baike.so.com/doc/6923279-7145389.html.

[2] 鲍建生，周超. 数学学习的心理基础与过程［M］. 上海：上海教育出版社，2009：109.

人类社会中的几乎所有概念都是概括抽象的结果。由于每一个数学概念在一定的范围内都具有概括的、普遍的意义，它一方面需要在具体的事物基础上进行逐级抽象，抽象程度越高，其概括性越强；另一方面，抽象程度越高的数学概念，往往依靠具体的模型来诠释。但无论是寥寥数语、干巴巴的数学概念还是概括层度极高的模型，都是儿童学习中的困难所在。例如，在教学"射线"这一概念时，学生对"无限延长"总是理解不到位，绝大多数学生都会认为射线是直线的一半。

2. 概念发展的多元层次性

儿童在概念学习的发展过程中，既能接触各种类型的数学概念，其表征形式是多种多样的；也能发现即使是同一个概念，也会有多层多面的特点。比如，在"认识二分之一"这个分数概念时，初步认识时是一个物体的二分之一（或是一半），随着学习的不断深入，二分之一又可以表达一个整体的二分之一，而且可以用各种不同的图形表示，其符号表示也慢慢地充实到0.5、十分之五、50%……在儿童看来，概念是慢慢地和他们的学习一起长起来的，其表征的多元性、理解的层次性赋予概念"发展"的生命力。

3. 概念形成的逻辑系统性

每一个概念都不是孤立存在的。概念与概念之间存在着广泛的逻辑联系，既包括概念与其背景的联系，也包括概念间纵向与横向的联系。众多的联系构成了一个逻辑的系统。这个系统既表示核心概念与其他概念的相互关系，也体现着这个系统的整体性和结构性。可以说，儿童要理解一个概念，就离不开围绕这个概念的概念系统，这个系统越丰富，儿童的概念理解越深刻。例如，在认识"轴对称图形"这个概念时，学生就要建立起"对折""重合""完全重合""对称轴""轴对称"这样一系列的概念，只有把这些"支撑"概念理解了，才能建立起"轴对称图形"这个概念。

三、儿童数学概念的学习机制

（一）儿童数学概念呈现及学习特点

儿童的概念学习有其自身的特点。在特征的体现上，除了具有数学概念的本质特征外，往往还具有一些自然概念的痕迹；在概念的外显上，为了遵循儿童的认识特点，高度抽象的数学概念也经常经过改造，以适应儿童的学习、掌握与应用；在概念的构建上，儿童需要依靠大量的直观材料，在教者的引导下进行充分观察、操作、分类等感知活动，在此基础上来构建；在概念的呈现上，经常以图或语言文字为主，并以描述的方式予以呈现。

（二）儿童数学概念的学习方式

儿童学习数学概念，其基本方式主要有概念形成和概念同化两种。

概念形成是从大量的实例出发，通过观察、比较、分类等思维过程从中概括出一类事物的共同点，再以具体的例子对所发现的共同点（本质属性）进行检验与修正，最后得到定义，并一般以文字或符号表达出来的过程。概念形成的过程也是一种由具体到抽象的归纳过程。

概念同化是直接揭示数学概念的本质属性，学生通过分类与比较，建立起与原认识结构中有关概念的联系，在明晰新概念的内涵与外延的基础上，再通过应用辨认新旧概念间的区别与差异，最终将新概念纳入个体原有的相应的概念体系中的过程。概念同化是一种分类、比较的演绎过程。

（三）儿童数学概念的学习过程

1. 学习发生的条件——概念的习得阶段

儿童数学概念的习得阶段，需要具备一定的内部因素和外部条件触发概念学习的发生。

内部因素包括"动机"和"目的"两要素。"动机"是儿童学习活动的内部推动力，是学习得以真正发生的开关。概念初期呈现的素材和实例能否引起学生注意，激发学生学习动机，决定着学习能否真正发生；"目的"是学生对学习目标的期待，是学习结束后学生对自己所获得的概念的预设和期望。不论是依赖感性经验的概念形成还是依赖于知识经验的概念同化，都需要在一种适宜的情境中，激发学生的学习动机，向着目的达成而努力。

结合内部因素，外部条件包括恰当的概念学习情境和教师的引导，即"情境创设"和"目标导向"两个环节。概念形成需从大量的实例出发，概念同化需要揭示概念的本质属性，无论是实例的呈现还是本质的揭示，都需要根据儿童的年龄特征和认知结构，创设适合的学习情境和恰当的呈现方式，刺激儿童的感官，激发儿童的学习动机，从而将动机转化为较为持久的学习目的，而上述教与学活动的引导主体和条件准备则是教师。教师要在遵循儿童学习规律的基础上，进行有效的学前准备和学中引导，帮助学生展开学习，伴随整个学习过程。

2. 学习进行的过程——概念的理解与内化

当儿童的学习发生之后，"问题""需要""冲突""动力"四个要素可以促进学习的进一步发展，完成对概念的理解与内化。

首先，根据学习情境中"问题"解决的"需要"，牵引儿童从大量的实例中辨别新概念，或是带着对新概念的懵懂认知在实例中进行辨认；

其次，儿童在辨认和辨别的基础上产生了新旧概念之间的认知"冲突"，使新概念的本质属性与非本质属性进一步分化，也同时建立起新概念与原有概念之间的联系，对原有认知进行同化，该过程在教师组织的"探究合作""质疑表达"等一系列的教学环节或活动中得以发展；

最后，活动的有效组织与问题的初步解决使得儿童感受到新概念学习的获得感与成就感，这种感觉激发儿童进一步学习的"动力"，促使其在思维层面上形成对概念的抽象与重组，将新概念充实到个体原有的知识结构的整体中。

综上所述，儿童概念学习的主要过程分为辨别与辨认、分化和同化、抽象与重组这三步。

3. 学习结果的反馈——概念的提取与应用

根据童心课堂的"三阶段、六环节、九要素"的建模，在学习的结果（结束、转移、发挥）阶段，主要通过"感悟迁移""创新应用"两个教学环节完成对概念的提取与应用，这个阶段主要关注"测量""转移""生长"三要素。

当儿童初步理解概念后，需要将新概念的关键属性应用、推广甚至转移到更大的范围中进行不断的检验与强化，这是一个被测量（测评）的环节，通过多层次的标准变式及非标准变式的练习、判断、应用和创新，教师可以测评出新概念的本质属性是否已被儿童真正理解，即概念的提取与应用的效果如何；这也是一个儿童知识结构不断生长的环节，在应用过程中，儿童对新概念不断地感悟与应用，使得新概念与已有认知结构中比较稳定的相关概念进一步建立起实质性的联系，同时也会产生新的疑问，触发下一轮学习的发生。至此，一个循环的概念学习过程结束。

四、儿童概念学习的教学建议

研究表明，无论哪个阶段的儿童学习都带有原有的认知，并不是空白一片。除去儿童自身个性特征影响外，个体的认知水平、思维方式、生活经验等对儿童概念的学习会产生直接或间接的影响，存在概念认知冲突、概念理解错误、概念内化偏差等问题。因此在教学中，教师要重视儿童概念学习的影响因素与理解难点，实施有效的教学。

1. 提供丰富的感性材料与实例引入概念

概念的引入是概念学习的开始，是引起学生学习兴趣，激发学生学习动机的重要环节。无论是接受式的概念学习（概念同化），还是发现探究式的概念学习（概念形成），都需要创设恰当的学习情境引入概念。这个情境可以为学生提供充分的可感知的材料，运用学生喜欢的图片、课件、模型和实物等，让学生充分地看一看、摸一摸、做一做，建立起丰富的感性认识；可以结合学生生活中的实例创设生活情境，帮助学生更好地理解概念，也让学生体会到数学与生活的联系；还可以从已有的概念出发，引申出新的概念，既可以简化认知过程，又凸显新旧概念间的联系。

2. 利用标准变式与非标准变式理解概念

概念教学如果只是止步于推理猜想与验证总结，仅是做到了概念本身的标准认知和系统归类，缺乏学生深刻的理解，更谈不上灵活地运用。因此，教师需要在不同的情境（问题或练习）中，利用各种概念变式和非概念变式、概念的标准变式与非标准变式，对概念进行多角度、多层次的辨析与理解，不断强化和突出概念的内涵与外延，追求概念理解的深刻性。此外，教师还要重视获得结论之后的学习过程反思，引导学生回顾整个思维过程，总结方法，关注非标准变式突出概念的本质属性、非概念变式明确概念的外延，加深对概念的系统认识，推动概念的同化与顺应。

3. 重视培养儿童的概括能力和语言表达能力

数学概念的教学与学生概括能力的发展是紧密联系的，即数学概念的掌握需要概括能力作为基础，同时它又能促进学生概括能力的发展。学生的概括能力不是一蹴而就、一朝一夕形成的，需要在一个又一个概念的学习中，慢慢地从具体向抽象、从低级向高级发展。教师要明确概括的主导思路，引导学生从猜想中发现，在发现中猜想；引导学生通过对一类事物进行比较，有逻辑地进行分析与综合，在此基础上，找出一类事物共同的、本质的特征或属性，然后把它们用语言概括出来。最后，概括往往通过语言表达出来，同时语言的表达能力也体现出学生的概况水平。这个过程有时需要反复重述，不断地加以巩固。

五、儿童概念学习的实践案例

领略对称之美
——《轴对称图形》教学设计与思考
执教：胡芸

（一）教材分析

轴对称图形是苏教版小学数学三年级（上）第六单元《平移、旋转和轴对称》中第二课时的内容。让学生通过观察实例和动手操作，体会生活中的对称现象，初步认识轴对称图形及其一些基本特征，能在一组实物图案或简单平面图形中识别出轴对称图形。对于儿童来说，对称现象已有丰富的生活经验，但轴对称及轴对称图形是一个全新的概念，如何让儿童通过一系列的教学活动真正地理解、认识轴对称图形，根据轴对称图形的特征判断轴对称，并能用合适的方法制作轴对称图形是本课的重难点。

（二）教学过程

1.激发动机，经验在原认知体系中调用

（1）找一找，唤醒原认知

师（课件动画）：看，白云在蓝天上悠闲地飘着，蝴蝶在草地上翩翩起舞。瞧，它向我们飞来了，可它又有些害羞，躲了起来，同学们知道它的另一半是什么样的吗？（出示多种翅膀让学生选择其中的一种）

学生活动。在课件上拖动，拼合蝴蝶翅膀。

提问：同意吗？你们为什么都选择这一种？（让学生充分表达自己的想法）

（2）说一说，初识对称性

师：物体两边完全一样，我们就说这些物体都是对称的。（板书：对称）在平时大家还见到过哪些物体是对称的？（生举例）

师：是的，在我们的生活中对称的物体比比皆是。看，蝴蝶、天坛、奖杯等，它们都具有对称的特征（课件出示三种物体的图片）。

设计意图：学习的发生环节，创设了动画激趣的情境，让学生利用已有认知解决问题，激发学习动机，直指本课的关注重点——对称。在这个过程中，两次让学生充分地表达：其一是充分地表达自己选择（这种翅膀）的理由，学生在自我语言组织和同伴的语言表达中，逐步清晰了选择的关键点，思维也随着语言的表述更加缜密；其二是充分地列举生活中对称的事物，让存在于生活中的大量、丰富的实例不断地冲击学生的认知，加深对对称这个本质属性的理解。

2. 抽象类化，概念在操作与思维中建立

（1）折一折，验证新猜测

师：将对称的物体画下来，得到一些平面图形。（板书：图形）猜猜看，如果把这些图形对折（板书：对折），会出现什么情况？

师：这种情况用这个词概括——重合。（板书：重合）现在请同学们拿出桌上的图形，动手折折看！重合了吗？

（2）辨一辨，聚焦真问题

师：老师这儿也有一个图形（带把茶杯图），我现在也把它对折。请问它两边重合了吗？

讨论：从"没有重合"的不完整认知到"部分重合"的正确认知。

师：因为这个茶杯图对折后的把没有重合，所以这个杯子图形对折只是部分重合，而你们手中对折后的图形两边有没有多出一点或是少一点呢？（没有）我们把这种重合称为完全重合。（板书：完全）

（3）摸一摸，理解新概念

全班交流：你们是怎么对折使图形两边完全重合的呢？请几位同学到展台上给大家展示展示。（蝴蝶、祈年殿图形左右对折后两边完全重合、飞机图形上下对折后两边完全重合。）

师：是的，像这样对折后能完全重合的图形叫轴对称图形。今天我们一起来认识轴对称图形。（板书完善课题）

师：看到这个名字，大家有什么疑问吗？（轴？）把它们展开，每个图形中间都有一条什么？是的，一条折痕（课件动态演示对折后显现的图形折痕）你们也摸一摸手中图形的这条折痕，它把整个图形分成了一模一样的两半，这条折痕所在的直线就是这个轴对称图形的对称轴，所以这种图形是轴对称图形。

设计意图：知识的新异既是在先有认知的基础上，激活相关知识点，又让学生在会与不会、懂与不懂的情境中产生了学习的需求，学习得以发展。本环节利用折一折、辨一辨和摸一摸等一系列操作让概念逐渐形成：首先利用实际操作（折）和分类辨别，让学生深刻理解"完全重合"的意义；然后直接揭示概念——轴对称图形，让学生在新知与旧知的冲突中提出"轴是什么"的关键问题，教师再利用"摸折痕"这一操作，自然揭示了轴对称图形的对称轴这一新知。

3. 多元变式，本质在冲突与强化中凸显

（1）试一试，初判轴对称

师：老师这个杯子图形是轴对称图形吗？为什么？这里有几个大家已经学过的图形（长方形、正方形、平行四边形和三角形），它们是轴对称图形吗？先自己想一想，做出判断，不能确定的可以拿出我们课前剪下的图形折一折，验证一下。然后在小组里交流。

学生独立判断，小组交流。

全班交流。师适时追问：同学们是怎么判断的？你们对折了吗？

总结：长方形、正方形都是轴对称图形，平行四边形不是轴对称图形，三角形有的是轴对称图形，有的不是轴对称图形。有些图形可以看出是轴对称图形，有些轴对称图形会有多种对折方法。如果不管怎么对折，它都不能完全重合，那它就不是轴对称图形。

（2）练一练，挑战变式题

判断图案：下面的图案，哪些是轴对称的？小组里讨论讨论。

全班交流：有哪个图形判断错了呢？

英文字母：下面的英文字母，哪些可以看作轴对称图形？

交通标识：哪些可以看作轴对称图形？请同学在课件上拖动分类。

设计意图：这一环节属于概念学习的过程阶段，在学生对"轴对称图形"有了初步认识的基础上，进行概念的理解与内化。学生如何才能真正地理解概念，需要用不同的变式不断地去除非本质属性，强化和突出轴对称图形的本质特征。概念变式与非概念变式、标准变式与非标准变式，被分类糅合在图案、字母和交通标识等多样化的挑战练习中，让学生在游戏与挑战的情境中，不断地强化对轴对称的本质认识，也逐步抽象出其特征。

4. 应用展示，体系在表达与内化中形成

（1）厘一厘，知识更清晰

师追问：如何判断一个轴对称图形呢？

总结：先要仔细地观察，看怎样对折才能使两边完全重合，有些图形需要左右对折，有些图形只能上下对折，还有些图形有多种对折方法。但只要能找到一条直线沿着它对折后两边完全重合，它就是轴对称图形。如果怎么对折都不能完全重合，那它就不是轴对称图形。虽然我们不能每个图形都对折，但可以想象它对折后的两边是不是完全重合。

（2）做一做，对称真美丽

师：认识了这么多的轴对称图形，同学们想不想自己创作一个轴对称图形呢？书上给我们提供了剪一剪的方法（电脑相应进行剪出轴对称图形演示）。除此之外，老师还给大家提供了一些钉子板，同学们可以选择在钉子板上拉出一个轴对称图形，还可以用彩色水笔画印出轴对称图形。当然，每人还有一张格子纸，大家也可以展开想象，在格子纸上画出一个轴对称图形。

学生自由创作后，将图形贴在黑板上。

全班欣赏对称之美。

全课总结。

设计意图：儿童的数学学习需要有一个从外到内的输入过程，更需要由内而外的输出环节，这是对儿童学习结果的一种展示、表达和检验，更是学习的连接性和成长性的需要，所有的学习结果都必须经过外化输出反映到有意识、有创新的思想和行动中。在概念的提取与应用环节，让学生用自己的语言描述轴对称图形及判断方法，是学生个体对概念由内到外的一种表达，而这种表达又通过创作轴对称图形更加鲜活与饱满，使学生对"轴对称图形"这一概念认识由外到内，由散点形成体系。

（三）课例思考

概念学习无外乎引入、理解、巩固和系统化这几个阶段，每一个阶段又可以选择和利用不同的方法组织教学活动。数学概念的学习过程正是教师帮助学生建构理解、巩固和应用概念的过程。本课的教学设计，基于儿童的学习机制，体现在以下几方面：

1. 引入与激活——指向概念学习的真正发生

本课是关于"轴对称图形"这一概念教学，采用的是概念形成的方式。由于三年级学生的年龄特征和学习特点，教材将轴对称图形的概念进行了一定的处理与表达：对折后能完全重合的图形叫轴对称图形。其实，就是这样简单的一句话，对于三年级的学生来说，理解还是有难度的，"对折""重合""完全重合""轴"这些词学生理解起来并不容易，因此本课首先创设了一幅美丽的春景，用帮蝴蝶找翅膀这一趣味性的挑战任务激发学生的学习动机，同时，成功激活已有的认知完成这一任务。引入的素材很好地蕴含、包容和承载本课的内容，同时也运用符合儿童心理和年龄特点的呈现方式，调动了学生的学习积极性，激发了学习动机，让概念学习真正地发生。

2. 理解与操作——强调概念学习的层次发展

儿童的思维是跳跃在他的指尖上的。在概念学习的发展环节，结合儿童的认知基础和特点，利用多次操作（对折、摸、创作）让"轴对称图形"这一概念由简单却很抽象的几个字，到学生真正地理解并能熟练地判断、创作，都是通过有目标、有层次的教学活动帮助实现从具体到抽象的过渡。其中不乏借助先进的教学手段、信息技术，为学生提供丰富的富有趣味性的变式练习，让学生在大量的观察、猜想、思考、操作、验证、自主探索与合作交流中，构造自己对轴对称图形的理解。在教师的引导下，学生不断地应用自己的理解，突出概念的本质特征，在变式练习中，辨别学习，在正确的作答强化与错误的认知冲突中，逐渐明晰并抽象出完整的概念，最终纳入、重组到个体已有的认知体系中。

3. 表达与反馈——聚焦概念学习的结果应用

所有的学习结果都必须经过外化输出反映到有意识、有创新的思想和行动中，概念学习也不例外。本课的最后环节，关注了两个要素，其一是学生对本课学习重难点的表述。语言是思维的外衣，儿童对轴对称图形这个概念的认识是模糊还是清晰，是表层还是深刻，从儿童的语言表达中可以看出。纵观全课，从课初凭生活经验说出蝴蝶具有对称特性，到课中的总结判断方法，再到课末的全课学习总结，都注重给儿童的语言表达搭建平台。这也是概念教学与语言表达能力互相促进的体现。其二是学生的学习成果展示，用创作轴对称图形这一活动让学生把自己理解的轴对称图形用不同的方式表达出来，可以说学生的创作过程就是对轴对称图形的理解过程。最后的欣赏环节，既是对学生这一轮学习的展示与肯定，也将其激发出的成就感与自信心带入下一轮的学习中。

第二节　儿童数学技能的学习机制

数学技能的形成与运用对数学概念和问题解决都起到了重要的作用。学生在学习数学技能的过程中，能促进学生对数学概念的理解和掌握，数学技能形成后又能推动数学问题的解决，它是数学学习不可或缺的条件。

一、数学技能

"技能"一词出自《管子·形势解》，它的解释是艺技才能。《辞海》中对"技能"的定义为运用知识和经验执行一定活动的能力。《教育大辞典》中将"技能"定义为主体在已有知识经验的基础上，经联系形成的执行某种任务的活动方式。综合各方研究，这里采用学生孔凡哲、曾峥在《数学学习心理学》里的定义：技能是通过练习而获得的能够完成一定任务的一种动力系统。它是一种接近自动化、复杂而较为完善的动力系统。

数学技能是指能够完成一定的数学任务而必需的活动方式，既包括外显的操作技能，也包括内蕴的心智技能。[①]作为一种特殊的技能，数学技能既符合技能的一般规律，也具有自身独特的规律。它是学生在数学学习和研究中，在已有的数学知识、思想方法、认识观念的基础上，经历反复练习达到协调性和自动化的动作的活动方式。同时，数学技能与数学知识、问题解决之间存在一定的联系，它的形成概括了数学知识的内在规律，推动着数学问题的解决，促进了数学能力的发展。

---

① 孔凡哲，曾峥.数学学习心理学［M］.北京：北京大学出版社，2018.

二、儿童数学技能的特征

1. 特殊性

儿童的数学技能的学习，有些是通过学生外在的操作而形成的连贯性系统动作的技能，如画图、数学统计、使用计算器计算等，这些属于操作技能；有些是借助感知、记忆、想象等内部语言在大脑中完成的思维活动的技能，如一些口算、简便计算等，属于心智技能。操作技能具有外显性、客观性、非简约性的特点，而内蕴的心智技能则具有内隐性、观念性、简约性。这些特点决定了数学技能学习的特殊性。

2. 规则性

学习有其自身的规则性。美国心理学家加涅将学习进行分类时就提出过概念学习、法则学习和高级法则学习。在儿童的数学技能学习中，无论是操作技能还是心智技能，都是通过儿童在学习过程中不断练习巩固而形成的概括性的结果。这种概括性的结果不是儿童任意得来的，而是儿童在学习活动过程中依据系统活动的客观法则，进行一系列连续或不连续的动作。主要体现在数学中定理、公式的学习上。

3. 层次性

数学技能的活动方式多样，可按照等级结构进行划分，具有一定的层次性。第一等级是单一形态，是数学活动中普遍存在的活动技能；第二等级是综合形态，是由若干个单一技能结合，形成复合式的结构形态，探索单一技能间的内在联系，从而灵活地运用复合技能解决复杂的数学问题，实现数学思维与数学技能的灵活转换。

三、儿童数学技能的学习机制

（一）儿童数学技能的形成条件

1. 数学技能学习的动机

数学技能的学习是一项重要的学习方式，能否顺利获得数学技能，取决于儿童对数学学习的积极性，数学学习的积极性则依赖于学生的内在动机。儿童学习动机越强，学习的积极性越高。这就需要通过外界的激励或者让儿童获得一些成功的体验，促使儿童自觉地了解数学知识，掌握数学技能，感知数学技

能的价值与意义。

2. 儿童认知活动的建构

儿童数学技能的学习建立在儿童已有的认知结构中。儿童需要进一步明确每个数学技能的主要目标、价值和目的；了解技能的操作流程与活动结构；同时已有认知活动和经验中的概括能力，能够将多次技能对象进行归纳和概括，区分出已有技能的联系与区别。儿童在技能学习中的明确性、独立性和概括性，将影响数学技能活动的顺利进行，同时也推动儿童认知活动的再建构。

3. 儿童技能训练的观念

数学技能的训练是形成技能必不可少的方法。其中，训练观念决定着数学技能的获得程度。教师需要重视数学技能的训练，只有通过训练才能形成数学技能，从而实现数学问题的解决。但并不是只有反复多练才能达成，数学技能的获得既有共性也有特性，教师需要结合儿童的年龄特征，引导儿童运用科学的训练方法，采用科学有效的训练方式获得不同的数学技能。

（二）儿童数学技能的形成过程

1. 操作技能的形成过程

操作技能是指为了完成数学任务，主要通过外部机体运动或操作而完成的技能。它是一种由各个局部动作按照一定的程序连贯而成的外部操作活动方式。[①]童心课堂中的操作技能学习，作为一种外显的操作活动方式，其形成大致分为如下四个阶段：

（1）学习准备阶段：操作技能的定向映象。此阶段对应童心课堂的"情境创设"与"目标导向"两个环节，教师需要在一定的学习（问题）情境中，让儿童在头脑里建立起需要完成某个数学任务的操作活动的内容、目标、要求和要领等，即形成操作技能的定向映象。"动机""问题"和"目的"三要素贯穿这个阶段：问题情境能够激发学生操作技能形成的动机，尝试分析操作的难度水平，确定如何开展与协调好操作活动的方法，建立自我调节机制，使动机转化为较为稳定的目的。

---

① 孔凡哲，曾峥.数学学习心理学［M］.北京：北京大学出版社，2018.

（2）局部动作阶段：操作技能的分解示范。这一阶段是操作技能学习的重要阶段，是能否顺利进行的关键。教师的分解示范与学生的模仿操作是此阶段的两项主要内容。每项操作技能都是由若干局部动作组成的一整套动作，教师需根据儿童的技能形成特点和学习方式，将其分解成适合儿童模仿学习的局部动作。通过教师的示范操作，让儿童逐步逐个学习，一一掌握。此环节需要重视部分与整体的关系，只有处理好局部动作，才能推动整套动作的发展。儿童的模仿也是重要和必需的，但是对技能掌握的主观能动性决定着模仿的性质和效果，教师要引导儿童进行再造性和创造性的模仿，避免机械、被动的模仿。

（3）系统动作阶段：操作技能的顺序连接。在上一阶段对局部的分解技能掌握的基础上，这一阶段是将各个局部动作按照一定的顺序连接起来的过程。在这个过程中，技能整体的连贯性与协调性是动作连锁阶段的主要指向，最终目标是形成一体化的操作系统。对于儿童来说，局部掌握并不代表就自然能形成一体化，在环节与环节、局部与局部的衔接上还会出现断层、停顿的可能。教师要注意立足整体，统筹全局，让学生进行适当的组合式的练习，将局部动作按有序、连贯、协调的方法连接起来，使动作之间的断层连接起来，才能形成整套动作系统。

（4）自动运用阶段：操作技能的稳定完善。这是操作技能形成的最后一个阶段，在经历了准备阶段到局部动作再到系统动作，儿童的操作技能初步形成，掌握了技能操作的方法、要领，连贯而又协调的一整套操作程序也已形成。此阶段的重点是通过练习加强技能操作的正确性与稳定性，帮助儿童适应各个动作的变化情况，消除每个动作间的不协调和干扰现象，使每个动作的衔接接近协调和平衡，保证学生无论在什么样的条件和变式中，都能够顺畅地完成整套动作，形成自动运用的、稳定完善的操作技能。

2. 心智技能的形成过程

心智技能是指能够完成一定的数学任务所必需的、起到调节和控制心智活动的活动方式。[①]它与操作技能的外部活动方式不同，是一种以思维活动为主，借助感知、记忆和想象等心理内部言语进行的活动方式。作为内部思维活

---

① 孔凡哲，曾峥.数学学习心理学［M］.北京：北京大学出版社，2018.

动，其形成同样也分为四个阶段：

（1）准备阶段。这个阶段的主要任务是让儿童主体上对即将学习的技能做好准备，包括了解活动对象、明确学习目标、激发学习动机、提取与即将学习的技能相关联的知识储备。即知道将要做什么和怎么做，从而建立起该项活动形成的操作程序和动作结构的模式，帮助儿童建立起心智技能的自我调节机制。

（2）物质活动阶段。物质活动是指运用实物的客体动作活动。这一阶段儿童的操作水平较低，需要利用图片、模型、示意图及模拟的教具和学具等把儿童在准备阶段建立的操作程序以外显的方式表达出来，同时教师的语言指导、操作提示和示范可以帮助儿童进行模仿，模仿是这一阶段不可缺少的条件。

（3）言语表达阶段。本阶段学生不再完全依赖物质活动来实现认知活动，更多的是通过语言表达指导智力活动的进行，主要表现在边说边做，以说促做。这个阶段也是教师经常会使用的"说题"环节。同时，言语练习也会由初期的出声言语活动转向无声的言语活动，这也标志着儿童智力发展水平的提升。

（4）自动流畅阶段。这是心智技能形成的最后阶段。本阶段学生的认知活动已经能够从物质化活动转向思维的内部活动，具有高度压缩和简化的特征，在技能使用过程中达到了流畅且无意识的自动化程度。

四、儿童数学技能的教学建议

1. 把握儿童技能训练下"量"到"度"的协调

操作和训练是儿童掌握数学技能的必要手段。这里的训练如果只是通过大量的练习、简单的重复，只能实现眼前某一技能的快速达成，从长远角度来看，会造成学生思维定式，不利于学生数学能力的培养。这就需要教师更注重学生能力的发展，合理把握操作练习的数量，从教学目的、评价标准出发，科学安排操作训练，避免机械性的重复操作，把握好数学技能训练的"度"，追求"量"和"度"的相互协调，消除学生厌烦情绪，帮助学生学得更轻松。

2. 关注儿童技能操作中"量"到"质"的转变

儿童数学技能的形成不论是操作技能还是心智技能，本意是让学生在技能训练过程中掌握内容的本质，实现自我认知结构的进一步内化和建构。但是在平时的学习中，学生的熟练程度往往只是简单的量化结果，忽略了操作过程中内化的功能。因此教师在传授技能时，不仅要帮助学生熟练操作技能方式，更应把握形式变化中的不变因素，帮助学生实现操作方式的内化过程，真正掌握数学技能的本质特征，促进学生学习思维的纵向迁移。

3. 培养儿童数学技能由"做"到"思"的能力

数学技能的形成过程中，学生经历了由操作到自动化、由物化到内化的过程，促使学生在训练中体会到数学技能的量变到质变，实现数学技能的逐渐内化，最终达到其在儿童头脑中的定型化、自动化、缩简化。但动作操作经验很难通过训练达到理性发展水平，这就期待儿童具有较高的思想感悟和思维提炼能力。教师要结合数学内容对儿童进行潜移默化的指导，在技能教学的同时渗透数学思想的发展，创造机会给予儿童技能形成背后所蕴藏的思想感悟。

五、儿童技能学习的实践案例

《不含括号的两步混合运算》教学设计与思考

执教：李海娜

（一）教材分析

不含括号的两步混合运算是苏教版小学数学三年下册第四单元《混合运算》第一课时的教学内容。本节课是在学生已经学习了两步计算技能的基础上，学习不含括号的四则运算，能用递等式进行计算，并初步形成列综合算式解答相关问题的能力。本节课主要分为三部分教学：第一部分，能够列出综合算式，并尝试解决乘法和减法混合的算式题；第二部分，理解并掌握乘法和减法混合算式的运算顺序；第三部分，比较乘加、乘减综合算式在运算顺序上的相同点和不同点，总结出结论。

（二）教学理念

基于儿童学习机制的数学教学，关注儿童已有的计算技能，在活动中尝试让学生根据例题理清题意，列出分步算式，为后面数学技能的学习做好准备。同时，明确本次活动的目的，了解运算技能的操作流程，依据运算的客观法则，在头脑中形成乘加、乘减的运算顺序，能够将乘加、乘减的运算技能进行归纳和概括，不仅提高学生的运算能力，同时有助于培养学生的概括能力。

（三）学情分析

本节课的教学难点是初步学会用综合算式解答相关实际问题。学生已经习惯了用分步算式解答，思维的定式很难在短期内消除。基于此学情，一方面通过分析、梳理数量关系，尝试列出综合算式解答问题，感知乘加、乘减混合运算的形成过程；另一方面，需要学生根据数量关系，把解题思路和运算顺序的规律进行有机连锁，保证学生能够顺畅地完成整套的动作技能。

（四）教学过程

1. 情境铺设，筹备儿童数学技能的学习

谈话：同学们有过到商店买东西的经历吗？说说你们的购物经历。

（出示例1）提问：小军和小晴一起到商场买一些学习用品。从这幅图中你可以获得哪些信息？（在学生充分讨论的基础上，指出图中商品的价格都是单价。）

提问：如果想求小军用去多少钱，你会选择哪些信息？解决这个问题，你会先求什么？再求什么？

生1：$5 \times 3 = 15$（元）　　　$15 + 20 = 35$元（板书）

师介绍分步算式：像刚才这样，求"一共用多少元"时，列了两道算式，并一步一步地去解答，这种方法叫"分步解答"，这两道算式叫"分步算式"。

设计意图：本环节通过教师与学生的谈话，创设与生活实际有关的情境，帮助学生激活生活经验的同时，分析、梳理情境图中所包含的基本信息，理清数量关系，明确解题思路，列出分步算式，巩固两步计算的运算技能，为接下来认识综合算式及理解相关的运算顺序做好铺垫。

2. 把握局部，感知混合运算的形成过程

谈话：数学中我们还可以把这两道分步算式合在一起，列成一道含有两步运算的算式。（板书：$5 \times 3 + 20$）

揭题：这是一个含有乘法和加法的综合算式，是乘法和加法的混合运算。（板书：混合运算）

提问：想一想，用这道综合算式求"一共用了多少钱"，应该先算什么？

引导：接下来应该算什么？你认为15+20的结果写在什么位置比较合适？

要求：学生按先算乘法，再算加法的顺序在课本上计算得数，填写完成算式。

追问：你是怎么算的？这里先算什么，再算什么？

谈话：用综合算式计算时，为了把计算过程表达清楚，一般要写出每次计算的结果，并用递等式表达。先在第二行写等号，等号写在算式稍左的位置；由于5×3在综合式中位于"+"之前，算出5×3的积后，要把15继续写在"+"的前面，同时把没有参与运算的"20"移下来，写在"+"的后面。

提问：观察黑板上的分步算式和综合算式，它们之间有什么相同和不同点？

总结：不论是分步算式，还是综合算式，都要根据所求问题先算出3本笔记本的价钱，再用3本笔记本的价钱加上1个书包的价钱。不同的是，分步算式有两道，一道是乘法算式，一道是加法算式；而综合算式只有一道，里面既有乘法，又有加法。像这样，含有两种或两种以上的运算，叫作混合运算。这节课要学习的就是混合运算的计算。

设计意图：混合运算作为一种数学规定的技能，需要学生了解其要求和运算顺序。为了让学生更清晰地理解混合运算的运算顺序，教学中结合了实际问题帮助学生理解计算过程，体会要先算什么，再算什么，理解混合算式的计算过程，体会混合运算计算技能的形成过程，总结概括出关于"先算乘法，再算加法"的运算顺序，内化为自我认知，促进学生的心智活动发展，帮助学生形成正确进行混合运算的认知技能。

3. 局部连锁，概括数学技能的运算顺序

（出示例2）提问：小晴买了2盒水彩笔，付出50元，应找回多少元？

谈话：要解决这个问题，可以怎样想？

引导：找回的钱，要用付出的50元减去2盒水彩笔的钱。

你能列出解决这个问题的综合算式吗？如果可以，请试着列出来；如果有困难，也可以列出分步算式。

学生尝试列示，组织交流：综合算式中的"50"为什么要写在减号前面？

讨论运算顺序。

提问：这道综合算式应该先算哪一步？

让学生利用课本上的填空，独立分步完成递等计算，填写答句。

归纳总结：观察这两道综合算式，它们有什么共同的地方？

小结：在这样的乘法和加、减法的混合运算中，不管乘法在前，还是乘法在后，都要先算乘法。

设计意图：本环节活动内容主要在前一环节的基础上进行，有了上一个

环节的示范和操作，学生在第二环节中对乘减混合的计算有了示范和模仿，可以放手让学生自己去尝试列式、计算。在反馈交流中，进一步梳理乘减的运算顺序，让学生比较两道算式的相同和不同点，使乘法与加、减法的运算技能能够有序、连贯、协调地连接。数学技能的形成不仅需要学生通过模仿操作来完成，更需要将技能内化为自我认知，给予学生技能背后所蕴藏的思想感悟。

4. 内化认知，实现数学技能的自动化操作

第1题：学生画线表示先算什么，再算什么。

学生尝试计算，指名板演。

检查计算过程，说说计算顺序。

追问：在乘法和加法、减法混合运算时，先算什么？

小结：在这样的乘法和加、减法的混合运算中，不管乘法在前，还是乘法在后，都要先算乘法。

第2题：学生独立思考，标出每题的错误之处。

汇报交流：每题错在哪里？

引导反思：在进行混合运算时需要注意什么？

小结：计算混合运算式题时，一要弄清运算顺序，二要注意正确书写每一步的计算过程。

第3题：学生各自计算。

交流计算情况，关注计算结果是否正确。同时，继续关注学生对运算顺序和递等式计算过程的掌握情况。

第4题：比较：先观察，说说每组两道题的相同之处和不同之处。

学生交流。（运算的数完全一样，但运算的符号不同，运算顺序也不同。）

独自完成，追问运算顺序。

设计意图：围绕本节课的主题进行巩固练习，关注学生对乘法与加、减法运算顺序的掌握情况，以及能够用递等式解决问题中可能出现的问题，让学生在运算技能训练的过程中，经过不断的练习巩固，适应每种动作的变化情况，消除不协调和干扰现象，使学生实现每个动作的衔接接近平衡。从而把握运算技能形成过程中的不变因素，促进混合运算的熟练操作，实现操作方法的内化，帮助学生真正掌握数学技能的本质特征，促进学生思维的迁移运用。

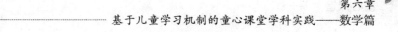

（五）课例思考

本节课的教学设计结合生活实际，运用实际经验解决混合运算的运算顺序，让学生全方位参与学习，体验混合运算的计算过程和书写格式，教学体现如下特点：

1. 联系生活，激发学习动机

数学技能的学习需要学生有较强的学习动机。尝试从生活实际出发，激活学生的购物经验，在分享购物经历的过程中，激发学生学习的兴趣。出示与生活有关的商品价格，理清条件和问题，分析数量关系，讨论先算什么，再算什么。通过列出两步计算的式子，引入混合算式，营造了探究的氛围，就此切入本节课的主题，也为后面混合运算的技能学习做好了铺垫。

2. 统筹全局，重视部分作用

本节课主要目的是学习"不含括号的乘法和加、减法混合运算"，探索数学运算技能是由一整套动作组成，对于学生来说有难度。尝试将整套动作分解为"乘法和加法的混合运算""乘法和减法的混合运算"两步，通过"先算什么，再算什么"这样的单一动作，进行示范引导，促进学生理解并熟悉每个动作的操作。在学生掌握局部动作的基础上，比较、分析两个步骤的相同点和不同点，将局部动作进行连贯、协调的连接，实现单一技能转向综合技能，使之成为一套动作系统，形成概括性结果。

3. 注重思维，实现技能内化

教学中让学生经历尝试解决乘法和加、减法的运算顺序的过程，寻找"两步分步计算"与"乘法与加、减法混合运算"的联系和区别，探索混合运算的运算顺序，紧扣运算技能形成过程的不变因素，将综合技能转向头脑内部，形成概括性的结果，实现数学技能逐渐内化阶段，促进数学技能在学生的头脑中定型化、自动化、缩简化。同时，实现数学思维与数学技能的灵活转换。

第三节　儿童问题解决的学习机制

一、问题解决

所谓"问题解决"，不同学者有不同的观点。用现代认知心理学的观点看，问题解决是一种基于主动探究的认知方式。

在数学心理学中，问题解决（Problem Solving）一般理解为一种操作过程或心理过程。数学问题解决应当被看作一种创造性的活动，即儿童在新的情境引导下，以问题目标为导向，创造性地应用已经掌握的各种数学认知活动和方法，经过一系列的探究合作、质疑表达等思维操作，使问题由初始状态达到目标状态的活动过程，其核心是思考和探索。

《义务教育数学课程标准（2011年版）》不但将问题解决列为四类总目标之一，还针对问题解决提出"四能"：发现问题、提出问题、分析问题和解决问题的能力。可见问题解决不仅是一种教学形式，也是一种技能，更是一种教学目的。课程改革以来，各种版本的数学教材都在大力落实问题解决的要求。鉴于小学生数学学习的特点，苏教版在四、五、六年级分别设置了"解决问题的策略"。帮助儿童在数学问题的探究中，不断地感悟迁移，培养儿童创新意识，提高儿童实践操作、解决问题的能力，是数学学习过程中不可忽视的存在。

二、问题解决的基本特征

1. 数学问题的未知性

需要注意的是，这里所提到的数学问题解决中的问题，应该是儿童从未接触过的问题类型。指的是在此之前，儿童并不了解这类问题的解决策略和方法，即英文里的problem，而不是英文里的question，否则对儿童来说就不是问题解决了，而是做练习。例如，儿童学习了乘法分配律（ $a+b$ ）× $c=ab+bc$ 之后，对于 $101 \times 56 - 1 \times 56$ 的问题，就不是一个真正的problem（问题），而只能是一个question（练习）而已。虽然儿童还没能解决这个问题，但是对于这类问题，儿童已经知道了解决该类问题的策略和方法，便不能构成一个真正的问题。

2. 探索过程的创新性

数学问题解决，儿童在学习发展的过程中，面临新的问题情境时，能够积极探索，不断地克服障碍，综合且创造性地将已知的数学知识、技能、经验、思想和观念等重新组合，形成一些更加高级的解决问题的策略和规则，从而使问题由初始状态达到目标状态。比如，当解决"小明把750毫升果汁倒入6个小杯和1个大杯，正好都倒满。已知小杯的容量是大杯的 $\frac{1}{3}$ ，小杯和大杯的容量各是多少毫升？"这一问题时，儿童根据已有的认知，只能用750÷"大杯个数"或750÷"小杯个数"，探索中发现可以通过"转化"的策略，将大杯转化成小杯或将小杯转化成大杯。在儿童看来，数学问题解决是不断发现和创新的过程，儿童乐在其中，数学思维在发展的过程中蓬勃生长。

3. 解决策略的应用性

数学问题一旦得到解决，儿童通过问题解决过程所获得的解决问题的策略和方法，便成为他们数学认知结构的一个重要组成部分。这些策略不是一次性的，它们不仅能够用来解决同一种类型的数学问题，还可以作为进一步解决新类型数学问题的已有策略和方法。比如，当解决"在1个大盒和5个同样的小盒里装满球，正好是80个。每个大盒比每个小盒多装8个，大盒里装了多少个球？每个小盒呢？"这个问题时，儿童在之前已经掌握了"转化"的策略，即根据两者的倍数关系将其进行转化，使上一类问题变得简单从而得到解决。而解决该类问题时，转化的策略又作为已有的认知基础，儿童在此基础之上，再根据两者之间的相差关系将其进行转化，从而达到解决问题的目的。

三、儿童问题解决的学习机制

（一）儿童问题解决的学习特点

纵观各个国家与不同地区数学课程中的"问题解决"，儿童数学问题解决的学习普遍具有三个特点：一是问题解决的方式，先将问题用数或图形的形态

呈现，做出个案后再以归纳或演绎的方式，使个案的解法形成一个数学模式。儿童反复经历这样的过程后，耳濡目染中就学会了新的思维方式。二是问题解决的功能，当儿童习惯于面对非常规问题并能够将其解决时，就养成了主动思考的习惯。日后面对新环境时，儿童可以运用这样的能力去调整和适应。三是问题解决的目的，除了让儿童掌握基本的数学知识，更重要的是培养儿童的创新意识，从数学的角度看世界，用数学技能提高自己的生存本领，拓展自己的生存空间。

（二）儿童问题解决的学习方式

儿童学习数学问题解决，其基本方式主要有抽象语言生活化和抽象语言具体化两种。

抽象语言生活化是指从实际生活出发，联系儿童真实的生活情境，化抽象的数学语言为生活语言，儿童在具体的情境中，更容易理解题意，从而运用自身的生活经验进一步解决数学问题。数学语言生活化，其实就是将理性的数学知识生活化，再从感性认识过渡到理性认识。

抽象语言具体化是指通过数形结合、实物操作、观看演示或列举数量关系等直观形象的数学活动，将稍微复杂的数学问题化抽象为具体，帮助儿童理解和思考，进而找到解决问题的途径。抽象语言具体化实际上就是将抽象复杂的数学问题以视觉形象来支持思维活动，化难为易。

（三）儿童问题解决的学习过程

1. 学习发生的条件：质疑——提出问题

创新始于问题，问题往往产生于质疑，儿童数学问题解决的质疑阶段，需要具备一定的内部因素和外部条件触发儿童发现问题，敢于质疑，提出问题。

内部因素包括"动机"和"目的"两要素。"动机"是儿童问题解决学习活动中的内部助推力，是诱发儿童学习真正发生的必要条件和保障。问题解决初期营造的环境能否贴近儿童生活，激发儿童问题意识，决定着学习行为能否真正产生；"目的"是儿童基于问题解决的需求，借助问题意识、观念等中介作用，预先设想的学习目标和结果。不论是将抽象语言生活化的问题解决学习方式，还是将抽象语言具体化的问题解决学习方式，都需要处于一个高质量的问题情境中，集中儿童的注意力，激发儿童的学习动机，不懈努力以实现目的达成。

结合内部因素，外部条件包括适宜的问题解决学习情境和教师恰当的教学引导，即 "情境创设"和"目标导向"两个环节。抽象语言生活化需要以真实的生活情境为基础，抽象语言具体化需要将抽象的数学内容转化为具体的直观形象，无论是生活情境的导入还是直观形象的呈现，都需要遵从儿童的心理特征和认知结构，创设贴切的学习情境，呈现恰当的学习方式，诱发儿童思维的积极性，引起儿童更多的联想，调动儿童已有的知识经验和感受，激发儿童的学习动机，从而将动机转化为较为持久的学习目的，而教学过程中条件的创造、活动的引导主体都是教师。教师应当先了解儿童已有的认知基础和生活经验，在此基础之上进行针对性的学前准备和学中引导，帮助学生展开问题驱动式的学习，伴随整个学习过程。

2. 学习进行的过程：分析——解决问题

当儿童的学习发生之后， "问题""需要""冲突""动力"四个要素促进学习进一步的发展，完成对数学问题的分析和解决。

首先，根据问题情境中"问题"解决的"需要"，引导儿童从已有的认知基础和生活经验出发，将数学知识、技能、经验、思想、方法等融入一个有趣的问题解决过程之中，对数学问题进行分析进而达到问题解决的目标状态；

其次，儿童在解决问题的过程中发现，已知策略无法满足解决新问题的需求，产生了新旧策略之间的认知"冲突"，儿童便自发思考，在一系列有个人意义的问题串中探索其"谜底"，建立新旧策略之间的联系，升华原有策略，将新旧策略更好地融合。该过程在教师组织的"探究合作""质疑表达"等一系列的教学环节或活动中得以发展；

最后，当儿童在数学活动中不断探索将"谜底"揭晓的时候，他们将获得成功的体验，积累创新的必要经验。这种自我超越的感觉充分激发儿童进一步学习的"动力"，促使儿童在思维层面上形成对新策略的归纳和总结，充实了儿童原有的知识结构。

综上所述，儿童问题解决学习的主要过程分为融入与分析、探索与升华、归纳与总结这三步。

3. 学习结果的反馈：反思——归纳问题

根据童心课堂的"三阶段、六环节、九要素"的建模，在学习的结果（结束、转移、发挥）阶段，主要通过"感悟迁移""创新应用"两个教学环节完成对问题解决策略的应用，这个阶段主要关注"测量""转移""生长"三要素。

当儿童达成问题解决的目标状态，并掌握了新的问题解决策略和方法后，需要将新策略反复应用、拓展推广甚至转移到更大的范围内进行强化，这是一个被测量（测评）的环节，通过不同层次的练习、判断、应用和创新，教师可以测评出儿童是否已经真正理解掌握了新策略的内涵，即策略的应用效果如何；这也是一个儿童知识结构不断生长的环节，在应用的过程中，儿童在对新策略和方法不断的感悟与应用中，完成新旧数学知识间联系的建构，同时也会产生新的数学问题，触发下一轮学习的发生。至此，一个循环的问题解决学习过程结束。

四、儿童问题解决学习的教学建议

开展数学问题解决的教学，学习过程基本分为"质疑——提出问题""分析——解决问题""反思——归纳问题"几个环节。客观来说，每个儿童在生活经验、知识基础、学习能力、思维品质、个性素质等方面都存在差异，不同儿童已有的认知基础是不相同的，因此教师要重视儿童问题解决学习的影响因素与重难点，将每一个步骤的教学工作做扎实，实施适宜不同儿童的教学。

1. 培养儿童问题意识，敢于提出问题

问题意识，指的是儿童在认识活动中自主发现一些很难解决的问题，随后产生怀疑、困惑、探究的心理状态，这种状态可以促进儿童积极主动思维，进而提出问题，最后解决问题。为此，在课堂教学中，首先要转变教学方式，从注重儿童回答问题转变为鼓励儿童大胆质疑，勇敢提问。其次，教师要发扬民主，放下"尊严"，多和儿童进行情感交流，建立和谐的师生关系，使儿童在教师温情的瞩目中，敢于对教师提出问题。最后，课堂教学内容应符合儿童年龄特征，当儿童身处熟悉的环境中时，乐于在学习过程中发现自己感兴趣的问题，从而有问题可提。

2. 注重儿童实操能力，利于解决问题

在数学问题解决学习的过程中，数学问题往往过于抽象，儿童对部分题目含义很难做到透彻理解，所以教学过程中教师应充分考虑数学问题的实践性，重视对儿童实操能力的培养。第一，教师要善于把抽象的数学问题"生活

化"，通过精巧的设计，把抽象的数学问题变成儿童看得见、摸得着的数学事实或情境，方便儿童在学习过程中进行实际操作。第二，教师可鼓励儿童在学习过程中借助数形结合策略，筛选出有价值的数学信息，化抽象的数学问题为直观形象从而得以解决。总之，教师应鼓励儿童亲身参与，动手操作，以此得到直观的经验，以便正确理解数学中的抽象问题。

3. 发展儿童迁移思维，善于归纳问题

儿童在学习数学问题解决的过程中，掌握的新的问题解决策略和方法，是在儿童已有的认知基础之上不断积累，是由旧策略到新策略的过渡与升华，也是儿童数学思维的有效迁移。教师只有在教学实践中适时引领儿童实施数学思维方法的有效迁移，才能促进儿童对数学问题的思考逐步走向深入，继而形成数学问题解决的思维方法，并逐步内化为学生解题的技能与技巧，不断增强儿童在数学应用过程中的数学悟性。迁移的过程中，也应当不断渗透数学归纳与探索的方法，只有这样，数学问题的解决才会顺应学生的思路，学生的思维困惑才会迎刃而解，在分析数量关系的过程中才能捕捉到解决各类数学问题的思维支点，实现思维的有效迁移和数学思想方法的切身感悟，最终实现数学迁移由知识走向感悟，促进数学知识的自然生长和儿童的自由成长。

五、儿童问题解决学习的实践案例

感悟假设之价值
——《解决问题的策略（1）》教学设计与思考
执教：郑佳

（一）教材分析

《解决问题的策略（1）》是苏教版小学数学六年级（上）第四单元《解决问题的策略》中第一课时的内容。教学目标是使儿童经历解决问题的过程，初步学会用假设的策略分析数量关系，确定解题思路，能解决一些简单的含有两个未知数的实际问题。让儿童感受假设的策略对于解决问题的价值，增强儿童解决问题的策略意识，发展儿童比较、分析、综合和推理能力。儿童在以前的学习中，已经学会用画图、列表、列举、转化等策略解决问题。但是儿童从未接触过假设策略，如何运用假设策略分析数量关系，解决总量不变的实际问题，是本节课的重难点。

（二）教学过程

1. 童心回忆：强烈对比，引发需求

（1）忆一忆，重拾旧策略

出示复习题，儿童口头列式解答。

把720毫升果汁倒入9个同样大的杯子里，正好可以倒满。平均每个杯子的容量是多少毫升？

提问：为什么可以用720÷9来计算？（果汁总量÷杯子数=每杯容量）

（2）比一比，引发新需求

出示例1，理解题意。

提问：这里还有一道数学问题，你会解决吗？

指名学生读题，说出题中的条件和问题。（板书：1个大杯的容量=3个小杯的容量）

追问：和刚才的问题相比，这个实际问题复杂在哪里？

启发：上一题可以直接用除法计算，这一题中有两个未知数，无法直接计算。

揭示课题：像这样含有两个未知数的简单实际问题到底该如何解决呢？今天这节课，我们将一起学习新的解决问题的策略。（板书：解决问题的策略）

设计意图：创设倒果汁的问题情境，学生对已学过的数学知识勾起回忆。复习题和例题呈现强烈对比，儿童通过比较体会新的问题的结构特点，认知发生冲突，从而自主产生化繁为简的心理需求，激发儿童进一步探索解决问题策略的欲望，让学习真正发生。

2. 童心交流：分析问题，体会策略

（1）同桌交流，理解数量关系

引导：你是怎样理解题中数量关系的？

同桌之间互相说一说，指名学生回答。（板书：6个小杯的容量+1个大杯的容量=720毫升）

明确：根据"720毫升果汁倒入6个小杯和1个大杯，正好都倒满"，可以知道6个小杯的容量+1个大杯的容量=720毫升；"小杯的容量是大杯的$\frac{1}{3}$"就是大杯的容量是小杯的3倍，1个大杯的容量等于3个小杯的容量。

（2）组内画图，引出假设策略

引导：现在有两种大小不同的杯子（两个未知数），这是解决问题复杂的地方。根据两种杯子容量间的数量关系，你有解决问题的策略吗？

提示：有难度的话，可以画一画来观察。

先独立思考，再小组讨论，教师巡视并对个别需要帮助的学生进行个别指导。

指名交流想法，引导学生理解（呈现如下）：

① 画示意图观察，1个大杯容量=3个小杯容量，相当于把果汁倒入9个小杯里；或3个小杯容量=1个大杯容量，相当于把果汁倒入3个大杯里。

② 假设把果汁全部倒入小杯，就是9个小杯，可以先求出小杯容量再求大杯容量。

③ 假设把果汁全部倒入大杯，就是3个大杯，可以先求出大杯容量再求小杯容量。

④ 假设每个小杯容量是x毫升，大杯容量就是$3x$毫升，可以列方程解答。

小结：通过交流，大家各执己见，有借助画图的，有直接思考的，但基本上是两种思路：第一种是假设把果汁全部倒入同一种杯子，要么都看作大杯，要么都看成小杯；第二种是假设每个小杯容量是x毫升，大杯容量就是$3x$毫升。

指出：像这样通过假设把问题化繁为简的方法，就是本节课我们要探究的解决问题策略。（板书：假设）

设计意图：引导儿童梳理条件和问题，理解数量关系，可以帮助儿童更好地理解题意，感知条件和问题的联系，明确解决问题的思路。面对解决问题的困难，启发儿童将数学问题化繁为简，不仅可以激活儿童已有的认知经验，还能够为儿童解决问题指明方向，进而产生假设的需要，找到解决问题的策略。呈现不同解决问题的思路，在交流中促进儿童理解不同方法，帮助儿童体会用假设策略解决问题的思考过程，感受假设策略在问题解决中的价值和作用。

3. 童心探究：解决问题，强化策略

（1）解题评析，强化假设策略

引导：通过分析，你能运用假设策略列式解决问题吗？

学生列式解答，教师巡视，选择不同解法的同学进行板书。

集体评析，引导学生独立说出算法中每一步分别求的是什么。

追问：这些不同的解法有什么共同之处，用假设的方法有什么作用？

指出：虽然解法不同，但是都用了假设的策略，将两种不同的杯子都假设为同一种杯子。即便是用方程解决问题，也是假设每个小杯容量是x毫升，大杯容量是$3x$毫升，即把1个大杯转化成3个小杯，使复杂的数学问题变得简单。

（2）检验说明，巩固策略

交流：像这样解决问题后，该如何检验呢？

先独立思考检验方法，指名交流。

明确：检验时需验证求出的结果是否符合已知条件，即算出6个小杯的容量+1个大杯的容量=720毫升，小杯容量是大杯容量的$\frac{1}{3}$。

设计意图：先让儿童板书不同的解题方法，随后生生互评，引导儿童说出具体的求解过程和数学意义，不仅能够锻炼儿童的数学表达能力，还能够让他们在这样说理互评的环节巩固对假设策略的深度理解。列式解答的同时，提出检验的要求，可以帮助儿童更好地理解题目中的数量关系，逐步养成自觉检验的良好习惯。

4. 童心反思：回顾归纳，提炼策略

（1）回顾解法，明确策略

引导：请大家一起回顾一下，当我们遇到像例1这样复杂的数学问题时，我们是怎样解决的？

假设全是大杯是怎样计算的？全部是小杯呢？

揭示：例1中有大、小两种杯子，即存在两个未知数。不能直接计算结果。我们可以根据大、小杯容量之间的关系，假设成相同的杯子，将问题化繁为简，问题便迎刃而解了。这就是我们今天需要掌握的一种新的解决问题的策略——假设。

（2）回顾过程，交流体会

交流：回顾一下用假设策略解决问题的过程，你有什么体会想和大家一起分享的？

指出：假设是一种解决问题的策略，当遇到有两个未知量的数学问题时，我们可以通过假设策略将其转化为一个未知量，将数量关系简单化，数学问题便迎刃而解了；假设的时候要紧紧围绕两个未知量之间的关系进行转化；画图有助于理解数量之间的关系；假设时也可以用字母表示未知数，列方程解答。

设计意图：先让儿童回顾含有两个未知数的数学问题的解题方法，让儿童在回忆中再次领会假设策略的价值和作用。及时反思，引导儿童进一步体会"为什么假设""怎样假设"等问题，提炼出运用假设策略解决问题的一般步骤，强化对"假设"策略的体验。

（三）课例思考

数学问题解决的学习过程一般经历下列几个步骤：创设问题情境，理解问题，明确任务；寻求解决策略；实现问题解决；检验和反思。每一个步骤教师又可以组织不同的数学活动组织教学。数学问题解决的学习过程正是教师帮助学生理解问题、寻求策略、解决问题、反思归纳的过程。本课的教学设计，基于儿童的学习机制，体现在以下几个方面：

1. 对比感知——认知冲突促进学习真正发生

古希腊哲学家亚里士多德提出"思维自惊奇和疑问开始"，儿童的思维在疑问的交叉点跳跃。问题往往能够唤起儿童利用已有认知基础进行大胆创新、勇敢探索的意识，紧张的思维活动永远离不开基于认知冲突的提问，没有数学问题就更谈不上创造性思维活动。本节课一开始，教师注重钻研教材，巧设疑问，抓住儿童好奇心强的特点，精心设计了和例1有强烈对比性的复习题，刻意给一些数学知识蒙上一层神秘的面纱，制造悬念，使儿童处于一种"心有余而力不足"的不平衡状态，引发认知冲突，儿童便不由自主地产生把复杂的数学问题化繁为简的心理需求；点燃儿童思维的火花，激发儿童进一步探索解决问题策略的强烈欲望，促进学习真正地发生。

2. 交流分享——强化互动推动学习深度发展

在课堂教学中，教师应更加关注儿童的学习过程，多分配一些时间留给儿童，学会分享和交流自己对于策略的理解。本节课教师对儿童回答的问题，由原来的重视算式是否正确转变为重视儿童对于每个步骤的说理过程。无论对错，都要鼓励儿童多交流"为什么"，并让儿童勇敢分享自己是如何思考的，促使儿童在学习过程中乐于分析问题，培养儿童有理有据表达自己的能力，多让儿童感受成功的喜悦，帮助儿童从对假设策略的认识阶段达到深度理解阶段。其中不乏借助同桌交流、小组合作、全班展示等教学手段，让儿童在不同的环境中交流分享，构造自己对策略的理解，在不同的数学活动中不断地应用策略，突出对策略的深度理解。最终，儿童通过自己的努力，揭开数学神秘的面纱，将新旧策略糅合，重组到个体已有的认知体系中。

3. 反思感悟——创新应用指引学习正向迁移

俗话说"授人以鱼不如授人以渔"，小学阶段数学教学内容的安排都是循序渐进、螺旋上升的，每个阶段的学习都有着密不可分的联系，这就要求教师教给学生学习数学的方法是至关重要的。本节课，教师在教学过程中多次驻足，给学生留足了反思的空间和时间。课堂开始环节，教师引导学生在新旧知识的对比过程中寻找新旧知识之间的内在联系；课堂的中间环节，教师引导学生充分利用已有的认知经验在感悟体会中学习新知识，从而形成新的知识体系，自觉完成从旧知识到新知识的迁移；课堂的最后环节，教师引导学生回忆整节课，体会了探索解决问题策略的整个过程，提炼出探索解决问题策略的一般步骤，使学生在实际问题中能自如地运用假设策略解决相关数学问题，并能够适当地创新，学生从中获得的成功体验既肯定了他们这一阶段的学习，也将为学生下一阶段的学习提供认知基础，新一轮的学习转移便由此开始。

第七章

基于儿童学习机制的
童心课堂学科实践
——综合篇

儿童纯真、无拘无束的"童心"，使儿童在学习活动中能够真实地表达自己的观点及毫无造作地实践，这种体验、认识、感悟、行动是自然而发，真实且富有实效的。遵循儿童的"童心"，关注儿童心理因素，激发儿童学习动机，重视儿童个性差异，教学语言符合儿童认知，并帮助每个儿童找到适合自己的学习方式与学习路径，促使他们积极参与，主动探究，从"他律"到"自律"，从而真正做到真学、乐学、深学。这是我们每一个学科教学所追求的。

不同学科基于学科的特点，基于儿童的学习机制，基于儿童的心理特征，有不同的学科演绎。受篇幅所限，本章从英语、道德与法治、科学、音乐和体育等学科中各选取一个教学主题来具体阐述儿童不同学习内容的学习机制。比如，儿童英语阅读的学习机制、儿童道德与法治课程中中华优秀传统文化的学习机制、儿童科学实验的学习机制、儿童器乐欣赏的学习机制，以及儿童对抗技能的学习机制。并结合相关课例进行解读。

第一节　儿童英语阅读的学习机制

　　小学英语从不同的角度有着不同的划分。《义务教育英语课程标准（2011年版）》按课程目标分为：语言技能、语言知识、情感态度、学习策略、文化意识。《普通高中英语课程标准》提出了英语学科核心素养，它包括语言能力、文化品格、思维品质和学习能力四个方面。

　　一些专家学者还将英语学习分为三个层次，分别为"of English" "with English" "beyond English"。第一层次"of English"就是指英语学科的基础知识，包括听说读写、语音、语法、词汇等；第二层次"with English"就是通过英语学习可以获得的素养和能力，如跨文化交际能力；第三层次"beyond English"注重思维品质，这对于学生的发展至关重要。在小学英语学习中，学习重点大多放在第一层次"of English"。在这个阶段，学生应掌握英语基础知识，如词汇、语音、语法，更应培养学生学习英语的能力，如阅读能力、对话能力、写作能力、听说能力。本文就儿童小学英语学习所要具备的关键能力——阅读能力，来研究基于儿童学习机制的童心课堂的英语学科教学实践。

一、英语阅读

　　"阅读"指大脑接受外界，包括文字、图表、公式等各种信息，并通过大脑进行吸收、加工以理解符号所代表的意思的过程。阅读是运用语言文字来获取信息、认识世界、发展思维，并获得审美体验与知识的活动。它是从视觉材料主要是文字和图片中，也包括符号、公式、图表等获取信息的过程。阅读是一种主动的过程，是由阅读者根据不同的目的加以调节控制的，陶冶人们的情操，提升自我修养的过程，还是一种理解、领悟、评价和探究文章的思维过程。

英语阅读不仅是英语学习的目的，而且是英语学习的主要手段和途径。英语阅读技能不仅是最重要的语言技能之一，也是学生必须掌握的学习技能之一。英语阅读能力是发展其他语言技能的基础和前提，所以英语阅读教学要把培养和提高学生的阅读能力放在首位，让学生进行有目的的阅读，使其掌握阅读的技能和技巧。

从英语学科本身的性质来说，英语学科兼具人文性和工具性的双重性质，英语课程不止承担着培养学生英语基本素养和发展学生英语思维能力的任务，也承担着提高学生综合人文素养的任务。所以我们不但要重视英语学科知识的教学，还要重视人文精神的启迪，这就要求教师必须加强学生的阅读能力和阅读素养的培养。学生的阅读能力强，阅读素质高，接触文本时，自然能够理解语言文字所蕴含的人文情感。

二、英语阅读的基本特征

（一）英语阅读主体的自主性

有效的英语阅读，必须依靠阅读者全部的心智和情感意向活动，才能通过对书面符号的感知和理解，把握其所反映的客观事物及其意义，达到阅读的目的。长期以来，传统的英语教育多偏重于英语知识的传授，忽视如何利用教材载体培养小学生自主性阅读能力。学生在英语阅读过程中，较多地依赖老师讲解，缺乏独立阅读英语文本的能力。

（二）英语阅读实践的探究性

英语阅读文本提供的信息除了字面显示之外，常常还有更深层的信息，这些隐含的潜在信息需要学生去发现、去探究。比如，在英语教材译林版英语6A Unit 7 Protect the Earth中，学生能够很容易掌握课文里的新单词，如save、energy、waste等，也能很容易掌握We should...和We should not 句型的用法，但是学生在阅读之后还应该理解文本背后倡导学生爱护地球、珍惜资源的人文意义，这也是阅读的真正意义所在。

（三）英语阅读结果的差异性

一千个读者，就有一千个哈姆雷特。阅读认知理论认为，阅读主体对于文本中的言语，只有在信息贮存中找到与文本言语具有相似性的信息模块以后，才能进行相似匹配、相似激活，从而识别文本中的信息。对于作为独特个体的儿童来说，他们在英语阅读时所产生的理解与感受，也是因人而异的。比如，在英语阅读教学时，经常会设计这样一个教学环节，为未结束的故事创编一个结局，不同学生根据自己对文本的解读会创造出各式各样的结局。教师要尊重学生之间阅读结果的差异性，尊重学生个体发展。

三、儿童英语阅读的学习机制

（一）儿童英语阅读文本呈现及学习特点

儿童英语阅读的学习特点有自身的独特之处，作为儿童英语学习的目的来讲，儿童学习英语的目的就是为了会说、会读、会写、会听，当然，这也是基于英语学科的工具性而言；作为手段和途径来说，儿童必须具备英语阅读能力，才能理解文本内容，进而积累英语基本知识和锻炼阅读能力。英语阅读的文本呈现方式，不仅局限于文字，如今大多数绘本的插画和动画也成了辅助阅读的必要工具。

（二）儿童英语阅读模式

"自下而上"的阅读模式：阅读是由一系列信息加工阶段构成的。阅读是儿童从看到文字符号到了解文字意义的一个系列过程。因此自下而上的阅读模式是从字母、单词、短语然后到句子、段落，最后从段落到篇章，再到对作者意图的把握这样的学习顺序来进行教学的。[①]

"自上而下"的阅读模式：儿童在预测的基础上，会形成一个"暂时决定"，而这些"暂时决定"在阅读过程中会不断被加以证实、否定或提炼，直到儿童理解阅读材料，阅读过程也就结束了。因此，自上而下的阅读模式主要是依靠儿童已有的语言知识和经验来理解阅读材料。[②]

交互阅读模式：儿童对信息的处理，既需要做视觉的处理，也需要做非视觉的处理，即运用认识结构对包含在文字符号中的语义进行认知处理。[③]儿童对文本信息的建构依赖于文本信息，也依赖于儿童原有的相关知识。交互阅

---

① 王春. PWP 阅读语篇教学在小学高年级英语教学中的实践研究［D］. 银川：宁夏大学，2013（4）.

② 同上

③ 同上

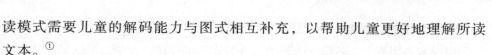

读模式需要儿童的解码能力与图式相互补充，以帮助儿童更好地理解所读文本。[①]

（三）儿童英语阅读的学习过程

1. 学习发生的条件——读前准备，巧铺垫

在阅读的初始阶段，儿童的内在动机和目的不容忽视。儿童的内在动机就是指儿童的阅读兴趣，所以课堂初期教师是否能用多样化的导入形式激发儿童的学习动机，才是阅读学习能否真正发生的必要条件。只有产生阅读动机，才能生成阅读目的，阅读目的是儿童自身创设的心理预期，如"我想通过本次阅读学习获得……"，合理的阅读目的也是保持儿童阅读兴趣必不可少的条件。

从以上内部因素来看，外在推动在童心课堂中也必不可少。教师在课堂初期的教学设计应当指向"情境创设，目标导向"这一环节，教师根据儿童的认知特点和心理特征创设合理情境，恰当地导入，适时地呈现阅读材料，激发儿童学习动机，从而使学习的发生真正开始。

2. 学习发展的过程——读中讲解，授策略

当儿童的学习发生之后，"问题""需要""冲突""动力"四个要素促进学习进一步地发展，完成对阅读文本的理解和阅读能力的积累。

首先，教师应解读文本，根据文本内容设计合理问题，让儿童带着"问题"去解决"需要"，引导儿童利用阅读策略去理解文本大意。

其次，教师指导儿童对阅读文本进行合作探究，在与其他儿童的认知"冲突"中探讨文本的具体内涵。

最后，教师指导儿童自主性阅读，利用教师所授的阅读策略和与同伴探讨出的学习经验作为学习"动力"，自主完成阅读任务，从而将本节课的阅读内容进行初步内化。

综上所述，儿童英语阅读的发展过程，主要分为教师引领学、小组一起学、独立自主学三个过程。

[①] 王笃勤.英语阅读教学［M］.北京：外语教学与研究出版社，2012.

3. 学习结果的反馈——读后巩固，重应用

根据童心课堂"三阶段、六环节、九要素"的建模，在学习的结果（结束、转移、发挥）阶段，主要通过"感悟迁移""创新应用"两个教学环节完成对阅读学习的巩固。在英语阅读教学中，学习结果的反馈通常以下面的形式来呈现：

复述。儿童在自身对于文本阅读理解的基础上，用自己的语言复述文本内容。

表演。儿童在阅读文本时，通过自身对人物角色的揣摩，以小组合作的形式将人物角色表演出来。

创编故事。这种形式难度较高，却是促进儿童生长最有效的方式。创编故事需要儿童基于原故事的场景，利用儿童的想象力和语用能力创编新的故事，这是一个不断应用所学的过程，也是儿童在英语阅读方面不断进步的过程。

四、儿童英语阅读学习的教学建议

研究表明，阅读可以帮助儿童获得大量的英语信息，增强英语语感，培养学生的英语阅读能力，增强学生的英语核心素养。但是，现如今英语阅读课还出现了读前脱离情境，集中生词教学；读中翻译文本，忽略技巧指导；读后机械操练，缺少课外阅读等现象。因此在教学中，教师要重视情境创设和阅读形式多样化，实施有效的教学。

1. 创设趣味化情境激发阅读兴趣

兴趣是学习的动机，激发学生的学习兴趣是英语阅读的关键。因此，小学英语教学要注重对阅读兴趣的培养，要基于儿童学习机制，激发儿童阅读动机，调动其阅读积极性，激活其思维，以理解、分析、判断、辨析等代替课堂的热闹活动。同时，培养儿童的语言运用能力，让儿童由被动听课到积极参与，进而获取知识。英语阅读课堂要做到教学情境化、方法趣味化，让阅读变成真正的"悦"读。

2. 运用多元化形式培养阅读能力

阅读教学的重点是培养儿童阅读技能和策略。基于儿童学习机制，英语阅读教学可以分为学习的发生——阅读前、学习的发展——阅读中、学习的结果——阅读后三个部分。在课堂上，教师可以指导学生运用跳读、略读、精读等方式提高阅读技能；教会学生识别关键词、找出主题句，以及预测和理解等方式丰富学生阅读方法，以此来提高儿童获取信息的能力，以及综合运用语言知识的实践能力。

3. 提供多样化平台展示阅读结果

根据马斯洛的需要层次理论，每个人都有自我实现的需要，每个人都希望通过自己的努力获得成功，获得别人的认可。在基于儿童学习机制的英语阅读教学课堂中，教师注重学生想要展示自我的内在"需要"，为学生搭建配音、表演、创编故事等多种多样的平台，让学生展示阅读结果，满足心理需要，激发更强的英语阅读兴趣，让基于儿童学习机制的英语课堂成为一个可循环、可持续的动态课堂。

五、儿童英语阅读学习的实践案例

My grandma goes to school 教学设计与思考
执教：程敏慧

（一）教材分析

本课的教学内容选自外教社与朗文公司合作出版的《小学英语分级阅读》（5级）*My grandma goes to school*。该绘本故事语言地道，内容丰富有趣。小学五年级的学生正在学习现在进行时的用法，本绘本可以作为学生课内阅读的补充。学生通过阅读绘本能够理解绘本故事情节，掌握新词"rhyme、excellent、instruments、breaktime、silly、sad、be good at"和进一步巩固现在进行时的用法。本绘本故事蕴含着大量的情感信息，随着故事情节的发展，学生通过奶奶的种种行为，联想到学校生活的丰富快乐，触动学生珍惜学校时光。

（二）教学过程

1. 创设教学情境，激发儿童英语阅读兴趣

（1）利用游戏，引入绘本阅读主题

T（播放声音）：At the beginning of our class, we'll play a game The Voice. Please turn back. And if you know what the voice is, you should turn back as soon as possible. Have you got it?

Ss：　　　Yes.

T：The first voice is about a place. Please listen.（三种声音分别来自：the classroom、the forest、grandma）

（教师让学生积极参与到本游戏中，自由发挥，不要限制学生的想象力。教师要善于捕捉学生的正确答案，引出主题词汇。）

（2）创设对话，激发儿童阅读兴趣

T：You did very good job. We are at school now.Where is your grandma?

T：Where's your grandma?

T：Your grandmas are at home. But today I will tell you a story about Jenney's grandma. She wants to go to school with Jenney. Do you want to read this story？（生与教师进行英文对话）

设计意图：在学习发生环节，教师创设了有趣的游戏和对话，让学生在已有的语言基础上了解阅读内容，激发学习兴趣，引出本节课的课题"My grandma goes to school"。首先，教师让学生背朝后只听声音进行猜测。猜完的同学转过去通过屏幕上的图片和文字验证自己的猜测。通过让学生感受热闹的书声琅琅的教室、动物欢叫的森林及奶奶温柔慈祥的话语，巧妙地将今天主题中的两个关键词引出。其次，简洁的师生交流，教师了解到学生的奶奶大多都在家里，而故事中的奶奶却要去上学，这让学生感到意外，同时增强学生浓厚的阅读兴趣。

2. 合理建构文本，促进儿童理解文本大意

（1）阅读封面，了解故事主要人物

T：Now，let's look at the cover of this story. Who can tell me the name of this story？（My grandma goes to school）

T：Well，let's get to know it.（呈现屏幕上的第一小节）

T：We have known some information about Jenny.What about her grandma? You can guess.（生发挥想象，积极猜测有关于奶奶的各个方面，如年龄、职业……）

T：Now let's check.（教师适时在多媒体上呈现空缺部分：60、housewife、singing、dancing and learning new things）

（2）阅读插画，分析故事发生场景

T：What happened on that day? What do you want to know from this story? Look at these pictures and discuss in groups.（呈现三幅故事插图，鼓励学生用问题的形式描述自己想要了解的关于本绘本的内容。）

设计意图：在学习的发展环节，教师指导学生进行英语阅读，就是要引领学生"读整本的书"，以整体的眼光看待故事情节的发展。从封面读起无疑能激起学生的阅读期待，也了解书本体例，进而养成良好的英语阅读习惯。在阅读绘本故事时，对人物的简单介绍必不可少，学生渴望了解故事的主人公，就连人物介绍他们也显示出了极大的兴趣。在了解每个故事发生的具体场景时，教师让学生通过小组讨论的形式掌管"提问权"，引导其通过图片主动质疑，培养学生发现问题的意识，让问题进一步激发学生的阅读兴趣，促进学生理解文本大意。

3. 多元化教学形式，培养儿童英语阅读策略

（1）整体呈现，运用策略快速了解故事

T：Please read the main story, get the general idea and tick the places grandma goes to. You should skim and scan the story. Please read quickly and quietly, Two minutes for you.

（2）再读细节，层层递进深度建构知识

①问题创设，教师引领学

Scene One：In the classroom

Task 1：Read, answer and underline.

T：Look! Grandma is in the classroom. For this part, I want you to learn from the teacher. What can you see in the picture? （在谈论图片的过程中学习单词：rhyme、rhyme time）

Read P1-2, then answer two questions.

Q1：Can grandma see the words?

Q2：What is grandma good at? （呈现第二个问题时，顺势根据图片解释词组 be good at，同时，给出围绕问题画关键信息的学习方法小提示。）

Task 2：Summarize the main idea of Scene One.

T：Grandma is so funny. Let's use a sentence to summarize the main idea of this part. Pay attention：who, what, where. Who can have a try?

Task 3：Listen to the tape and read the first part together.

②探究合作，小组一起学

Scene Two：In the music room

Task 1：Listen and choose.

Miss Liu is_____.Grandma is_____.Grandma loves_____.

A. playing the violin　　B. playing the piano　　C. dancing　　D. singing

Task 2：Read in groups and learn the new words.

Task 3：Summarize the main idea of this part.

Task4：Read in roles.（请两到三个小组上台分角色朗读展示，并汇报选择题的答案及excellent、instrument的音、义和概括的大意，其余学生认真倾听、纠错、评价，最后学生投票选出winner。）

③ 目标导向，独立自主学

Scene Three：In the playground

T：This part，please learn it by yourselves. This time，I have some tasks for you.

Task 1：Read and circle.

T：How is grandma？What does she look like？Please read and circle the adjectives.

Task 2：Try to learn the new words in your own way.

Task 3：Summarize the main idea of this part. Get feedback，then read this part together.

（3）猜测结局，自然体验人物内心情感

T：Time flies. School is over. It's time to go home.

How is grandma？How is Jenney？Please predict and choose.

Read the ending of this story. Discuss why grandma is sad. Let the students know our school life is colourful.We should cherish time and our school life.

（4）朗读模仿，揣摩品味表现人物特色

Read the story after the tape in an emotional way.

设计意图：在学习的发展环节，教师应当站在儿童的角度设计教学，满足儿童的阅读需要，激发儿童的阅读动力。在此基础上，学习的发展分为四个场景，第一个场景的学习采用教师引领的方式进行，设计教学时采用了问题导引，为儿童阅读预设冲突，让儿童在完成任务的过程中习得阅读技巧，提升阅读能力，满足学习需要。第二个场景的学习采用小组合作探究的方式进行，让儿童在合作中掌握阅读技巧。第三个场景是自主学习，经过前两个阶段的阅读，儿童已经有了一部分的积累，通过自主学习的方式，阅读能力得到进一步提升。最后一部分是跟读，这是建立在学生对故事理解的基础上的朗读，它不仅可以让学生学到故事中幽默的语音、语调，还可以不断加深对故事的理解，也能通过朗读更深刻地揣摩品味主人公的各种情感，增强学习的动机。

4. 丰富展示平台，升华儿童英语阅读素养

（1）Reading time

T：Choose one scene and act it out in groups.

☆：Speak clearly and fluently

☆☆：Speak clearly and fluently with your emotion

☆☆☆：Speak clearly and fluently with your emotion and actions

（2）Make up a new story

T：You performed very well. Suppose grandma goes to other places at school. Where does she want to go?

设计意图：教师设计角色表演可以加深学生对故事的体验，所学的语言也可以在表演中变得实用和富有个性，这里的星级评价可以为学生的表演提供指导，也充分激发了学生挑战的热情。最后一个自己创编的场景可以激起学生无限的想象，无形中也运用了本课所学的语言，成为具有个人色彩的一则新鲜的故事。课后学生还可以通过交换阅读等形式，了解奶奶在学校生活中更多的有趣的场景。学生通过展现自我、互相感染，使阅读成为习惯，从而提升全体的阅读素养。

（三）课例思考

阅读教学的过程分为阅读前、阅读中、阅读后，每一个过程教师都可以根据教学需要采用不同的教学方法进行教学。英语阅读的学习过程就是教师引导学生想读、会读、乐读的过程。

1. 游戏导入与情境激趣，促进阅读的真正发生

本课是一节绘本阅读课，阅读内容为朗文分级阅读5 *My grandma goes to school*，因绘本内容较多，根据五年级学生现有的知识水平和心理特征，学生通过对绘本的阅读再加以插画的辅助阅读，还是很容易就能理解绘本的故事情节，但是要真正理解绘本所表达的人文情感还是有些难度。所以，本节课首先以游戏的形式活跃课堂学习氛围，老师再创设对话情境，聊一聊绘本，引起学

生的阅读兴趣，激发学生的学习动机，促进阅读学习的真正发生。

2. 文本建构与分层教学，满足阅读的发展需要

在阅读学习的发展阶段，结合儿童的认知基础和特征，教师首先指导学生运用"scan"和"skim"这两种阅读策略，让学生对绘本故事有大概的了解。接着，教师指导学生进行细读，绘本故事分为三个场景，第一个场景由教师引领学生学习，第二个场景由学生小组探究合作学习，第三个场景由学生利用课堂所学方法与策略进行自主学习。其次，教师指导学生预设文章结尾，体会故事情感。最后，学生跟着录音再一次朗阅读故事，将之前三个过程所学进一步落到实处。这四个过程层层递进，满足学生在课堂不同阶段的学习需要。学生在大量的猜想、思考、阅读、解疑、合作、探究的过程中，不断加深自身对于绘本故事的阅读理解，在无形中提升自己的阅读素养与能力，满足了阅读的发展需要。

3. 故事表演与绘本创编，迁移阅读的结果应用

所有的学习，生成和结果都必须通过外在的形式表现出来。本节课最后，由易到难采取了两种方式来检测阅读的结果。首先小组任选一个场景进行表演，运用三个评价标准来检测学生掌握的情况，注重锻炼学生由阅读到口头交际的迁移运用。其次，创编新故事，可以激发学生无限的想象，无形中也运用了本课所学的语言，成为具有个人色彩的一则新鲜的故事。纵观整节课堂，每一个教学环节的设计，无不立足于儿童。从激发儿童的兴趣开始，学习真正发生，到根据学生学习的发展需要，分层次进行教学，保证学习的有效发展，最后搭建平台，让学生展示自己的学习成果，利用奖励机制，激发学生的成就感与满足感，促进了学习的可持续发展。

第二节　儿童道德与法治课程中
中华优秀传统文化的学习机制

中华优秀传统文化蕴含着传统美德、民族精神等，是道德教育的重要载体。道德与法治课程担负着培养学生良好品德的重任，教材中与时俱进地融入了中华优秀传统文化，且中华优秀传统文化蕴含的思想是道德与法治课程蕴含的德育思想的源泉，是健全人格根基的优秀精神文化。

品德课程标准在"课程目标"中把"珍视祖国的历史与文化，具有中华民族的归属感和自豪感"作为重要的情感、态度、价值观目标之一，《中小学德育工作指南》德育目标之总体目标中也指出："教育学生了解中华优秀传统文化等，为学生一生成长奠定坚实的思想基础。"显然，"中华优秀传统文化"的学习、内化将成为学生德行养成的重要途径。

基于此，我们应充分挖掘道德与法治课程中中华优秀传统文化蕴含的道德理念、思维方式、价值观念、行为准则等，聚焦道德与法治课程中的中华优秀传统文化，探讨道德与法治课程中中华优秀传统文化的学习机制，明确传统文化传承真、善、美的过程。

一、中华优秀传统文化

主要指中华民族在历史发展过程中流传下来的能够反映民族特质和精神风貌的文化，能够代表中华文化的特点，体现中华民族的精神，支撑和影响着一代又一代人的民族魂、思维方式和价值取向，能够为现代社会的精神文明建设提供借鉴和参考价值的文化。

道德与法治课程中的中华优秀传统文化是以道德发展为核心，依托传统文化对学生开展家国情怀教育、社会关爱教育、人格修养教育，并通过道德活动中的情感体验、自主建构等把这种教育转化为学生的情感认同和相应的行为习惯，同时建立文化认同，注重文化的传承与发扬，坚定学生的文化自信。

二、道德与法治课程中中华优秀传统文化的基本特征

1. 再现的生活场景，力求情感认同

生活是滋生品德的土壤，情感是品德形成的强大内驱力，优秀传统文化通过学生的日常生活事件或者生活情境再现，引发学生调动已有的生活经验和体验，使学生的情感与社会性需要联系在一起。

2. 创新的时代特性，力求精神认同

人是发展的人，随着时代的发展，我们要理性地对待传统文化中落后、愚昧、过时的内容，结合时代发展的新内涵推陈出新，发展并构建与时代步伐一致的先进文化与德育观。

3. 鲜明的价值导向，力求价值认同

传统文化为学生过去的生活、当下的生活、未来的生活提供了向善的理念，增强了文化自信。把社会主义核心价值观转化为学生的情感认同与行为习惯，传承与弘扬中华优秀传统文化。

4. 学生的长远发展，力求文化认同

传统文化之所以流传、发展，乃因其具有生长性，致力于把道德要求内化为学生的精神需求，满足学生发展的需要。传统文化的精髓是学生长远发展的指引，在实践运用中学生为祖国的文化自豪，形成文化信仰。

三、道德与法治课程中中华优秀传统文化的学习机制

（一）道德与法治课程中中华优秀传统文化的呈现及学习特点

1. 道德与法治课程中中华优秀传统文化的呈现方式

（1）直接呈现，显性的传统文化

低年级教材中，中华优秀传统文化直接显示，如《家人的爱》"让家人感受到我的爱"活动版块中的"出必告，反必面"（《弟子规》），这是中华传统美德教育在教材中的体现，在学生讨论用力所能及的方式表达对家人的爱的基础上给学生以行动上的指引。高年级教材中有传统文化与道德教育融合的单

元，如五年级上册第四单元《骄人祖先 灿烂文化》，三个主题活动分别以文字、科技、美德为中心，从不同侧面介绍了我国优秀的传统文化。显性的传统文化在《道德与法治》教材中占了很少的比例。

（2）间接呈现，隐性的传统文化

《关于实施中华优秀传统文化传承发展工程的意见》指出，传统文化内容是求同存异、和而不同的处世方法，文以载道、以文化人的教化思想，形神兼备、情景交融的美学追求，俭约自守、中和的生活理念等。简而概之，传统文化的内容即思想观念、伦理道德、审美情趣、生活技能等，这些内容都不是教材直接告知的，而是隐含在教材的活动版块中，根据孩子的年龄特点及学习心理特点，更多地和教材中的"活动栏""辨析栏""讨论栏""儿歌童谣""绘本故事""名言"等无缝地融合在一起，在学生感受、体验的基础上使学生有更多的个性化解读，体现了学生学习的主体性。

与活动栏的融合。例如，《我不拖拉》"拖拉一下没关系吗"中，学生可以通过亲身体验活动"两分钟做的事情"来认识拖拉的后果，相机融入传统文化"机不可失，时不再来""今日事今日毕，勿将今事待明日"等。

与辨析栏的融合。例如，《我们有精神》"有精神才好"中，通过反思生活及正反辨析，相机融入"步从容，立端正""勿践阈，勿跛倚。勿箕踞，勿摇髀"等。

与儿歌童谣的融合。例如，《花儿草儿真美丽》"走，看花看草去"儿歌，简简单单的一段文字，蕴含着"落红不是无情物，化作春泥更护花"等传统文化。

与讨论栏的融合。例如，《我们爱整洁》"保持整洁有办法"中，学生在已有的知识经验和体验的基础上开展保持整洁的经验和办法交流会，就可以根据学生的回答相机融入"晨必盥，兼漱口。便溺回，辄净手"等。

与绘本故事的融合。例如，《大家一起来》"小鹿和猴子"中，此绘本故事通过童话故事帮助学生感悟合作的重要意义，也正是"众人拾柴火焰高""独脚难行，孤掌难鸣"等传统文化的彰显。

2. 道德与法治课程中中华优秀传统文化的学习特点

活动是道德与法治课程教与学的基本形式，传统文化的学习要重视德育教学活动性的特点，传统的学科知识模式、表面化的内容浅层解读、无效化的活

动建构等都不符合学生的学习特点。

（1）显性的传统文化，变"单一呈现"为"多元建构"

如果将单调的文字、图片呈现的显性传统文化让学生读一读、说一说，对于学生的道德发展并没有多大的作用。根据学生喜欢游戏、喜欢玩、好奇等心理特点，要链接儿童的生活经验设置易于开展的道德活动，如游戏、表演、猜谜语、探秘活动等，激发孩子的学习兴趣，让静态的文字生动起来，充满生命力，将传统文化巧妙融入其中，孩子在活动中受到传统文化的熏陶，理解传统文化视域下的道德对于生活的构成性影响。

（2）隐性的传统文化，变"浅层解读"为"自主建构"

这是融合时代元素的传统文化主要的呈现形式，隐含在道德与法治课程的各个版块中，如活动栏、辨析栏、讨论栏、绘本故事里，体现了在活动中获取品德、发展品德、运用品德的性质，也更利于道德与法治课堂上激发学生的问题意识，培养学生的学习力、思考力、活动力、研究力等，留给学生更多的思考，让道德理性自觉发展，并发展了儿童道德自主建构能力，同时也符合传统文化解决现实问题的原则。

（二）道德与法治课程中传统文化学习的学习方式

道德与法治课程中优秀传统文化的习得与践行学习方式应该发展学生的主体本性，让学生这个"真主体"开展传统文化"真研究"，习得传统文化蕴含的"真品德"。

1. 研究性学习，促进思维方式的转变

道德与法治课程的学习要注重学生在主动学习的过程中，提高问题意识和行为选择的能力。研究性学习以学生探究问题为主，为学生提供自主选择的研究主题和探究的时间，尊重了学生的主体地位。学生在研究过程中，直面问题，通过查阅资料、与伙伴对话等深化了道德认知。

传统节日中的"家"文化，渗透了传统习俗、中国人重视家庭的传统观念等，学生小组合作研究其中一个传统节日里的文化，研究中孩子们逐步感受传统文化与"家"的关系，也进一步感受到中国人重视家庭的传统观念，传承中华传统美德。

2. 创造性学习，促进价值观念的革新

道德与法治课程向学生传递正向的价值观，而中华优秀传统文化教育是培育和践行社会主义核心价值观，落实立德树人根本任务的基础。创造性学习直面学生的现实生活，融合当今社会最新的时代元素，少一些反向事例，多一些正面宣扬，促进学生价值观念的革新。

《有多少浪费本可避免》的教学中，结合当今社会餐馆吃饭提醒吃多少点多少，不浪费的原则，浪费现象已经很少了。如果教师在课堂上还是一味地让学生观看"浪费粮食"的视频，谈谈、算算"浪费的可怕"等反面事例显然是不恰当的，没有紧扣"厉行节约，反对浪费"时代发展的新元素，应为学生呈现正向的价值。

3. 体验性学习，促进行为准则的落地

情感目标是道德与法治课程的首要目标，体现了课程以育人为本的价值取向。道德与法治课堂上的"演一演""做一做"等实践活动，让学生在亲身体验中进行自我内化，将德行知识内化为情感，进而在实践中践行，修改、完善自己的道德认知，培育自己的道德情感。只有情感到位了，学生的体验才能入情入境，活动才适切，才有吸引力、感染力，学生才真正地乐学。

"反背书包体验孕妈妈"体验式实践活动，孩子通过体验"孕妈妈"弯腰捡东西、穿鞋、系鞋带等活动感受、领悟孕育不易，养育更不易。将"孝亲敬长""感恩"等传统文化通过外化的行为表现出来，有方向的、触及心灵的道德实践活动，激发了学生的情感和行动。

（三）道德与法治课程中传统文化学习的学习过程

1. 学习发生的条件——传统文化的主题引出

道德与法治课程中中华优秀传统文化的学习是如何发生的，围绕"学生"这个学习主体，问题导向激发了学生对于传统文化的学习兴趣，学习的主题引发了学生的问题意识，情境的创设契合了学生的生活场景等，学生产生了学习的兴趣及需要才能顺利开展下面的学习。

（1）目标导向，诱发情感

教学是一个整体，包括课前的设计、教学实施的过程、课后的反思与完善。目标是一节课的方向与灵魂，因此，教师一定要有目标意识，要制定切实可行的目标引领学生的道德学习。课前，教师在设计教学活动时，就应该充分考虑到学生的学情，对于课堂上呈现的活动要充分考虑其实效性。课中对于偏离目标的活动要及时地调整，课后要通过实践导行让目标落地。目标明确了，

学习的指向也就明晰了。

（2）情境创设，激发情感

道德与法治课程重视学生的情感体验，传统文化教育的形式应该是灵动活泼的，通过情境创设，搭建激情的"支点"，学生快速进入传统文化营造的氛围中，为下面活动的开展奠定了情感的基调。情境的创设贯穿整个活动，激发学生的情感，让学生的情感一直在线，牵引着学习的发生。

2. 学习进行的过程——传统文化的理解内化

学习进行的过程，是教师创设活动，以各种活动为途径，深化学生的道德认知，升华学生的道德情感，锤炼学生的道德意志，指引学生的道德行为的过程。这个过程中学生产生思维碰撞，以自身的社会生活为基础，结合已有的生活经验，将生活体验、道德学习、社会参与等融为一体，在教师创设的"小社会"中探究，让教学成为自己道德成长的有效过程。

（1）探究合作，培养道德意识

道德与法治课程要尊重学生已有的知识经验和体验，中华优秀传统文化的渗透要和学生的生活实际结合在一起，尊重学生的内心需求和生活需要，引导学生的道德发展，这样传统文化才能得到传承和发展。

学习进行的过程中，创设丰富的贴近学生生活实际的学习情境，学生主体情感介入，在活动中体验、感悟、升华自己的情感，将道德认知内化，外显为道德行为。对于一些道德困境、诚信危机、社会失谐、文化失重等传统文化建构中出现的现象，结合现实生活中存在的问题，把对传统文化的情感体验融入探究中、实践中、学生合作中，让多重体验直抵学生心灵，让学生学会多元思考，明理寓情。让学生在体验中学习、在研究中学习，深化情感体验，促进学生道德意识的提升。

（2）质疑表达，促进价值认同

传统文化中一些不适应当今社会而需要变革的内容，会冲击学生已有的道德认知，造成传统与现代的对立。道德观发生冲突，要鼓励学生树立问题探究意识，具体问题具体分析，在思辨与辩论中碰撞，理性处理，达成共识，从而得出传统文化在当今社会的现实表达。学生通过理性分析、感悟辨析，依据标准做出自己的判断，解决困扰自己的道德问题。引导学生在问题中生成，在问题中收获。

3. 学习产生的结果——传统文化的知行合一

道德与法治教学的最终目的是运用于实践，学生能够在实践中学会做事，学会做人，促进德行的形成。学习的结果要将学生对于传统文化的亲切感、热爱的情感有机融合在活动中，潜移默化地引导学生去践行，最终形成运用传统文化指导道德行为的能力。

（1）课内感悟迁移，重视行为矫正

传统文化的真正习得要进行迁移运用，情境性是学习迁移的重要因素。情感教育与道德教育的融通融合，体验活动是一条有效的途径，是一座架起知行统一的桥梁，以此达到从内在心理到外在形式的转化，即个体内心的感受迁移到具体的行为上。学生运用习得的道德知识在具体的情境中进行道德建构，指向行为的构建。教师通过层层活动给予学生思考、判断、交流评价的机会，使学生将认知内化在行为上，在纠错中深化认知，在评价中丰富体验。

（2）课后延伸运用，促进品德形成

学生道德行为的养成不是一节课就能解决的，必须将课上习得的道德知识在生活中践行，以达到知行合一的理想状态。课后实践，注重了教学与生活的联系，关注理论在实践中践行的问题，且将问题导向了学生的行为，力求使学生在实践行动中、继续体验中深化道德，学会生活，促进学生品德的提升和社会化发展。学习的最终结果就是实践运用、调整、再运用再实践的循环过程，直至学生养成正确的道德习惯。

四、道德与法治教学中传统文化学习的实践案例

过"诚实"的有道德的生活
——以《我要诚实》为例
执教：卞小利

"诚实"是每个公民都应具备的优良品质和基本道德，也是中华民族的传统美德。关于"诚实"的学习，是基于儿童学习机制的中华优秀传统文化学习，要紧扣学生的现实生活，以学生已有的知识经验和体验为基础，以儿童现实生活中实际存在的"诚实和不诚实"等现象和问题为出发点，引导儿童在生活化的活动中探究，引导儿童深入理解"诚实"这一中华优秀传统文化的内涵，更好地在生活中践行，过"诚实"的有道德的生活。

（一）学习的发生——创情境，明诚实

要想学习真正发生，离不开教学情境的创设。情境引发了孩子学习的动机。"学习的发生"依托内生条件和外推条件。内生条件就是发自内心的学习欲望，这种欲望源于外推条件——情境的激发引发的道德判断。

师：今天，有三个小朋友来到了我们的课堂上（出示课本16页的图），你们愿意和他们成为朋友吗？为什么？

生：我愿意和李东、邓彬交朋友，因为他们很诚实。

师：那他们的诚实表现在什么地方呢？

生：李东在别人不知情的情况下犯了错，主动承认了自己的错误。

生：邓彬没有把别人的功劳归于自己。

生：他们实话实说。

师：是的，实话实说就是诚实。

生：我不愿意和张敏交朋友，因为他说谎了。

师：你为什么不愿意和说谎的人交朋友？

生：撒谎骗人的人，人品有问题。

师：不说谎、不骗人也是诚实。

师：那照你这么说，诚实就能交到朋友，不诚实就交不到朋友。你赞同这个观点吗？

生：我赞同。

师：同学们，正如你们所说，诚实就是实话实说、不说谎、不骗人。

这实际上是一个辨析"诚实"行为上升到认识"诚实"内涵的过程，利用孩子喜欢交朋友的心理，将选择的主动权交给孩子。学生结合自己的生活感受进行道德判断，做出道德选择，选择中孩子自主认识到诚实的内涵和所指向的具体的行为，教师的引导在无痕中将诚实是一个人的立身之本和处世之道等传统文化蕴含其中。道德判断是道德发展的基础和开端，指引着道德行为。此时，学习真正地发生了。

（二）学习的发展——深思考，辨诚实

学习是一个不断发展的过程，在这个过程中有冲突，学生在冲突中认识不断深化，情感不断升华。学习的发展就是围绕"诚实"的内涵和学生的心理特点，挖掘学生说谎的心理原因，认识到诚实的重要性及正确辨析"谎言"。因此，学习的发展有三个阶段，即认知深化、情感升华、行为更正阶段。原有的认知在思维碰撞中被新的认知所替代，这是一个不断内化的过程。

片段一：张强是真傻吗？

师：没有人看到张强撞坏了轿车的后视镜，他却留下纸条说明情况并承担相应的责任。这样的张强，你们觉得他傻吗？

生：他一点儿也不傻。

师：那张强为自己赢得了什么？

生：他赢得了良心上的平静。

生：他赢得了别人的尊重和佩服。

生：他还赢得了诚实等良好的品质。

片段二：知心理，明方向

师：看完了同学们表演的课本剧，很明显，这些孩子说谎了，你们能帮他们找找原因吗？

生：小文是因为爱面子的虚荣心说谎了。

生：李宏是因为怕家人责怪，胆怯才造假的。

生：张芳是因为想赢得比赛才撒谎的。

师：因为说谎赢得了比赛，你觉得张芳的心情会怎样？

生：不高兴。

师：是的，说谎了心情就会不高兴。你们在生活中有没有说过谎，能说说吗？

（学生结合生活实际进行道德自省。）

师：说谎的滋味太难受了，诚实就要做到不弄虚作假。想想看，当别人知道他说谎的时候，他会失去什么呢？

生：对别人不公平，失去大家的信任。

生：失去比赛的动力。

生：失去朋友。

师：所以，同学们，要想诚实，我们就要赶跑内心的虚荣、胆小、好胜心，让谎言不再害人害己。

片段三：深度思考，辨析谎言

师：（课本21页）这两个孩子都说了谎话，小组讨论一下：这两种谎言有什么不同？

生：波波的说谎是欺骗，是一种恶作剧，应该受到批评和谴责。

生：芳芳的说谎是善意的，她说谎的目的是为了让爷爷的病赶快好起来。

师：善意的谎言是美丽的，能给人带来安慰和帮助。你们觉得生活中还有哪些善意的谎言？

生：医生会对病人说："你的病很快就会好起来的。"

生：妈妈对我说："你是最棒的！"

生：我对门外的陌生人喊道："妈妈，我来给你倒杯水。其实，妈妈并不在家。"

生：奶奶做的菜水平一般，但我还是对她说："你做的菜真好吃！"

师：这里的谎言变成了什么？

生：医生的谎言是对病人的一种安慰和对病人心情的安抚。

生：妈妈的谎言对我来说是一种鼓励。

生：我对奶奶说谎是对奶奶辛勤劳动的尊重。

生：面对坏人说谎是一种自我保护。

三个活动层层递进，将诚实的内涵进一步深化。学习的发展实则就是孩子内心新旧两种观念斗争、更新的过程。对于三年级的孩子来说，由于一些客观因素的影响及心理的不成熟，他们的自我控制力不强，往往会因为胆小害怕或者其他的心理说谎，也会因为意志不坚定而改变自己的承诺，因此第二个活动片段改变以往说谎是道德品质的固有认知问题，根据学生的年龄和心理特点追究说谎产生的心理原因，道德思考使道德教育不仅仅只停留在泛泛的道德层面，而是从学生的心理去寻找根源。这个过程也是一个导行的过程，要做到诚实，就要克服这些心理因素，从而给学生一个明确的指向，达到发展生活的目的。

传统文化的教学要与时俱进，融入时代要素。运用对比思考的方法，引导学生发现生活中还存在一些不一样的谎言——善意的谎言，了解这些谎言对于我们生活的重要性，同时也与说谎进行辨析，明晰善意的谎言不是不诚实，而是一种处世的方式，一种道德上的美好，一种变相地保护自己的方式，这种"谎言"是可以的。学生对于善意的谎言的认知源于自己的生活实际，对于诚实的认识进一步升华。

这三个阶段不是独立存在的，而是一个相互融合的过程。其中，学生的道德情感一直贯穿其中，道德情感在"是不是真傻"的思辨中，在诚实重要性的道德自省中，在"恶意谎言"和"善意谎言"的本质辨析中，是道德品质形成的催化剂，让学生正确理解并内化诚实。

（三）学习的结果——导行为，长发展

道德与法治学习的最终结果指向道德行为，也只有将道德认知、道德情感、道德意志转化为道德行为，才能促进个体道德的发展。主要呈现有两种形式：孩子的内在认知和孩子的外在行为。内在认知和外在行为可以融合在一起，通过"演一演"的形式来呈现，教师通过生活化的情景模拟，观察学生在"小社会"中的表现进行评价反馈，指导学生的道德行为。

师：这里有几个情境，各小组选择其中的一个情境演一演。（学生分小组进行练习后展示）

师：你为什么不看他的答案呢?

生：其实，我心里也在进行着斗争。看了，就能得到高分。但是这个成绩是假的，会让我学不到真正的知识。

师：恭喜你战胜了内心的"小魔鬼"，不会说明我们对于知识还没有完全掌握，正好可以借此找到不足，继续努力。你是个诚实的孩子，诚实会让你变得更优秀。

简而言之，学习的结果就是看学生到底收获了什么，于道德与法治教学而言，就是创设生活化的情境，将道德认知进行迁移运用，让学生去解决问题，在问题情境中获得发展，德行得到生长，从而获得长远的社会化发展。

第三节　儿童科学实验的学习机制

《义务教育小学科学课程标准（2017年版）》中将小学科学课程目标定位于科学知识、科学探究、科学态度，以及科学、技术、社会与环境四个维度；就课程内容将其划分为物质科学、生命科学、地球与宇宙科学、技术与工程科学四大领域。很显然，从学科特质出发，要实现这些目标，完成相应内容的学习势必要通过"探究活动"这一重要的科学学习方式进行，通过学生亲身经历动手动脑等实践活动来达成。[①]而"探究活动"在实验教学中的体现又最为明显，本章就以科学学科本质最为凸显的"实验"为基点来研究基于儿童学习机制的童心课堂的科学学科教学实践。

一、科学实验的本源初衷

说起"实验"必与"科学"相连，究其内涵是人们为了更好地了解自然现象、领悟自然性质、揭示自然规律而进行的科学研究的基本方法之一。科学实验从广义上解读是指在条件的合理设定下，验证或质疑科学假说的活动。其具有简化自然过程、纯化自然过程和强化自然过程的作用。对于小学生的科学实验则可以界定在依据教师提供或自己准备的实验器材对涉及的活动进行探究的过程，是完成科学学习任务的有效途径，也是学生模仿科学家进行探究的重要方式。

---

① 中华人民共和国教育部. 义务教育小学科学课程标准［S］. 北京：北京师范大学出版社，2017.

二、科学实验的基本特征

实践性：实践性是小学科学课程的性质之一，这与科学实验中具体的操作是一脉相承的。学生在实验的过程中，通过亲身体验去了解具体的科学方法和技能，理解基本的科学知识，发现和提出与生活相关联的科学问题，并尝试用实验的方式予以解决，在实践中积累认识世界的经验，提高科学学习能力，培养科学态度。

实证性：实证研究法的目的在于认识客观事实，研究现象自身的运动规律及内在逻辑。对研究的现象所得出的结论具有客观性，并根据经验和事实进行检验。而我们的学生在科学实验中观察到的现象、采集到的数据都是真实、有效的。无论是模拟性实验还是验证性实验都具有实证性。

人为性：实验者根据实验目的，预先制定实验设计方案，人为设置实验相关处理因素，这样便于呈现实验现象，进而推出实验结论。在科学实验的过程中，从材料的选择到方案的设计，从实验的假设到实际的操作，从现象的记录到理论的推导都涵盖着人为的因素。

规范性：规范化操作有助于学生科学知识的掌握和探究能力的培养。学生通过规范化的操作能获得有效的数据，观察到真实的现象，从而形成一定的概念，总结出应有的规律，促使观察、思维、操作、创作等能力得以发展。在规范的操作中体验学习科学的情趣和成功的乐趣，形成尊重事实、严谨治学的科学态度。规范化有助于提高学习效率，规避实验的危险性。

重复性：科学实验在操作的过程中为了实验数据的可靠性与精准性，可以对实验进行重复性操作。重复性表现在两个层面，一是学生在前人实验的基础上进行验证性实验，二是学生自己可以根据需要多次进行同一个实验。学生严谨科学态度形成的最终的目的指向实验结果的获得。

三、科学实验的大致分类

根据科学实验的不同分类依据标准对其分类见表7–1[①]：

[①] https：//baike.sogou.com/v725056.htm？fromTitle=%E7%A7%91%E5%AD%A6%E5%AE%9E%E9%AA%8C.

表7-1　科学实验的大致分类

分类标准	实验目的	对象性质	预定目的	实验对象
分类情况	定性实验 定量实验 结构分析实验	物理实验 化学实验 生命实验 人体实验	定性实验 定量实验 测量实验 对照实验 验证性实验 判定性实验 中间实验	黑箱实验 灰箱实验 白箱实验

从表中不难看出，科学实验的范畴宽泛，实验的目的各异，实验的结果趋于一致。小学生触及的科学实验较为单一，我们习惯上用验证性实验、对比性实验、模拟性实验来表述。

四、科学实验的主要步骤

百科呈现出的科学实验主要步骤为：观察、定义、假设、检验、发表、建构。对于小学科学而言，科学实验的主要步骤和科学探究的过程有异曲同工之处，呈现见图7-1：

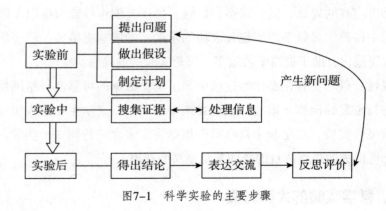

图7-1　科学实验的主要步骤

五、儿童科学实验的学习机制

（一）儿童科学实验的学习特点

从字面上看科学实验更多的是一种动手实践活动，是基于儿童学习心理的，其学习特点体现为以下几点：

1. 浓郁的科学味

"科学味"的内涵是丰富的，科学地探究、思考、创新等都是科学课中体现科学味的重要元素。科学实验的学习是基于事实与原理的，以科学的方法和态度解决科学问题，对所观察或认识到的自然现象进行合理的解释或说明。以"科学"为核心字眼，涵盖科学技术知识、基本的科学方法、科学本质、科学思想和科学精神，最终指向科学素养。

2. 必备的儿童味

学习者的心理机制决定学习的真正发生率的大小，尝试从儿童的角度进行教学设计，要以被儿童所接受，激起儿童求知欲为要旨。设计者在课前要研究儿童的学习心理、认知规律、前概念的情况，以便设计出符合儿童身心特点和认知规律的科学教学流程，进而有效地实施科学实验教学。

3. 调和的情趣味

儿童在感知事物的时候往往是从兴趣出发。教师幽默语言的运用、学生自主真实的表达、生活情境的适度关联、游戏元素的巧妙融入、科学实验的适宜选择都让科学实验富有趣味性。正是教师有意识地导引才能营造出情趣十足的科学实验学习场域。

（二）儿童科学实验的学习方式

1. 观察（用眼看）到位

儿童科学实验的前提性条件是器材的提供，显然，科学实验器材的选取需要观察，实验中的现象更离不开细心的观察。

2. 实践（动手做）感悟

在实验的过程中学生不同的分工显示，要么动手操作，要么对实验现象及相关数据进行记录。学生在"做"实验中亲历过程，更加深了理解。

3. 思考（动脑想）凝练

实验的过程中思考是不可或缺的，学生从对实验结果的猜想、实验方案的制定到依据实验事实进行推理都潜藏着思维的因子。

4. 表达（用口述）升华

儿童在组内或全班对猜想结果、方案制定、结果呈现、结论推导的交流正是表达的时机，在这种表达中促进科学素养的形成。

（三）儿童科学实验的学习过程

1. 实验学习发生的条件

科学实验学习表现在显性与隐性两个维度，显性是儿童科学实验中表现出的动作行为，隐性是儿童科学实验中的思维活动。儿童的科学学习要实现真正地发生，一定要关注学习过程中学生的身体、理智（思维）和精神（情感）的和谐共进。有结构材料的提供也是情境创设成功的要素之一，实验前学生对于问题的提出、做出的假设、制定的计划都是科学实验能否顺利实施的先决条件，也是科学实验目标的有意导向。

2. 实验操作进行的过程

儿童科学实验实施的过程中有个体独自的操作，也有小组协作的操作和师生协同的操作，在这个过程中教师的主导与学生的主体作用得以凸显。学生正是通过这样的亲历活动才能发现科学的真实现象，记录科学实验的真实场景，提高对科学学习的真实效度。在这个过程中学生的探究合作更是显而易见的，对于证据的搜集与信息的处理是一种双向活动，在证据搜集中对信息进行处理，在信息处理中进一步了解实验数据的可靠性。

3. 实验结果揭示的本质

科学实验的有效数据及真实现象的获得与呈现完全为推断科学结论做好了准备。学生的科学实验能否产生预期的成果完全取决于实验过程的控制（学习的发展），即使在符合逻辑的结果与科学的结论成为定性有所呈现的时候，学生依然会产生新的思考。在这个过程中学生得出结论、表达交流及反思评价都是实验结果的印证。甚至由此产生新的问题再去循环下一个完整的科学实验，便是感悟迁移与创新应用的最佳体现。

六、儿童科学实验的教学建议

1. 思维靠前：制定方案与选择材料铺垫科学实验

任何科学实验都需要一定的器材或材料作为活动依据。而有结构的材料选择应该是师生共同思考的结果，为实验的顺利开展做好铺垫。

2. 实践其中：利用已拥有的材料有效完成科学实验

学生在既定的实验方案指导下，在实验器材的依托下，在小组成员的协作中有序、有效地进行实验，教师适时导引、点拨与提升。

3. 深思断后：依托采集的数据反观目前的科学实验

学生针对实验观察到的现象或采集到的数据进行整理与分析，在这个过程中学会对科学实验进行反观，找出成功处与不足点。

4. 做思融合：做思呼应的方式继续深化科学实验

在科学实验中始终伴随着手与脑、做与思交替互动的过程，始终需要身体体验与心理状态之间相关联。在科学学习中身体体验可以激活心理感受，为知识内化提供内容和途径，心理感受反过来又作用于身体体验，使其更加深刻，二者相互促动与激进。做思共生的亲验性、体悟性、情境性、参与性、动态性和生成性也就自然流露。学生的科学实验是聚焦于身体感受、身心体验和特定情境的交互上的一种协同作用的结果，是身体、心智、环境及其交互活动四者之间产生的相互制约、协调与向上的一种割舍不断的态势。

七、儿童科学实验的实践案例

梯度性活动串演绎科学实验的本真

——《简单电路》教学案例

执教：张小勤

（一）教材分析

简单电路属于物质世界里能量的表现形式的范畴，是苏教版小学科学五年级（上）第三单元《电和磁》的第一课，旨在帮助学生认识电路的构成，指导学生分析并组装简单电路，通过简单电路的连接明确电路工作原理（"通路"）。在实施的过程中，尽量以实验为线索和载体，在多媒体课件的帮助下，让学生在"做"中思、"做"中学、"思"中学，通过"熟悉器材——自由连接——分析比较——总结归纳"这样的流程进行，借助四个有梯度的实验活动，由浅入深，由表及里，为学生的认知搭建阶梯，帮助他们逐步建立起科学、准确的电路概念，为其今后深入学习电学知识奠定基础。

（二）教学流程

1. 激趣导入，提出研究的核心问题

（1）观图思考

教师出示彩灯图片让学生观看并思考图片中相同的地方。

（2）提出问题

学生依据图片中点亮的小灯泡的相同特点提出想研究的问题。

（3）确立话题

师生共同确立"如何让小灯泡亮起来"的研究问题。

设计意图：学习的发生在一定程度上发端于兴趣，由此而产生后续的事件。这一环节紧扣课题，选择学生喜闻乐见的彩灯图片，以短视频的方式播放旨在激发学生将目光聚焦于点亮的灯泡，进而引发对"如何让小灯泡亮起来"这一核心问题的思考，锁定本课科学实验"电路的连接"中心内容。

2. 活动载体，探究电路的内在本质

活动一：尝试点亮灯泡，了解电路的原理

（1）认识基本材料，初步感知电路

提问：根据你的经验，你觉得让小灯泡亮起来，必须有哪些器材？

课件出示电池、灯泡、导线图片。

谈话：请仔细观察一下电池、灯泡、导线这三种器材，把你看到的和已经了解的和大家分享一下。

分别让学生介绍这些材料，教师择机补充。

引导学生认识材料：电池有正极和负极之分，凸起部分的那端是正极，另一端是负极，也可以用"+"号和"－"号表示。这种电池是安全电，可放心使用。而日常生活中用在家用电器上的电不能随便用来做实验，那样非常危险。电流会从正极出来经过导线、灯泡等最终回到负极。导线是用来传递电流的。灯泡的下方和侧面的金属壳可以作为两个连接点。我们一起来看看灯泡的内部结构，大家可能就更清楚了。

（课件出示灯泡解剖图）学生尝试说自己的发现。

教师强调：灯泡内部连接灯丝的两根金属丝一根是和金属壳相连，另一根与下方的锡点相连。要想让小灯泡亮起来，电流必须经过发光体灯丝。

（2）尝试点亮灯泡，探寻连接方法

谈话：下面请小组分工合作，用1节电池、1根或2根导线想办法让灯泡亮起来，要求只做一次，并在记录纸的实验一上画下你们组的连接方法。（学生用教师提供的第一袋材料进行实验）

引导与展示：我们来看看这些能成功地连亮小灯泡的方法有什么共同的地

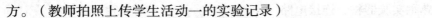

方。（教师拍照上传学生活动一的实验记录）

师生共同发现：连亮小灯泡都由灯泡、导线、电池组成；电池的正极和负极要分别与灯泡的两个连接点相连。电流从电池的正极出发，通过导线，从灯泡的一个连接点流进灯泡里，再经过灯丝，从灯泡的另一个连接点流出，顺着导线又流回电池负极，灯泡就亮了。这样就形成了电流的通路。（板书：通路）

验证：刚才我们了解了小灯泡亮起来的原因，下面请在小组内判断一下这六种连接方式，哪些小灯泡会亮起来，并说出你的理由。

小结：通过判断我们进一步明白了小灯泡被点亮的原因，就是要有一条通路。

设计意图：从器材的逐步认识到尝试点亮灯泡，从画出示意图到发现共同点再到利用图示验证的学习，都是以学生为中心，教师只是在其中穿针引线，将学习的主动权最大限度地交给学生。在这个过程中，学生借助已有的认知轻松地认识电路连接成功的要点是要形成"通路"。

活动二：辅助元件连接，验证电路连接

（1）了解辅助器材，简化电路

教师引导：刚才在操作的过程中，你们觉得有没有不方便的地方？

教师描述：通常情况下，我们会采用一些辅助器材，让连接更加便捷。我们一起来认识一下。（实物展示并简介）这是电池盒，用来装电池；它的两边各有一根接线柱，用来连接导线让电流出去和进来。这是灯座，把灯泡拧进灯座，让灯泡下方的连接点与金属片相连，两个接线柱就把灯泡的两个连接点接通了。

（2）认识元件开关，控制电路

教师描述：电路通了，灯泡也亮了，但总不能一直让它亮下去啊！怎么办？这时我们就需要一个控制电路的器材。（实物展示并简介）这个开关叫单刀开关，大家可以看到它的两端也有两个连接点，现在是断开，压下去就是合上。可以看出，开关是可以控制电路的"通"与"不通"的。连接电路前应让开关断开，连接完成后再闭合，检验连接得是否正确。另外，为了连接便利，导线的两端也会装上不同的金属片。

（3）熟悉实验器材，连接电路

教师相机引导：我们先来看一下待会儿我们要使用的器材。这是一个插入式电路板；再看，这是电池盒，可以将电池塞进去；这是插入式的导线；这是开关，旋钮式的，通过旋转开关使金属片相连才能让电路连通。

提出实验要求：根据提供的器材连接一个电路，让小灯泡亮起来。并在实验二的记录表上画出你们的连接方式及电流的流通路径。请组长将刚才的两根导线和灯泡收进塑料盘，从桌子下方的架子上取出电路板及器材。

交流展示：每组连接的电路情况。（两名学生演示）

寻找不同的连接方式。（开关或灯泡的位置）

教师小结：大家有没有发现，无论开关或灯泡在哪儿，只要是通路都可以让小灯泡亮起来。一般情况下我们都会让电流最先经过开关，再经过其他器材。

设计意图：在知晓通路的基础上增加学生未曾相识的电路辅助元件也就不是问题了。学生自然在团队成员的合作中顺利完成增加开关的电路的正确连接。关键点落在电流先经过开关再经过其他器材这一科学性话题上。

活动三：增加灯泡只数，尝试串并联

（1）借助实验记录，画连接图

教师要求：刚才大家知道了如何用开关控制电路的亮和灭，下面就请大家连接一个由一只开关和两盏灯组成的电路。这次请大家先画出你们的连接图。

（2）依据提供的器材，连接电路

学生以小组为单位，借助画好的电路图尝试连接。

教师要求：验证一下你们的设计方案，看小灯泡是否能被点亮。请组长取出1号信封。

（3）展示连接电路，发现不同

展示交流：教师拍照上传，师生共同研讨。

教师相机引导：刚才大家有没有发现这样连接的电路两个灯泡同时受这一个开关控制，它们会同时亮或者同时灭。那家里的灯是这样的吗？我现在要分别控制这两盏灯的亮和灭怎么办？

学生可以考虑共用一个电源分别连接两条电路。

设计意图：接着上一个实验活动，在增加灯泡的情况下让学生先画图再连接。学生的实验兴趣有所增加。开放性教学给学生提供了可能的空间，要么串联，要么并联，学生连成串联的可能性相当大，这时教师以生活中的实际运用为出发点引导学生完成并联电路的设计。这样就较上一个活动增加了难度。学生的视野期待被拓宽，为下面的活动做好铺垫。

活动四：自主选择器材，设计红绿灯

（1）出示实验要求

利用给定器材尝试设计一个红绿灯的电路。（器材为：2个开关、一红一绿2个灯泡、导线8根）

（2）学生尝试连接

每个组将电路板上两个装有灯泡的灯座取下来放进塑料盒，拿出2号信封，尝试连接。

（3）学生个体展示

连接成功的组可以由两名同学到前面来连接一个红绿灯的模拟装置给大家看看。

（4）全班全景展示

完成大屏（白板的圈画、移动功能）及磁性黑板的实物电路连接。

（5）红绿灯再创新

教师揭秘：其实生活中的交通信号灯还要加上黄灯，它的电路会复杂一些，包括我们开始看到的图片上的灯泡，它们的电路要复杂得多。课后感兴趣的同学可以试一试，还可以利用木块或橡皮、图钉及回形针做这样一个简易的红绿灯电路。

设计意图：学生在前三个活动的基础上，利用2个开关、2只灯泡及若干导线完成红绿灯的设计应该是水到渠成的事。一是小组的电路板展示，二是大屏白板功能的利用展示，三是演示实物与磁性黑板上的展示，让学生对并联电路的分别控制了解得更为清晰。

3. 自主总结，拓展延伸科学的说法

（1）学生说说本节课的学习收获。

（2）教师延伸电路符号表示的串并联。

教师描述：在科学上，我们还会用一些规定的符号来表示我们的简单电路，这个符号是电池，这个符号是灯泡，这是不同状态下的开关。刚才我们连

接的电路就可以这样来呈现了。

（3）联系生活现象表述科学的说法

我们知道电池是供电的，也叫它电源。小灯泡及生活中的电视、冰箱、空调等用电的器具，我们统称它们为用电器。

（4）借助实物展示概括本节课话题

板题：像这样由用电器、电源、开关、导线组成的电路，就是我们今天共同研究的简单电路。

设计意图：学生对于科学实验的收获、电路符号的拓展、生活现象的链接从不同视角再度认识简单电路，自然揭示课题水到渠成。电路符号的标识让学生对知识的学习有预见性，联系生活中的用电器让学习的视角有了外延性。

（三）课例思考

科学实验的学习是科学学习的内核，触及学生的心灵才是我们期待的样态。本课在教学设计中始终遵循"儿童学习机制"的要义，以儿童喜好的活动为载体，让学生在实验中提升科学素养。

1. 导入即触发：让学生在观赏中锁定研究的问题

科学实验的学习需要情感的介入，更需要问题的聚焦。学生在众多不同场景、不同时节、不同色彩的彩灯视频观赏中除了赞叹其精美，更多地自然锁定在点亮的灯泡上，也即触发其思考：怎样让小灯泡亮起来。正是这样有目的的情境创设及有指向的问题提出才自然引发学生自主探究的欲望，也促使电路连接的学习自然发生。

2. 活动即实验：让学生在参与中探究电路的本质

本是相似性的科学实验活动，随着辅助元件的不断增加，相对任务的要求不断提高，画图连接的不断变换，使得原本难度螺旋式上升的活动变得轻松起来。学生从最初用最少的导线让灯泡亮起来到加入辅助元件、加入开关控制电路，再到串联、并联电路的尝试连接与画图，学生的学习朝着良构态势发展。

3. 引申即运用：让学生在总结中引发思维的高阶

学生在不断实验的过程中对于电路的认识应该是非常深刻的，关于本课的总结就轻而易举了。延伸初中阶段将接触的电路符号学生本就感兴趣，加之将本课学生连接的实物电路转化为一个个简单电路，学生更是兴致盎然。课末，对生活中的电器使用、真正的"红绿黄灯"的原理更是增添了学生探究的欲望，为科学实验的外延埋下了种子。

总之，《简单电路》这一初始课的设计是基于儿童学习机制的，活动串的科学实验让学生的学习从问题思考的情感激发到实践研究的真实做思再到实验结束的自然外延都为其科学学习提供了有效路径，进而促进了学生科学素养的提升。

第四节　儿童器乐欣赏的学习机制

一、器乐欣赏的概念

音乐是人类诠释情感最直接的载体，音乐课应是学生认知美的形象、塑造美的心灵、陶冶美的情操的艺术殿堂。小学音乐学科的课程内容，包括学习演唱歌曲、欣赏作品，以及根据学习的内容设定情境表演、节奏或旋律体验等游戏环节。

器乐欣赏教学是小学中高学段音乐教学的重难点，也是欣赏作品部分的一大分支，孩子在学习中需要同时感受不同器乐的音响，感受不同器乐相互间的配合与变化，欣赏器乐共同演绎中交织的音乐美感。器乐欣赏覆盖面广，涵盖小学音乐学科教学中所有乐器或乐团的乐曲作品，包括中外乐器、民族管弦乐乐团、管弦乐、室内乐等。

二、器乐欣赏的基本特征

（一）非生活的器乐性质

学生能够在乐器传递的声音中感受到其中的音乐元素及其传达的情感。器乐欣赏涉及不同的乐器，对于小学生而言，如果没有专业的学习，生活中对一些常见的乐器可能会有模糊的印象，对于管弦乐中的乐器，或是民族乐器的认识还是非常欠缺的。

（二）易混淆的器乐音色

在小学音乐教学中，管弦乐乐曲中出现的乐器种类繁多，其中对于乐曲中出现的乐器音色的辨别对于小学生来说也是颇具难度的，尤其是同类乐器，音色相近。比如，二胡、小提琴、大提琴、马头琴都是拉弦乐器，声音类似，但又有不同。小学阶段的器乐欣赏，最基础的就是让孩子对各种乐器的音色有一定的概念，对于器乐的外形，包括演奏方式有一定的初步了解。

（三）难触摸的器乐情感

小学生对纯音乐的乐曲接触得甚少，更难以理解没有文字只有音符的器乐曲，那么在难懂的乐曲中理解其中传递出的音乐情感更是难上加难。课堂教学应深入了解学生，结合学生的年龄特征，帮助学生在聆听前做好知识点的铺垫，认知模拟乐曲中的角色，加以联想与想象，真正在聆听中唤醒孩子器乐欣赏的满足感。

三、儿童器乐欣赏的学习机制

（一）儿童器乐欣赏呈现及学习特点

儿童器乐欣赏一般采用音频呈现，在音频的基础上，从旋律、音色、节奏、速度等各种音乐元素中捕捉到乐曲中每个段落的特点，并在此基础上进行体验与分辨。在精准捕捉各项音乐元素的基础上，可以做一些相关的体验游戏，或者拓展相关视频进行进一步的深层欣赏。器乐欣赏不是歌曲演唱，需要在没有任何字面提示的情况下，只根据乐曲中器乐的发声去感受与想象，的确也为音乐课堂教学增加了难度。而其中很多器乐欣赏都与动物有关，如法国圣桑的《动物狂欢节》大部分乐章在教材中都有呈现。

（二）儿童器乐欣赏的学习方式

在欣赏器乐作品前期，做一些相关内容的引导及想象，加快学生进入乐曲的速度，并在聆听过程中用适当的言语引导。

1. 整段聆听

低年级个别乐曲涉及音频的内容比较短小，整体的音乐情感比较统一。此时可以采取全曲完整地聆听，让学生在音乐中感受乐曲表达的形象及情感。

2. 整分聆听

罗列小学音乐教材所有的器乐欣赏作品，发现欣赏器乐类作品时间相对较长，管弦乐乐曲比重较大，其中涉及段落也相对复杂。此类作品如果还是给孩子一遍又一遍地整段聆听，只会让孩子感到乏味，没有关注到孩子的学习心理。教学前可以提前了解乐曲的乐段结构，先整体后分段，学生根据书本的主题提示带着问题聆听，找到其相似与不同，进行分析。也可以先分段后整体，其中可以用图谱的方式给予不同乐段不同的标注，给每一个乐段一个专属的定义或律动体验，在了解乐段后再进行整体乐曲的聆听。亦可以用"整—分—整"的结合方式。

（三）儿童器乐欣赏的学习过程

各种乐器演奏的作品在速度、旋律、节奏、情感上都有很大的不同，在同一个作品中情绪的转变也是屡见不鲜，所以学习的过程也会有所不同。

1. 学习发生的条件——乐曲的习得初期

儿童器乐的欣赏作品都是和教学内容相关的，大多在本单元的背景下，或者是学习歌曲的铺垫下去聆听相关的器乐作品。学生在欣赏器乐作品的同时可以深化本单元所学内容。

引导学生分析有关单元主题的经历与体验，或是对其熟知的点进行拓展，让孩子们最大限度欣赏到自己熟悉的内容，减少欣赏的突兀性。

2. 学习进行的过程——乐思的理解与内化

这是深层聆听乐曲的儿童器乐欣赏作品的必要过程。首先可以根据器乐欣赏作品选择聆听的方式，初听可以采用整段或分段的方式，根据曲名及乐曲，感受音乐中的主题旋律，在听到主题旋律时做出相应的反应并且记忆。

每个作品出现的主题音乐次数不同，在欣赏过程中的难度也是不同的。

其中一般分为以下几种：

（1）精简型

这一部分乐曲主要是针对一段式或两段式乐曲，没有任何再现的部分。这种类型的器乐欣赏可以放手让孩子想象，然后教师加以总结即可。

（2）乐段再现型

此类乐曲下方会有乐段选择的图示，可将第一个乐段设置为一个图形，与后面乐段的相同与不同做出对比。

例如，管弦乐《口哨与小狗》（二年级上册）设置的连线问题：学生根据以下三个提示：1.乐队；2.口哨＋乐队；3.口哨＋乐队＋狗叫，在聆听中思考，关注选项的差异，在脑海中形成针对性的记忆，加以判断。此类乐曲孩子可以根据文字提示或旋律提示，自己进行排除与锁定，完成相应的内容。这样的问题非常考验孩子的聆听能力、分辨能力及反应能力，是锻炼欣赏能力的一个必要的积累过程。

（3）故事情节型

有部分作品是用乐曲来表现一件事情，以《鳟鱼》为例，此乐曲是一个变奏主题，分别是A-A1-A2-A3-A4-A5-A6，音乐段落划分较多，主要表现小鳟鱼的悠闲、活泼欢快、悠然自得、危机四伏、紧张激烈、凄凉忧伤、活泼欢快。孩子在乐曲中能够通过认真聆听音乐感受到情感发生的变化，当其不由自主地感受到乐曲中的起承转合，结合乐曲的主题，加以故事化、情节化，就是真正理解音乐的开始，从乐曲中找到触动点，最大限度去理解音乐故事中的变化与情节，通过音乐内化成一个个画面，给我们带来更多的想象。

3. 学习的结果——乐感的提取与应用

只有更好地聆听与理解才能让我们培养的乐感有意义。让学生在理解中自我分析，总结自己喜欢的乐段及类型，了解自己的喜好；围绕音乐本身，把握音乐主题，积累自己的乐感，提高自己的音乐审美能力。学生们在每一个乐段、乐句的背景下做出相应的律动体验，或是使用音乐打击乐器，或是使用身体律动，抑或使用课堂的教具等，在重复理解的背景下做好乐曲的提取与升华。

四、儿童器乐欣赏学习的实践案例

感受器乐之美

执教：吴泞含

案例1：葫芦丝独奏《月光下的凤尾竹》从回答问题中获取三个关键词"葫芦丝""泼水节""傣族舞"，并围绕这三个关键词深入提问，让学生自主搜索，为乐器引入埋下伏笔。让学生在聆听中独立思考，感受葫芦丝的音色，寻找贴合的词汇。

（一）主题A乐段聆听分析

1. 感受悠长的a乐句

（1）根据乐句画旋律线

衔接语：葫芦丝是傣族特有的乐器，几乎人人会吹。今天给大家介绍的就是葫芦丝独奏——《月光下的凤尾竹》。

在听之前，我要告诉大家，刚刚老师吹奏的一小段也是选自这首乐曲，在练习的时候，我被一个悠长的乐句给难住了。我记得它的旋律是这样的：唱出

旋律并出示幻灯片。下面我们一边听一起伸出手指，试着把这优美的旋律画到我们的脑海里。仔细聆听，这样悠长的乐句，在音乐中出现了几次？

（2）再次聆听乐句

检验一下是否出现了两次悠长的乐句。注意：每一次听到的是否完全相同。

继续播放主题A，每听到一次，老师贴一个蓝色色块作为标注，并随即跟着音乐画旋律线。b乐句的无缝融入，并在其他乐句出现时画出相应的红点。

（3）引导学生感受乐句情绪的不同

观察回答：老师除了贴了三个旋律线色块，还标记了什么？

生：红点。

2. 深入问题

那么，老师是根据每个小节的第几个音来标记红点的呢？

（1）老师哼唱提示，每个小节的第几个音

与学生一起贴上红点对应的具体音符分别是：1—3—5—3—3—1—5—5—1。

（2）用柯尔文手势来表现乐句每个细节开头的变化

注意：由慢到快加入旋律简单练习。最后恢复原速度，把旋律线部分和红点部分跟着音乐连起来。

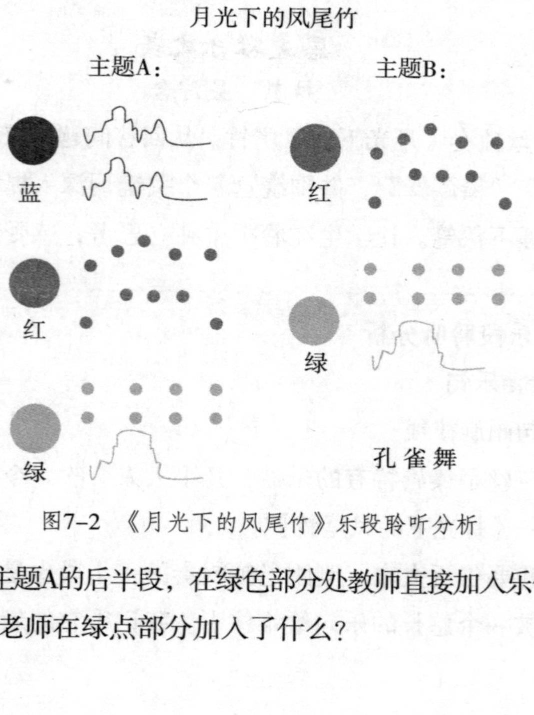

图7-2 《月光下的凤尾竹》乐段聆听分析

（3）单独播放主题A的后半段，在绿色部分处教师直接加入乐句的律动实践

师：同学们，老师在绿点部分加入了什么？

生模仿老师的动作。

师：非常棒！老师把手串铃奖励给你。还有没有更好的表现方式，我们小组讨论一下。

教师总结，集体实践。

设计意图：教学中提示学生乐句悠长的特点，在音乐中根据旋律线给学生最直观的感受，学生跟随音乐用手指画出旋律线，清晰地看出乐句的结构及出现的次数。哼唱提示，学生在聆听中感受乐曲的音高，深入小节的概念，感受到此刻标记的红点就是第一个小节的第一个音，并把具体音高标在红点的卡片上，形成记忆。

（二）主题B乐段聆听实践

自主实践发现主题B乐段。

《月光下的凤尾竹》分为A-B两段，A段已经采用了聆听分析法，将B段讲给学生自主聆听实践。

（1）学生聆听实践

仔细听主题B乐段里有哪些你学过的旋律？你也来贴一贴。

显示主题A，播放B乐段，引导学生大胆尝试贴图。如果有新旋律可以用黄色贴图。

设计意图：根据A乐段的聆听，在脑海中提取音乐中熟悉的部分，根据图谱的提示，让孩子在脑海中进行判断然后实践。

（2）提问

在B乐段中有没有新的旋律出现，在哪个位置？根据关键词提示，你觉得可以加入些什么呢？

设计意图：在熟悉的音乐中实践，在新的音乐中思考，关键词再次提及，内容将无缝衔接到傣族的特色孔雀舞。

（3）在新旋律黄色部分嵌入新乐句的提示

同学发现了新旋律部分，那你能试着跳一跳孔雀舞吗？

学生自主找出反复段落，出示完整曲式，显示图7-2。

最后完整感受葫芦丝独奏《月光下的凤尾竹》。

案例2：钢琴五重奏《鳟鱼》

导入词：同学们好，今天我们要学习的是一个关于小鳟鱼的故事。请你从歌曲中听一听、找一找，在小鳟鱼身上，到底发生了什么故事呢？

（1）乐曲《鳟鱼》描写了一群欢快活泼的小鳟鱼在河水里自由自在地生活着，谁的出现打破了它们的生活？

生：渔夫。

谈话：你们的小耳朵很灵敏。这首作品曲名《鳟鱼》，是奥地利作曲家舒伯特创作的一首艺术歌曲。我们一起认识一下舒伯特，他在短短31年的生命中创作了600多首艺术歌曲，被人们誉为——歌曲之王。

设计意图：在初听音乐时，提前给予学生问题思考的铺垫，让其在思考中想象乐曲里的故事情节。接着简单介绍作者，以作者的代表作提高学生的学习兴趣，丰富孩子们的音乐基础知识。

（2）今天我们要学习的就是舒伯特根据同名艺术歌曲《鳟鱼》创作的钢琴五重奏。五重奏里会有几件乐器呢？我们一起来看看。

谈话：钢琴是乐器之王，小提琴是提琴家族的女高音。我们来听一听，中提琴的音色相对于小提琴有什么变化，大提琴呢？（中提琴音响效果丰满一些；大提琴更加低沉、丰满；低音提琴是提琴家族中最低沉的，像人的脚步声一样。）

师总结：钢琴、第一小提琴、第二小提琴、中提琴、大提琴、低音提琴。

设计意图：初步了解钢琴五重奏的意义，分别感受乐器的音色，逐渐明晰提琴家族的成员。

（3）请同学们聆听主题A，你们联想到了什么？它的主奏乐器是什么？

生：小鳟鱼在无忧无虑地玩耍，主奏乐器是小提琴。

（4）请你们加入小鳟鱼悠闲的动作，聆听主题B，思考一下，主题A和主题B的旋律相同吗？完全相同吗？

师：速度变快了，演奏乐器变成了什么？钢琴，我们把这种在原旋律上改变演奏方法的创作手法叫变奏，那我们就不能叫它主题B了，要叫它变奏主题A1。

设计意图：在实践过渡中给予变奏定义，让学生初步了解变奏，在乐曲中感受变奏乐曲的特点。

（5）我们继续往下听，小鳟鱼的情绪又发生了怎样的变化？

师总结：刚刚我们聆听的三段，分别表现了小鳟鱼的悠闲（加上动作）、欢快（加上动作）、悠然自得（加上动作）。

（6）接下来的主题大家要仔细听，乐曲变得若隐若现。你们觉得这是在模仿谁？

孩子们一下子就想到了渔夫，他悄悄地把渔竿放下来，静静地等着小鳟鱼上钩。大提琴和低音提琴演奏出了主题危机四伏的感觉。

（7）我们一起来看看小鳟鱼的宿命，只听渔夫无情地把河水搅浑，试图把小鳟鱼钓出水面。钢琴紧张、激烈，渔夫在捕捉小鳟鱼了，乐曲在很强之后又变得很弱，好像小鳟鱼在痛苦地挣扎，令人揪心。

设计意图：这一段的音响与前面的对比非常强烈，能够强烈感觉到小鳟鱼正处于危险之中，也正是此处让人感觉到音乐塑造情景的魅力。

（8）师：请同学们配合老师一起来演绎，老师扮演无情的渔夫，你们来扮演小鳟鱼。

（9）小鳟鱼痛苦地挣扎着被钓出水面后，乐曲的情绪变得非常忧伤。

师：其中"我"作为旁观者的激愤、叹息，但更多的是对小鳟鱼遭遇的同情。大提琴的演绎是这样凄凉。乐曲到这里已经告一段落了，如果你是作曲家的话，你会给小鳟鱼设计怎样的结局？我们一起来说一说。

设计意图：在乐曲学习的末段给予学生思考的空间，学生遨游在音乐的故事世界里，给予最后美满结尾的预设。

（10）接下来请同学们结合右图，完整地聆听和表演乐曲。

结语：同学们，即使现在正在遭遇不幸，但它总会过去，明天始终是值得期待的。

（三）课例思考

音乐学科是一门以音符为线索的综合性课程。音符的载体在教材中的表现有所不同，而器乐欣赏是音乐学习的基础，也是小学音乐阶段的重中之重。本课的教学设计，基于儿童的学习机制，体现了以下几方面的优点：

1. 化繁为简——图谱思维精准定位乐曲

乐曲《月光下的凤尾竹》是一支音乐篇幅冗长的乐曲，根据音乐特点采用旋律线、点状图等音乐图谱加以贯穿，主题A与同学们一起发现音乐的走向及特点，将其以图谱表现深入思维，这样的设置大大降低了主题B进入学习的难度，激发学生自主学习的能动性。

2. 化难为易——故事带入深层挖掘乐曲

乐曲《鳟鱼》是一个变奏曲式。如果直接灌输表面上的概念知识，并不能使学生真正了解变奏曲式的特点。通过"认识提琴家族"准确听辨主题主奏乐器的音色，作为本节器乐欣赏课开展的基础，激发学生兴趣，在精准把握主题A，之后在第一个变奏主题A1学习之后，再进行概念的界定。学生无形中学会在变奏中捕捉到主题旋律，感受不同节奏、旋律所塑造的不同的音乐形象、与其相符的音乐故事，积累了音乐知识。

3. 化虚为实——实践体验反馈升华乐曲

在器乐欣赏的背景下，纯器乐的音乐组成难免会让学生有距离感，很多知识在初步学习阶段是难以深入的。本次教学以作品为媒介，巧妙地运用图谱思维、故事带入、角色扮演等方式，为学生了解乐曲的结构学习做好预设。

在学习的中后段可以设置开放性的问题，根据学生的反馈再一步升华，传递乐曲中的情感，培养学生健康积极的生活态度。

第五节 儿童对抗技能的学习机制

一、对抗技能

对抗技能是指在运动竞争过程中进行高强度的身体力量、意识、技术的抗衡以取得局部或整体优势行为的能力，是体育关键能力的重要组成部分，它对运动技能的形成和提高，学生体质的改善与促进具有重要作用。《义务教育体育与健康课程标准（2011年版）》（在本节中简称"新课标"）指出："体育与健康课程具有培养学生掌握必要的体育与健康知识、技能和方法，培养学生安全从事运动的能力。"新课标将掌握运动技能列为重点学习目标，而学生对抗技能的高低与学生的运动技能水平、对抗与竞争的意识有着直接的关联。

二、儿童对抗技能的基本特征

（一）体能基础，彰显技术水平

儿童的对抗技能在体育运动项目中能够体现出竞技水平，在竞技体育活动中对抗技能的水平直接决定了竞赛结果的发展趋势。儿童对抗技能在竞技活动中是以体能为基础要素，建立在技术水平层次上的体育素养。

（二）趣味模式，释放儿童天性

活动内容和形式的建构是否具有趣味性，是激发儿童在对抗性练习中素养得到有效提升的关键因素。儿童对于对抗性练习具有非常强烈的需求，但是成人化的对抗项目不仅使得儿童在练习中受到复杂因素的困扰，而且会在很大程度上降低其练习的兴趣。儿童运动天性的释放，很多情况下受运动项目趣味性的高低所制约，高趣味性、安全的对抗练习对于儿童的参与度有较大的影响。

（三）正确意识，树立积极态度

对抗技能在意识层面所表现出的现象是儿童通过对抗性运动，以建立在技战术层面和对胜利结果追求的心态上的展示。儿童的价值追求通过对抗意识的驱动，采用合理的、规范的方法，以及团结协作、乐于奉献的精神，争取获得理想的成绩。其过程因有正确意识作为向导，从而建立了积极的价值观。

三、儿童对抗技能的学习机制

（一）儿童对抗技能的呈现及学习特点

儿童对抗技能是其综合体育素养的具体体现，在运动练习时通过个体或团体的力量对抗、战术较量及意志力的抗衡，取得过程性或终结性的优势。儿童在对抗技能形成的过程中，以兴趣为出发点，不断提升其在学习过程中的乐趣，从自身的不断提升感悟到对抗能力的实际意义，从而加大专项性学习，在积累经验和深刻的感悟中得到对抗技能的提升。

（二）儿童对抗技能的学习方式

1. 开展有效练习，提升技术能力

加强学生肌肉力量及身体各部位协调性练习，改善动作僵硬、不协调等能力，在教学中以技术较复杂、难度较大的运动项目或在运动量、强度加大的情况下以合理的技术进行对抗练习。

2. 勇敢直面对抗，培养坚强意志

对抗有可能造成受伤，当学生的综合体能素质不高，对运动技术掌握不太熟练，身体各机能不能满足运动负荷的要求时，就会对对抗性练习项目产生抑制性的刺激，在生理上产生不适感、恐惧感。身体对抗练习是一项斗智斗勇的教学项目，学生要具有顽强果断、坚忍不拔的精神，在实战教学中不怕输、不怕伤，对身体对抗建立信心，从而产生积极面对的心理状态。

3. 合理安排内容，促进儿童个性发展

练习中把握好课堂的"松"和"紧"。新课标指导教师要注重学生学习的自主性，开展合作与探究性学习，打造"松"的课堂教学氛围。在对抗练习过程中，把握好"松"与"紧"的度，在轻松愉快的学习氛围中，重视对抗练习，教学"紧"起来，才会有较好的练习效果和安全的学习环境。

（三）儿童对抗技能的学习过程

1. 趣味向导，创设情境

儿童对抗技能的形成是在体育运动体验学习过程中，在专项内容学习和训练的过程中得以提升的。丰富的教材内容是激发学生学习兴趣的重要信息源。为了满足学生获取更多新知识的需求，我们在教学中要把适合本阶段学生学习的体育知识传授给学生，让他们在练习的过程中体会到乐趣，感受到成功。此外，体育场地与器材的布置对体育教学环境有着重要的影响，它关系到教师与学生的生理与心理发展变化。根据教学的内容及学生的身心发展特点，将场地与器材的布置与学习内容相融合，能够帮助学生克服恐惧、抵触等心理障碍，学生在参与对抗性练习时，就会更加积极主动，练习效果也会有所提高。

2. 同伴合作，个性需求

创造良好的合作氛围，让学生练习的时间与空间得到更有效的利用，鼓励学生在失败的时候找出问题并在老师和同学的指导帮助下得以解决，这不仅能提高学生的学习能力，也能使学生轻松自如地掌握好动作技能技巧。心理学研究表明，个性与竞争能力是紧密地联系在一起的。发展学生的个性，应从其本身的需要、兴趣出发，让他们不但有广阔的知识背景，更有几种"特殊"的才能和本领。个性突出的学生，其面对问题的时候往往充满无穷的力量，我们要鼓励学生用自己的眼睛看世界，要让学生明白自己在做了努力之后，能扮演一个直面困难与竞争的角色，提升体育道德水平的同时，也要学会宽容谅解，在合作中取长补短、提升自己。

3. 素养提升，技能拓展

随着对抗能力的提升，儿童在相关的学习生活中会将其转化为自动化能力，对于不同的环境和练习内容能够从容面对并合理运用对抗技巧，把参与的运动作为提升的途径，不断改善思路，运用更加科学的对抗方法解决问题。对抗技能的提升也是儿童体育素养不断完善的一个过程，他们将掌握健康知识和培养健康行为作为学习手段，围绕自身的体质状况主动并有意识地参与体育行为，实现自我的全面发展。

四、儿童对抗技能的实践案例

《金鸡独立》教学设计与思考

执教：吴知伟

（一）教材分析

"金鸡独立"作为中国传统体育项目，深受儿童欢迎。在教学中，中低年段学生只要见到"金鸡独立"游戏，就会格外兴奋，就算是女生也会积极参加，不会胆怯。这与高年段学生的态度形成了明显的反差，许多学生不太乐于参与其中，尤其是女生更是直接打起了退堂鼓。面对此种现象，我对如何提升儿童积极参与对抗性项目"金鸡独立"，采取怎样的策略才能让学生有效提升自身的对抗技能，开展了一系列的教学探究。

小学学段的学生，对于游戏比赛方式的学习是感兴趣的。所以，我将"金鸡独立"项目加入竞赛元素，让学生提升团队意识、合作能力及拼搏的精神！我在班级教学中开展了"斗鸡"冠军杯比赛。

新课标要求课堂要充满活力，以学生为主体，提倡个性发展，发扬协作精神，在挖掘体育课程资源的过程中，要站在儿童的角度并发现儿童的需求。本案例采用比赛情境，将晋级对抗引入课堂，开展"金鸡独立"项目教学。教学中运用比赛手段、游戏形式，以及自主、合作的学习方式，以兴趣为抓手，提升学生的参与度，发挥教师的主导作用，让学生从被动学习转为主动参与，将课程资源价值最大化实现，运用多种手段将学生不太积极参与的"金鸡独立"内容变得生动、有趣，让学生快乐学习、学有所获。

（二）教学过程

1.开始部分：情境创设，趣味引导

本课，我以"斗鸡"冠军杯为背景，开展晋级比赛形式的教学。

（1）课堂常规

师：同学们，我们要举行一场冠军杯比赛，获胜的团队将有希望举起冠军奖杯，你们有信心冲击冠军吗？

生：有！

师：但是，想要得到这个冠军奖杯可不是一件简单的事情，需要我们各小队团结协作，经过层层对决才有机会夺冠。"斗鸡"项目是有战术技巧的，我们将在本课一起学习，大家一起加油!

设计意图：设立这样的一个目标，是为了引出学习"斗鸡"技战术在活动中的重要性。学生以比赛的形式开展学习，以团队的方式参与比赛，不了解技战术在竞赛中的意义难以取胜。通过这样的背景让学生提升学习兴趣，专注于技能提升。

（2）组队快速跑

这个环节是让同学们能够快速反应，迅速找到自己的合作团队。在跑动的过程中老师会让大家按照规定的人数站到小垫子上，根据老师的信号，大家要马上找到最近的小岛（小垫子），一个小垫子只能站一组同学，位置先到先得。

学生在老师的带领下，沿着规定路线跑。学生在跑动中要集中注意力，时刻关注老师给出的信号，并且观察"小岛"上有没有其他同学。从同学们的面部表情我能够感受到大家对于接下来的游戏充满期待。

师：刚才通过努力，大家已经组建好了自己的战队，有没有信心在后边的比赛中取得胜利?

生：有!

设计意图：利用情境和组队的规则调动学生的参与度，激发学生兴趣，组队的环节具有灵活性，不会出现水平差距太大的情形，以游戏的方式取代平时枯燥的慢跑。根据五年级学生的身心发展特点及学校现有的场地器材资源，我合理地规划活动区域和器材布置，学生在跑动中用绕、跨和跳等方法进行运动，活跃了课堂氛围，拉近了同学之间，以及同学和老师之间的距离。

2. 基本部分：实践探索，技能提升

（1）引导——金鸡独立

师：大家看过金鸡独立的画面吗?

生：看过。（开始模仿）

师：那么老师现在考考大家，每个人都做一个金鸡独立的动作，我看谁的动作和这个成语更贴切，重要的是谁的动作更加稳定。老师说"开始"大家就一起做动作，老师说"停"便开始检查谁的单脚支撑能够很稳定，大家准备好了吗?

生：准备好了。

学生在这一过程中非常投入，能够积极参与活动，做好动作之后也在努力保持身体的稳定，力求坚持到老师喊"停"。在这一过程中学生还相互观察，监督身边的同伴是否保持住了单脚站立的动作，开展了三次以后同学们都还意犹未尽。

师：看来同学们的模仿能力和身体稳定性还不错。现在我告诉大家一个既能"金鸡独立"，又能保持身体稳定的方法，请大家注意观察老师的动作：重心降低，双手抱脚踝，膝关节要有弹性，和自己的比一比有什么区别，重要的是要利用手来协助身体保持稳定。大家再一起练一练吧，小组同学之间要相互指导把动作做规范。

设计意图：在"金鸡独立"模仿中，身体的稳定性很关键，没有了稳定性就等于主动失败。所以利用规则让学生既学得像也要把关键技术要点掌握好，在动作实践中学生的稳定性得到了锻炼，也提升了身体协调能力。

（2）探索——金鸡相啄

师：学会了如何做"金鸡独立"，大家还记得我们之前练习过的双人对战"斗鸡"吗？

生：记得！

师：相信同学们会将我们刚刚所学的本领运用到"斗鸡"比赛中。我再强调一下规则：双手不能松开脚踝（松开便算挑战失败），不能跑到规定区域之外，尊重对手，相互学习。各小组迅速找到自己的位置，听哨音开展练习。

设计意图：本环节合理规划场地将学生分成若干小组，引导学生分组单人对抗，在合作探究中共同提升对抗技能。在对抗的过程中设立一个小小的技能加强环节，将"单脚跳"融入进去，如单脚轮换跳、下蹲跳等。在完成对抗练习的同时，还能锻炼学生的耐力、跳跃能力等，增强了学生的预判和观察能力。

（3）感悟——团队协作

师：同学们，一对一的"斗鸡"大家刚刚体验过了，接下来的练习就更有挑战性了。我们各组分为"红、蓝"两队，开展多人"斗鸡"对抗，大家除了要学会自己如何取胜，还要考虑到团队的成绩。

生：太好了，这个有意思！

师：活动之前老师要提出规则，在小组对抗中，全队队员都要同时参加，不能有掉队的。小队长要安排好队员们的位置，注意每个人的特点，安排好任务，在规定时间内比一比哪个小队剩下的队员多。

设计意图：在多人对抗练习中，团队配合是非常关键的。不讲究集体战术，就失去了团队对抗的意义。本课在特定环境和规则的条件下，利用游戏，使学生明确自己在集体中的位置，培养了学生的协作意识，同时增强了学生团体对抗的技术能力。

（4）创新——勇夺奖杯

师：多人对抗的形式大家都体验过了，经过自己的努力，还有老师及同学们的帮助，老师发现各小组都有很大的进步。明白了团体对抗的基本要领，接下来老师就要带着你们进行终极挑战——"斗鸡"冠军杯赛。我们通过随机分组、对抗晋级最后争取冠军奖杯，大家想参加吗？

生：想，我们要成为冠军！

师：现在我们就开始随机分组，然后各自准备。对抗规则老师之前已经强调过了，比赛马上开始！

最后夺冠捧杯的小组受到大家的赞扬，对于其他的团队我也是经过考虑的。给每一个团队一张激励性贺卡，上边是对他们学习过程的评价，以及对他们今后的期望，如齐心合力、锲而不舍、集思广益、携手迈进、珠联璧合……

设计意图：教育指向学生德、智、体、美、劳综合素养的发展，以学生的发展为中心，重视学生的学习需求和情感体验，让学生在运动中有所收获。我们在教学中应多留意一些细节，将思想教育融入学生的心灵，使学生在轻松、愉快的氛围中学习，得到锻炼并受到教育。

3.结束部分：陶冶情操，素养内化

（1）身心放松

师：高强度的练习之后，我们的身体需要调整。现在，跟着老师一起来做放松运动！

在轻柔的音乐背景下，同学们和老师一起放松、拉伸，缓解疲惫状态。

（2）课堂总结

师：这节课我们学习了"金鸡独立"，你能说出关键的技术要领吗？以后再玩，你还能运用这些技术吗？

生回答：能！重心降低、双手抱脚踝、膝关节要有弹性、团结合作、观察环境……

师：很好，以上几点是"金鸡独立"最基本的要领，看来大家都记住了！

最后，学生进行自我评价及相互评价，然后由教师进行总结评价，表扬鼓励学生，并根据课堂教学情况对学生提出希望。

设计意图：在最后总结的时候，引导学生回忆学习要领，为以后的"金鸡独立"对抗练习做好准备。

（三）课例思考

1. 创设情境，趣味引导，转变学生的学习方式

本课的情境创设富有开放性，有趣的内容设计深深地吸引了学生，为学生打造了自主、合作、探究的良好学习氛围。教师围绕"金鸡独立"这一主题进行教学，在教学过程中充分运用游戏比赛的形式，让学生自主学习，合作练习，相互讨论，充分挖掘学生的学习潜能，合理地开发课程资源，有效调动了学生的学习积极性，让学生的主体地位体现在课堂教学的各个环节。

2. 创新模式，合作探究，提升学生的学习效果

游戏教学手段在小学体育课堂教学中的运用非常普遍，能让学生在轻松愉快的环境中学习，是有效提升学习效率和积极引导学生参与练习的学习形式，深受学生喜爱。所以本课的学习充满趣味性、多样性和实效性，将传统体育项目引进课堂，结合学生的学习需求进行创新和改编，极大地调动了学生的参与度，满足了学生对于知识和技能的追求，促进了学生素质的全面发展。本课教学竞赛是以个人或团队为主体来进行的，从而丰富了课堂教学内容和形式，还能够调动学生体育学习的注意力，培养良好的团队协作意识。

3. 活跃思维，良性竞争，检验学生的技能习得

在教学中，努力激发学生思维，培养学生创新意识和合作品质，如在多人"斗鸡"对抗时，扩大竞技范围，由于不知道对方的具体进攻方向，使学生的注意力高度集中，尽情享受游戏。在对抗的过程中，小组合作讨论如何确定方向、选择对象，面对对手时能共同完成，通过有效协作取得胜利，这不仅提高了学生的学习兴趣，还增进了同学之间的团结合作，取得了较好的教学效果。将传统项目"斗鸡"引入课堂，在教师的引导下，学生在练习中进行自主探索，与同伴交流，玩出更多的、更有锻炼价值的游戏，培养了创新精神。

4. 锻炼身心，技能拓展，增强学生的运用能力

学生在整个"金鸡独立"运动过程中，为应对挑战加强了运动注意力的培养，运动起来更投入，运动的时间更长，运动的强度更大，学生在不知不觉中发展了心肺功能。为了促进学生素质和技能的提高，每次小比赛中融入"课课练"，内容可以是速度、力量、耐力、灵敏度和柔韧性等方面的练习，如俯卧撑5个、高抬腿20个、蛙跳10个……这些练习放在平时学生是不情愿好好完成的，而在比赛的任务中，学生完全没有对这些内容产生不耐烦的情绪，按照要求认真完成。在对抗过程中以往出现的心理反应，如落败时的焦虑、合作时与同伴的分歧和争吵等，本次活动由于有了目标引领，学生的心理素质得到了锻炼和发展。

5. 品格渗透，关注差异，促进学生共同成长

在教学中，我一再强调"一个也不能少"，要求每组必须全部参与才算胜利，这就要求全员一起行动，身体素质好的学生帮助、鼓励体质差的学生，使学生认识到：竞争是重点，合作是关键。通过练习，培养学生关心他人、互相帮助、团结合作的优良品质，提高学生的社会适应能力，这也是新课标的基本理念。在体育教学中贯彻德育教育，不仅是学校体育改革的需要，也是体育教育观念更新的需要。

第八章

基于儿童学习机制的
学习方法研究
——以数学学业求助为例

　　不同类型的知识学习有不同的方式方法。学业求助是一种个性化、积极主动的交往式学习方法，主要指学生在学习中遇到困难向他人请求帮助的心理活动和行为活动。研究儿童学业求助的机制，有利于帮助儿童更好地"在他人的鼓励和引导下，体验克服困难、解决问题的过程"［《义务教育数学课程标准》（2011年版）］，从而完善个体的知识建构。

　　数学学科的抽象性、逻辑性、广泛性和特殊性对学生空间数量的建构、抽象思维的表述，以及理解和解决问题的策略有较高要求，因此，儿童的数学学业求助带有明显的学科特质。本章以儿童数学学业求助为例，解析儿童数学学业求助的心理机制、活动机制、教学机制等，为培养儿童掌握有效的学习方法提供一条实践路径。

第一节　学业求助

一、问题的提出

任何学习者，无论其能力高低、成绩优劣，在学习的过程中都会遇到自己无法克服的困难。在小学低年级，知识难度较小，数学学习中的困难往往体现在对文字理解方面、学习时的主客观环境影响，呈现"伪困难"现象。但到了高年级，随着知识应用的综合系数增加，解题难度越来越大，学生在学习上的问题如果不及时解决，就会像滚雪球一样越滚越大，越来越多！对学校五年级9个班的学生进行相关问卷调查表明：在463份有效作答中，有81%的学生觉得在数学学习中遇到过困难，有9.5%的学生明确表示不喜欢数学，而不喜欢的原因绝大多数是觉得数学太难！

很明显，随着年级升高，学生的数学学习出现的困难也越多。面对困难，是消极等待，还是干脆放弃？是盲目坚持，还是适时地寻求帮助？在寻求帮助时，是希望他人完全替自己解决，还是借助他人的力量以达到自己解决问题的目的？让我们来看这样一组数据：

关于"在数学学习中遇到困难怎么办？"问题的统计见表8–1：

表8–1　"在数学学习中遇到困难怎么办？"问题统计

求助他人（老师、家长、同学、网络等）	314人	66.2%
仔细审题，尝试用不同方法再算	136人	29.1%
不能克服，消极对待	4人	0.84%
其他	18人	3.86%

从统计结果看，貌似没有什么问题：大多数学生遇到困难时都会采取合适的求助方式来解决学习困难，一部分学生能够不断尝试，独立思考，坚持用自己的力量来解决问题也很值得称赞，少部分出现的消极对待也在正常范围内。但有一点不能不引起我们深思：这么多学生的求助真正得到帮助了吗？坚持自己解决的学生坚持出正确的结果了吗？

二、"求助"的现状

不懂就问、不耻下问是我国传统的优良学风，然而我们只停留在把"能够向他人求助"当作一种"好学的可贵品质"加以称赞、倡导，实际上"如何向他人求助"才是"有效的求助"，才有利于学习者的学习与发展，这个问题并没有引起重视。下面是我们最为平常的教学场景再现：

画面一：向老师"求助"——你还有什么问题吗？

课前的精心备课，课上的有效引导、调控，间或会有学生就本课内容进行适时的质疑，教师顺势加以引导、解惑……新授环节圆满结束。

教师小结："今天我们学习了……关于今天所学你还有什么问题吗？"一贯的沉默显示高年级数学课堂的"沉稳"，偶尔会有一两个思维敏捷的学优生很"给面子"地提出问题以示本课重点。

下课后，有个别学生到老师处求助。喧闹的课间，老师讲不了几句，下一节课的铃声响起。老师："听懂了吗？没听懂的话下课后到我办公室或是问问其他同学！"一场课间求助就这样草草收场。

显然，课堂上向教师提问"求助"并非学困生的福利，能在课堂上发现问题及时质疑的学生思维是跟着课堂、跟得上老师的。而那些真正学习上有困难的学生有没有能够提出问题？甚至有没有能够发现自己学习中存在的问题？规范的课程设置及学生在校时间的严格控制也不允许这些学生在课余有大量的时间来向老师求助！又有多少学生会利用电话、网络等工具向老师求助？看来，向老师求助似乎无力了一些！

画面二：向家长"求助"——你上课有没有认真听老师讲？

小豪同学的家庭作业出错率很高，每天订正总是会耗费他大量的时间。每每看到他在错题中挣扎时，老师总是禁不住问："你家长就不能辅导辅导你吗？"

"他和爷爷奶奶住，他爷爷奶奶不识字！"同桌的小唐插嘴。"那你呢，你爸爸是老师，为什么也错这么多？"老师转而问她。"我才不问，我一问，爸爸就说我上课没有认真听老师讲课，唠叨死了！"

我校处于城乡接合部，在全校五年级474份有效问卷中，选择"向家长求助"的有75人，仅占全年级的15.8%。在与家长交流时不少家长也吐槽：低年级时还能对孩子的作业把把关，到了高年级，很多孩子作业不给家长看，不愿意和家长交流。也有家长反映很多题目自己都不会做，有些就算是能算出来但也不知道怎么讲给孩子听。上述的片段是真实的，虽然各家的情况不一样，但反映的问题普遍存在：从小学高年级起家长能给孩子在数学学习上进行辅导的力量太薄弱！

画面三：向同伴"求助"——把你这题给我看看！

第一节课下课，照例是收作业的时候，学生们显得异常繁忙：组长忙着收作业，跑前跑后，一部分学生忙着向周围同学"求助"：哎，这一题，把你这题给我看看！得到"帮助"后，立即拿起笔来抄之交之。甚至有的"互助小组"学优生主动将作业摊开在同桌面前，督促其快抄，目的是为了让其能够"完成"作业！

相对于向老师、家长求助，向同伴求助的"门槛"会低很多，不需要拿出向老师开口的勇气，同学也不会像家长一样责备自己，更重要的是方便、快捷！但这样的求助没有起到有效解决学习困难的效果，只是将一个个问题掩盖，产生的负面效应较前两种求助更为可怕。

我们不否认这其中有真正有效的求助行为发生，上述三种学生选择的主流"求助"方式中所反映出的"伪求助"现象却是在当下的教育教学中普遍存在的。以我校五年级全体学生为例，66.2%的学生在数学学习中遇到困难选择向他人求助，如果求助的方式不恰当、方法不正确，不仅助长了学生学习上的依赖性和懒惰性，更容易使学生在学习上陷入"习得性无助"的困境，最终可能丧失对学习的兴趣，严重影响学生的发展。

三、学业求助综述

（一）国外同一研究领域现状

在国外，20世纪70年代以前，崇尚独立、自强的西方一直认为学业求助是一种依赖性行为，应尽量避免。从20世纪80年代开始，人们越来越认识到学业求助的重要性和复杂性，学业求助作为一种重要的自我调控学习策略成为西方教育学和心理学研究的重要课题。人们研究发现：学业求助中求助者的特征、所求助的问题特征和帮助者的特征等方面都会影响学业求助行为。于是对学业求助的态度、学业求助行为分类和影响学业求助的求助者因素等方面的研究颇为深入：

1. 关于学业求助的行为分类

最有代表性的是奈尔森·黎高（Nelson-Le Gall，1985）根据求助者的目的，将学业求助划分为工具性求助和执行性求助两大类。执行性求助也称非适应性求助，是指学习者面临自己不能解决的学习困难时请求他人替自己解决。工具性求助也称适应性求助，是指学习者遇到学习困难时，借助他人的力量解决问题；Bulter（1998）根据求助行为特点将学生划分为自主型、实施型和回避——作弊型三大类；Arbreton（1998）又将求助行为分为工具性求助、执行性求助和回避性求助，并将工具性求助视为一种深层的学习策略。

2. 关于影响学业求助的因素分析

很多研究认为目标定向与学业求助的关系密切。Bulter和Newman就任务中心目标和自我成就目标对学生的求助行为和求助态度进行研究，发现在任务卷入条件下，儿童比较愿意求助，对不求助的解释是为了独立掌握。Dweck、Ryan和Pintrich（1997）将目标取向分为任务的、相对能力的和外部的三种，发现目标和认知能力知觉对避免求助的影响，部分是以求助态度为中介的。Ames认为：强调理解的和掌握的课堂目标会促进学生更多的工具性求助，而强调比较和竞争的课堂，学生的求助类型可能比较多样化；Newman强调了分工合作的小组学习能促进学生的求助行为。

3. 关于学业求助过程的研究

奈尔森·黎高认为学业求助包括如下几个阶段：①意识到求助的需要；②决定求助；③识别和选择潜在的帮助者；④取得帮助；⑤评价反应。Newman经过进一步研究认为，学生在面对问题时会经历以下阶段：第一，自我能力的判断；第二，考虑是否应该继续；第三，考虑如何继续；第四，考虑向谁求助，以及问什么问题；第五，发问求助；第六，处理所获得的帮助。

上述研究更多地集中在学业求助的内涵、类型及影响因素的分析，研究的方法多为调查、实验分析、理论研究，对学业求助"是什么""为什么"提供了非常详细的学习材料。

（二）国内同一研究领域现状

勤学好问、不耻下问是我国自古以来一直提倡的一种学习方法和学习态度，但没有进行过深入的研究。进入20世纪90年代，学业求助也引起了我国学者的关注和重视，围绕学业求助展开了多方面的探讨，大量的研究揭示出了其中的一些现象和规律：我国学者李晓东（1999）将求助行为分为工具性求助、执行性求助和回避性求助三类。有些学者对于影响学业求助的因素（态度、成就目标、自尊心和自我效能等）进行了总结，更多的学者在国外理论研究与实验分析的结果上对学业求助研究的现状进行了梳理，并提出了相应的教育策略：

1. 对学业求助研究现状的梳理

大连工业大学思想政治理论课教学科研部的梁瑛楠等在《学业求助行为研究述评》（《中国科技信息》2010/2）中梳理了影响学业求助的要素，即成就目标，自尊心或能力知觉、自我效能，学业求助态度，性别和学业成绩这五要素。浙江交通职业技术学院的陈艳在《关于学生学业求助的探讨》（《河南职业技术师范学院学报》2006/3）一文中罗列了导致学生不愿求助的心态：向他人承认能力不足、伤害自尊心、会招致他人嘲笑、不愿给他人增加麻烦及缺乏求助经验和技巧等。武汉华中师范大学教科院心理学系王水珍在《论学业求助及其培养》（《上海教育科研》2003/1）中总结了回避求助的原因，即掩饰无能、独立掌握、无须帮助。山西师范大学教师教育学院冯喜珍等在《我国学业求助研究的现状与展望》（《教学与管理》2012/11）中提出以下观点：①学业求助研究发展迅速，研究领域广泛，成果丰富；②学业求助影响因素的研究成果丰富，培养干预探讨不足；③初中阶段研究成果突出，其他年龄阶段及对特殊群体的研究有待发展；④研究方法多样化，定性研究、纵向研究有待加强。

2. 对学业求助的培养

哈尔滨师范大学教育科学与技术学院的于清亮在《学业求助及其教师调控》（《教育探索》2006/3）一文中提出教师要从纠正学生对学业求助的错误认识；调整学生的学习动机，合理使用学业求助策略；以及建立良好的师生关系和创设支持性的班级气氛这三个方面进行教师调控。西北师范大学教育学院的王平在《激发学生学业求助的有效策略探析》（《教学与管理》2005/7）一文中总结出调动积极情绪，如优化学习动机、增强自我效能感；营造安全课堂气氛；构建良好人际关系；强化元认知这四个策略来激发学生的学业求助。孔伟（曲阜师范大学教育科学学院）在《学业求助的影响因素及教育策略探析》（《现代教育科学》2008/5）一文中从调整学生的成就目标，注重知识的掌握，以及构建和谐师生关系，营造求助的氛围这两方面来激发学业求助。王水珍在上述基础上强调要改变什么是独立、什么叫依赖，求助不等于无能等错误认识。甘肃联合大学文学院的马有在《学业求助及其策略》（《内蒙古师范大学学报》2009/1）一文中从学业求助的过程进行学业求助策略的培养，包括六个环节：端正求助态度，慎选求助对象（求助自己、求助老师、求助同伴、求助网络），把准求助时机，确定求助方式，选择求助环境和掌握求助技巧。

从文献研究中不难看出，无论是国内还是国外，对于学业求助的研究是处于形而上的层面，从实验分析到理论归纳。而国内学者的研究也是良莠不齐，重复的较多，创新的较少。对特定群体特定学科的如"小学生的数学学业求助研究"基本没有。

四、学业求助的内涵及价值

（一）学业求助的内涵

求助是人类极为普遍的行为，人们个人之间、集体之间甚至国家之间都不断进行着相互的求助。当一个人、一个家庭、一个群体、一个地区甚至一个国家遇到自己难以解决的问题和困难时，都会通过某一种或者某几种方式发出求助信息。有时求助信息发出之后，发出求助信息的一方可以得到及时有效的帮助、救助，有时却只能得到很少的帮助甚至得不到任何帮助。

学业求助是求助的一种类型，指学习者在学业上遇到困难时向他人请求帮助的行为。具体来说是在学校情境中（不包括考试），以口头发问为主要表现形式、以老师或同学为求助对象的针对学习的求助行为。学生的求助行为不仅能够体现学生的思维状态、问题指向、表述能力，还能反映出学生对学习的自我效能感和主观能动性。包括对学习环境、学习目标、求助对象的设定等多方面认知。

数学学业求助的方式方法指学生在数学学习中遇到困难采取解决问题的方法和形式，研究范畴仅限于积极性求助，指向性更集中，操作上更明确，使用时更具体。具体包括在什么情况下求助、向谁求助、求助时是如何表述的、求助的效果如何等问题。

学业求助实际上是一种交往学习，是指学习者以他人为对象并以与他人的对话和互动为主要形式的学习类型，是在师生、生生、亲子互动交往的基础上进行的学习活动。"交往学习"是一种既不同于以间接经验为对象的"知识学习"，也有别于以实物为对象的"操作学习"的独立学习类型，它对学生的身心发展具有重要的意义和作用。

（二）学业求助的意义

更多的研究表明：学生因在学习过程中遇到自己无法克服的困难而向他人请求帮助的行为，是一种适应性、发展性的学习策略。其价值主要体现在以下几个方面：

1. 照亮个体特有的学习盲区

小学生学习数学是根据自身经验和知识经历学习过程，用个性化的方法探索数学知识，教师的讲授虽然相同，但学生思考后的"再创造"不尽相同。学业求助能够让学生根据自己的需要，有针对性地进行自我补充与完善，个性化地填补了统一教学中不能因材施教的盲区，使每一个孩子都有学好数学的可能与信心！

2. 培养终身受用的自查能力

求助是通过求助者主动询问来质疑解惑，需要求助者对自身学习水平和状况有客观、公正的认识与评价，然后寻找自身的不足进行求助，在求助的过程中逐渐掌握使自己更独立的技巧与策略。这是一个自我学习意识不断增强的过程，这个过程的不断跟进，最终使学生成长为一个自控、自查、自思的学习者。

3. 寻求不可或缺的生存策略

面对学习中遇到的困难，学生能否有效地寻求帮助从而解决困难，这是学生学习生涯中不可或缺的一种学习策略。从社会学角度来看，良好的求助行为和习惯能有效寻求到帮助，这不仅仅可以运用在学习中，在社会的方方面面都是适用的。因此，关注学生学业求助的培养，同时也是为学生寻求一种重要的

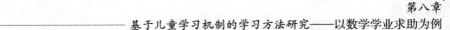

生存策略。

4. 培养健全人格的现实路径

当学生具有一定的自我调控能力，学习就成为一种主动的个体行为，个体产生强烈的求知欲望，真正使"要我学"变为"我要学"。每一次的求助成功，都是对求助的肯定与强化：求助双方体验到成功的快乐，学习是主动的，帮助是平等的，氛围是和谐的，身心是愉悦的。这是个体学习机制和人格都不断健全的过程。

研究儿童数学学业求助，完善小学生学业求助机制，能够了解学生的学习状况与心理、困难解决与现状、学习动机与目的，帮助学生改进学习方式，建立多元学习平台，提高教学效果。

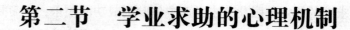

第二节　学业求助的心理机制

　　小学生数学学业求助是指小学生在数学学习活动中遇到困难寻求帮助的心理活动和行为活动。表现为学习者主动意识到存在一些难以解决的、疑惑的学习问题，产生一种困惑、焦虑、探究、交往的心理状态，这种心理又驱使个体积极、主动地寻求他助或自助，从而解决学习中遇到的困难的活动过程。

　　我们在调研中发现小学生数学学业求助主要原因为遇到不会做的题目；求助方式具有盲从性和随意性，形式多样但主要是求助他人。求助意识不正确、求助方法不科学、求助习惯没养成是影响求助效果的主要原因。要想真正提升小学生学业求助的实效性，就必须结合数学学科的本质，分析数学学业求助发生的心理机制。

　　1. 我能继续吗——让困难的情境点燃儿童思维的深刻性

　　小学数学学习中遇到的困难绝大多数是浅层次的。学生如果再想一想，或者认真审审题，很有可能自己解决。因此，要引导学生在面对困难时既不轻言放弃，也不要轻易向别人求助。相信自己能解决，以触发思维的深刻性。

　　2. 我需要什么——让智慧的选择滋养儿童思维的严密性

　　如果"跳一跳"，仍然"够不着"，引导学生不要自卑，相信任何人都会遇到自己不能解决的问题，此时需要选择合适的方式向能够提供帮助的人展开有效求助。选择求助方式和求助对象这一过程反映出思维的严密性。

　　3. 我如何表述——让有效的交流编织儿童思维的逻辑性

　　在求助过程中，将自己遇到的困难准确地进行问题表述是求助是否有效的关键。目标明确、问题清晰的求助表述既展现出儿童思维的逻辑性，又可以使问题在最有效的情境中展开，求助双方都能体验到助人与被助的成就感。

4. 我怎么配合——让及时的参与触发儿童思维的敏捷性

求助过程是一个双方思维互动的过程，问题如同传球，在思维的控制中敏捷地来往于求助双方。因此，求助者注意力要高度集中，及时地参与问题的解决过程，主动地对问题进行过程性的理解、置疑或肯定，双方进行良好的互动。

5. 我会评价吗——让求助的经验助推儿童思维的判断性

求助后的评价有助于学生积累求助经验，这是反思性学习的一种。要引导学生及时处理自己所获得的帮助，反思求助每个环节的优劣，客观判断求助的效果，为下一次的求助提供有效的指引，助推学生思维判断性的形成。

求助虽然外显为一种行为，但实际上是一系列心理活动的结果：从学生意识到有求助的需要、决定求助，到识别和选择帮助者取得帮助，最终进行评价，每一个环节都体现出思维的火花。

第三节 学业求助的外部机制
——基于调查的角度

本研究以463名小学高年级学生为被试，采用问卷和访谈的形式对小学高年级学生数学学业求助现状进行测查，内容包括小学生数学学业求助的发生、发展和结果。

一、学业求助的发生——在什么情况下求助？

所谓"在什么情况下求助"是指学生在数学学习过程中遇到什么情景会产生求助需求，是指学业求助的发生机制。具体包括会遇到什么样的困难，会在什么时间、地点进行求助，求助时的心理如何。

1. 学生数学学习求助内容的调查分析

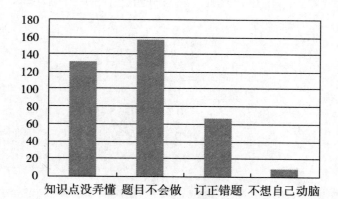

图8-1 学习求助内容统计图

从图8-1可知，"题目不会做"是学生数学学习求助的主要内容，另外几种类型最终也体现于此。可知，高年级学生在数学学习上的困难更集中地指向数学学习的本质问题。为了解求助的内容是否具备向他人求助的可能，我们进一步调查"什么题型不会做"（图8-2）、"题目不会做具体是什么情况"（图8-3）：

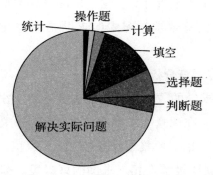

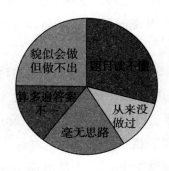

图8-2　高年级学生数学学习求助题型统计图　图8-3　"题目不会做"具体情况分布统计图

从图8-2可知，"解决实际问题"是大多数学生求助的主要类型，而"题目读不懂""貌似会但做不出""毫无思路"等都是题目不会做的主要原因（图8-3）。学生解决实际问题的能力在一定程度上反映其数学思维水平和数学学习能力，这固然与学生对于文字、语言方面的理解和应用有关，但更与学生对数学相关技能的灵活运用及数学知识的储备等有关。比如下题（图8-4）：

求图中阴影部分的面积（五年级下学期）。

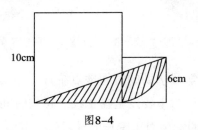

图8-4

此题是教学中学生求助较多的一道题。图形本身蕴含着大量的信息：两个大小不同的正方形巧妙地拼割成一个三角形，而三角形与阴影部分的面积却又牵扯到了圆的面积。学生的思维要从阴影部分面积—三角形面积—小正方形面积—四分之一圆面积一步一步地利用条件厘清关系，相关的数学技能如多种图形的面积计算则支撑着思维发展与突破，哪一步思维不清晰或是计算不正确都不可能得出最终结果。

所以说数学学习是一个环环相扣的思维发展过程，其求助不像语文、英语等学科自己查查书、看看资料就能得出正确答案，它更符合交往学习的发生机制，需要求助者通过与他人的对话与互动弄清题目的条件与问题，综合运用相关的公式、定理、法则，理清解题思路，正确进行计算。这一解题过程中某一个环节出现问题都不能得出正确答案，因此数学学习中的求助是一种交往学习。

2.学生数学学习求助集中的时间与地点调查分析

如图8-5所示，高年级学生对于数学求助的"时间"分布差距明显：68%的学生选择课间，20%的学生选择放学后，在课堂上求助的仅占12%。与求助"时间"相对应的求助"地点"（图8-6）也主要集中在学校72%、家里24%或上放学途中4%。上放学途中逐渐成为高年级学生相互求助的好时段。但在访谈中发现此类求助行为的发生与学生当时思考的内容、心理状态、周围环境密切相关。

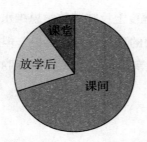 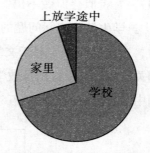

图8-5 高年级学生求助时间分布统计图　　图8-6 高年级学生求助地点分布统计图

从高年级学生数学学习求助的时间地点统计中，我们得出以下结论：

学生数学学习求助行为主要发生在学校。在校时间学生可以很方便地向老师、同学请教。同时说明学生对于家长的学习依赖变弱。

课间成为求助的主阵地。课堂很少有时间可以让学生自由求助。课间时间虽然很短，但上课的余味未散或是下节课的预习任务都会让高年级学生自主高效地利用这10分钟时间进行讨论求助。

高年级学生学习的主动意识增强。学习求助行为是学习者在具体学习活动中产生问题，自主萌发解决问题的需要而产生的一种主动行为。从学生选择的求助地点和时间来看，此时并没有成人（老师、家长）的督促，学生却能够主动意识到自己学习存在的问题，以求助进行学习，这说明高年级学生学习的主动性逐渐增强。

3.学生数学学习求助心理调查分析

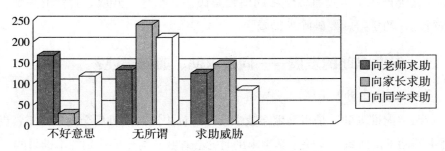

图8-7　学生求助时的心理状态统计图

如图8-7所示，学生在向他人求助时会产生较复杂的心理活动。除不好意思外，更多的心理状态来自求助威胁。求助威胁是指学生回避求助时心理产生的威胁感，它最早由Ryan&Pintrich（1997）等学者提出。在问卷中具体分为来自老师的求助威胁：怕老师，不太敢向老师求助；来自家长的求助威胁：怕家长责怪自己没学好；来自同学的威胁：怕同学嘲笑，认为自己笨。当然，这种威胁是心理的一种反应，可能是实际存在的，也可能是实际不存在而仅仅是学生自己想象中的威胁。从高年级学生数学学习求助的心理调查分析，我们可以得出以下结论：

面对不同求助对象产生的心理压力不一样。老师是学生最不好意思开口求助的对象，而且心理负担较重。其次是同学。能够向家长求助的学生心理"很放松、不顾忌"，但家长给予学生的求助威胁最大，高于来自教师和同学的求助威胁。这说明部分家长对于孩子的求助没有正确的认识，甚至不够理智。

求助威胁的强弱决定学生对求助方式的选择。相对于对老师"心理上产生畏惧感"和对家长"怕家长责怪自己没学好"这两种求助威胁，向同学求助威胁显得较弱一些，这是学生到高年级越来越愿意和同学进行互助的原因。

大多数学生在求助时的心理状态良好。从图8-7中我们可以看到，大多数学生在求助时心态很平和，没有产生过于极端的想法，有些心理上的压力也在可控范围内。

综上分析："在什么情况下求助"说明了学业求助的发生机制。求助与被求助主体之间的差异既是求助学习发生的条件，也是交往学习的资源。正是因为学生在数学学习中遇到困难（如不会做的题目），才促成其与他人（会做的人）对话、互动，以解决问题。但求助威胁不同程度地制约着学生的求助行为发生，这也证明了进行有效学习的前提是民主、平等、开放、合作的关系，要想进行真正的学习就要破除求助威胁。

二、学业求助的发展——向谁求助、如何表述？

（一）向谁求助？

所谓"向谁求助"是指学生在数学学习过程中遇到困难后会向谁寻求帮助。选择不同的求助对象，反映了学生求助时的心理状态与想要达到的求助目的。

1.学生数学学习求助方式呈多样性

如图8-8所示，学生求助方式呈多样性。虽然向老师、家长求助人数仍然占很大的比重，但其他方式的出现说明学生到了高年级对家长、老师的求助依赖变小，特别是向家长求助的人数已经没有请教同学的人数多了。

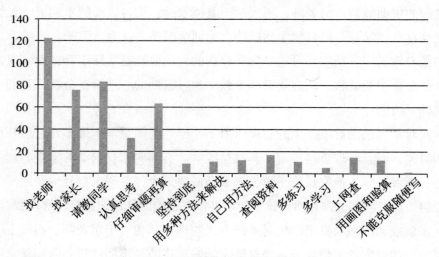

图8-8 学生数学学习求助方式统计图

2."求助他人"是小学生数学学习求助的主要方式

我们把上述多种方式按向他人求助、自己坚持、消极等待或其他分类

（图8-9）。

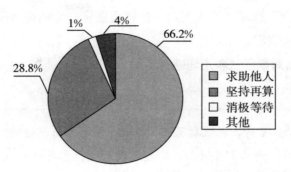

图8-9　高年级学生数学学习求助方式分类统计图

图8-9显示，"求助他人"是小学数学学习求助的主要方式，其中他人主要是指教师、家长和同学。66.2%的学生会采取"求助他人"来解决学习困难，其中向老师请教的占28.7%，有17.8%的学生选择向家长求助，和同学讨论的占19.7%。也有近三分之一的学生选择了仔细审题，坚持自己算。

3. "同伴"逐渐成为高年级学生数学学习的主要求助对象

在访谈中，不少学生也反映：一想到求助，首先就想到向老师求助，但在实际学习中，除了课堂教师讲课，遇到听课方面的疑惑直接向老师求助外，其他很少有时间和场合可以向老师求助。目前经常求助的对象就是同学，同学之间共同学习、共同面对困难很平等，彼此求助也很方便。

综上分析："向谁求助"说明学业求助的发展可能。正因为求助双方的角色身份、价值取向、认知方式及已有心理状态等方面的差异，才促成主体向他人求助以从对方那里获得丰富和发展自身的资源。在数学学习中，学生需要向比自己更强大的力量（教师、家长、同学等）求助，才能使求助行为真正地发生，促进学业求助的进一步发展。

（二）如何表述?

所谓"求助时是如何表述的"是指学生在数学学习过程中意识到求助行为即将发生时是如何表述自己的求助需要的。对问题表述的细致性、针对性、指向性及清晰程度，实际上反映着学生对学习的过程性把控，以及对问题的表述水平和提炼水平。

1. 主要表述句式固定

在我们翻看相关问卷时，发现学生基本上都会以"这一题我不会，你能讲

给我听吗"这样的语句来表述自己的求助需要。有些自尊心强一点的学生会以
"这一题我不太会"或是"不太明白"这样程度轻一点的词语来表述。总体来
说变化不大，句式固定。

2.不同的求助对象语气和用词略有不同

例如：

> 向老师求助：老师，我这题有些没搞懂，您能再讲一遍吗？谢谢！
>
> 向家长求助：妈妈（爸爸），这题我没听懂，您再教教我。
>
> 向同学求助：某某某，我这题不会，你能教我一下吗？

——选自学生问卷B组第212号

> 向老师求助：老师，请问这题怎么写？
>
> 向家长求助：我不会。
>
> 向同学求助：我们一起想一想吧。

——选自学生问卷A组第3号

> 向老师求助：我有点不明白这题，老师。
>
> 向家长求助：妈妈，我这题不太懂。
>
> 向同学求助：我这题不太会。

——选自学生问卷B组第16号

很显然，学生向老师请教的语气都很恭敬，用词很有礼貌，如
"请""您""谢谢"，而且表述意思时用的是"好吗""可以吗"之类征询
同意的语气，同时想表达出自己已经很努力了，但还是有些困难，让老师给予
帮助。在向同学请教时，语气和用语上显得很平等，如"我们一起想想吧"，
只是停留在互相帮忙、探讨的程度，而且有些学生在求助时有激将法的味道，
如说"这题你会吗"，来"引诱"同学帮助他。在向家长求助时，明显语气很

平淡，很直白，要求的意味大于请求帮助的意思。

3.表述不具体

无论用什么样的语气，表达什么样的需求，对于高年级的数学问题来说，表述都很难具体。让我们来看这么一道题，它历来是学生的错误经典：

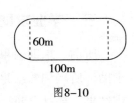

图8-10

操场形状如图8-10，这个操场的周长和面积各是多少？

A生的错误发生在计算操场的周长上：

操场的周长：圆的周长+长方形的周长=3.14×60+（100+60）×2=508.4（m）

操场的面积：圆的面积+长方形的面积=3.14×30²+100×60=8826（m²）

B生的错误发生在计算操场的面积上：

操场的周长：圆的周长+长方形的两条长=3.14×60+100×2=388.4（m）

操场的面积：圆的面积+长方形的面积=3.14×60²+100×60=17304（m²）

C生的错误发生在计算操场的面积上：

操场的周长：圆的周长+长方形的两条长=3.14×60+100×2=388.4（m）

操场的面积：圆的面积+长方形的面积=3.14×30²+100×60

$$=3.14×600+6000=7884（m²）$$

不同学生思维的发展不同，即使面对的是同一道题，出现的问题也各不相同。A生的问题出在对操场周长的认识上，B生是圆的面积出错，C生则是计算中30的平方出错。如果上题学生都直接问"这题怎么做呢"就显得毫无指向性，表述不具体。表述不具体，求助有效性就难以保证。

小宇：我想到哪里算不下去了会把自己已经想出来的和卡在哪先告诉别人，让别人看看我的问题出在哪里，然后我再算。

小文：有时题目不会做，没有把握，我也会试着运用一些方法算一算，然后与同学讨论，看看我的思路对不对。

在问卷和访谈的过程中，能够具体地表述出自己的问题的学生并不多。

综上分析："求助时是如何表述的"是学业求助的过程反映。对话、互动是影响求助主体进行意义建构的关键，是双方实现心理"对接"和"互联"的基本通道及方式。调查中发现：学生数学学习求助的表述形式单一，涉及数学学科本质、数学解题能力的问题提炼水平缺乏，求助表述不具体。如果要进行

有效的学业求助，作为求助的主体要提高自身表述能力和素质。

三、学业求助的结果——求助效果如何？

所谓"求助效果如何"是指学生采用不同的求助方式、向不同的对象进行求助，所得到的结果是否解决了学生学习中的困难。求助效果是学业求助的客观结果，是对求助行为的结果体现和检验根据。

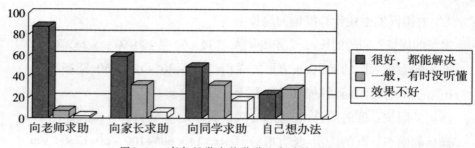

图8-11　高年级学生数学学习求助效果统计图

1. 向老师求助最有效

学生遇到不懂的问题，能够向老师请教，这是最有效的求助方式。88%的学生觉得向老师求助效果最好。作为师者，帮助学生解决学习中的疑惑与困难是义不容辞的责任。

2. 向同学求助最便捷

在所有向他人求助的方式中，向同伴求助的"门槛"会低很多，不需要拿出向老师开口的勇气，同学也不会像家长一样责备自己，同学之间一起学习、讨论、互助，很便捷！

3. 向家长求助最放松

从学生对求助的表述上看，向家长求助是学生内心最为放松的一种求助方式，在小学阶段，学生对家长还存在一定的依赖性；同时，家长在能力范围内会最大限度地满足孩子的需求。

4. 存在的问题

向他人求助各有优势，但总体上也存在不如意的地方：向老师求助没有合适的时间和场合；向同学求助容易重结果轻过程，没有起到解决学习困难的效果；向家长求助也会因为家长的学识有限和对求助的偏见造成学生心理上的求助压力。

综上分析："求助效果如何"是学业求助的结果体现。求助主体通过与他人的对话或互动，建构、生成对事物意义的理解，并由此使求助主体的心理结构获得调整、改造和丰富，从而双方形成共识，视界融合。通过对求助效果的研究，我们了解了不同的求助方式和路径有不同的效果，给学业求助结果的研究提供参考。

第四节　数学学业求助的辅助机制

通过对小学生高年级数学学习求助方式的研究，我们得出一个结论：学业求助是儿童交往学习的方式之一。数学学科的特性、小学高年级学生的年龄特征也赋予了小学生数学求助学习的特点。但求助威胁的存在、求助对象的盲目、求助表述的苍白、求助效果的不理想都是学生进行有效求助的主要障碍。基于此研究，我们尝试从以下几个方面构建数学学业求助的教学辅助机制。

一、消除求助威胁，营造绿色的学习环境

1. 转变落后错误的学习观念

不少学生认为，在学习中遇到困难时求助他人是低能或是无能的表现，因而无论遇到什么问题都要坚持自己解决。虽然我们应该鼓励并帮助学生养成独立思考的学习习惯，但也要让学生认识到求助是一种学习方式，无论什么人在学习过程中都会遇到困难，既不能一遇到困难没经过独立思考就寻找帮助，也不能抱着一道题目盲目坚持下去。当确实需要向他人求助时，要把他人的帮助作为一种资源加以利用。真正无能或是低能的人才不会向他人求助。

2. 创设宽松和谐的学习氛围

教师、家长和同伴对待求助的态度直接影响求助行为的发生和求助的效果。在充满人际竞争、缺少关心支持、师生关系冷漠的学习氛围下，学生求助会受到家长的责怪、教师的冷漠对待和同伴的嘲笑。因此，教师要营造不懂就问、知疑善问的良好氛围，鼓励学生互帮互学；同时，教师自身要耐心和蔼地对待每一次学生的求助，让学生具有安全感，并将其作为一份良好的教学资源；家长也应关注孩子敏感的心理世界，与孩子做朋友，给孩子更多鼓励。这

样，可以从上述三个方面减少学生因求助而带来的心理负担，破除求助威胁。

二、找准求助对象，为学生提供适切的学习可能

1. 调整学习成就目标

学习目标明确的学生，具有很强的求知欲和学习动机，追求对学习内容的真正理解，努力提高解决问题的能力。这类学生遇到学习困难时，更有可能进行求助学习。因此，教师要引导学生明确自己的学习目标，家长要以长远发展的眼光来看待孩子的点滴进步，孩子的学习目标明确，才会树立信心，遇到困难时也会适时地寻求帮助。

2. 合理选择求助对象

当学习目标明确以后，学生的求助才可能成为有效求助。因此，求助对象在选择上要秉着适时、适度、适效的原则。适时就是求助的时间和地点要有利于求助行为的发生，适度就是针对不同的学习困难选择不同的求助对象，适效是求助行为要以解决学习困难，促进求助者自身知识的理解与建构为目的，而不是直接拿来主义。为达到效果求助不一定是一对一的。

例如，遇到环形的面积计算这一问题，两个学生讨论后决定向教师求助。

如图8-12，一个圆形花坛的半径是10米，花坛周围有一条0.8米宽的小路。小路的面积是多少平方米？

甲：这一题你是怎么思考的呢？

乙：我是用大圆的面积：3.14×10.8^2减去花坛的面积3.14×10^2。

甲（疑惑）：有没有不同的方法？

乙：有啊，还可以直接用3.14乘10.8^2减去10^2的差。

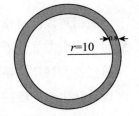

图8-12

你是怎么做的？

甲：对啊。你看，$3.14 \times (10.8-10)^2$，为什么得数不一样呢？

乙：计算有没有错？

甲：我算了好多遍，没有错啊。

乙：要不，我们再找老师问问吧！

甲生受到圆的面积计算公式的干扰，由圆的面积等于πr^2类推出环形的面积计算公式$\pi (R-r)^2$，在自我尝试多次后，选择求助。但乙没能发现甲的这

个问题，于是选择向老师求助。这无疑是正确的，甲和乙在相互的对话与互动中，逐渐接近问题核心，在进一步的求助中会对环形的面积计算方法形成正确的认识和更深刻的理解，使得知识的建构得到调整、改造和丰富。

三、提升求助表述，使学生进行有效的学习对话

在教学"百分数的意义"时，教师组织学生交流百分数与分数的相同点和不同点，帮助学生提升求助的表达水平。

生1：我觉得百分数是分数的一种，它是分母为100的分数。

生2：（迟疑）百分数与分数应该有一定的区别吧。

生3：我们可以从定义上来理解，百分数就是表示一个数是另一个数百分之几的数，所以它又叫百分率或百分比。

生4：对，它表示两个数之间的一种关系，不是具体的数量。而分数既可以表示一个数是另一个数的几分之几，也可以表示一个具体的数量，这说明它们的意义不尽相同。

生1：所以百分数的后面不带单位，而分数的后面可以有单位。

生2：不仅这样，百分数可以不是最简的，如20%、68%，分子还可以是小数，如12.5%。

…………

对话可以激励学生全身心地投入倾听、思考和回应中，而学生各自的知识经验、思维方式或看问题的角度差异，经过碰撞能够产生新的认识，激发新的问题、新的视角、新的思路，促进思维活化和发散。因此，教师在教学时应注重提升学生对问题的提炼水平、概括能力、表述方式，让学生有对话意识和能力，从而有效进行求助学习。

1. 多说"我是这样想的"

打破学生在求助时的"这一题我不会"的固定句式，让学生学会多说"我是这样想（理解、认为）的……"，使表述对象更具体，问题指向更集中，求助效果更好。

2. 多问"我什么地方不会"

当求助要求提出时，多问"我什么地方不会，在哪里难住了"，使学生的求助不再是单方接受，而是双方通过对话进行互动、交流，从而达到双方知识

的视界融合。

四、完善求助平台，多方保障学习效果

1. 创设多层次的同伴求助平台——"同伴互助小组+班级求助站"模式

同伴互助小组是将学生按实际学习能力分为不同的几个等级，将相同等级或是相邻等级的学生按个人意愿组成两至三人的同伴互助小组。在此基础上，在班级范围内选择学优生成立班级求助站，专门解决同伴互助小组内解决不了的困难。这样，在同伴层就出现了多层次求助模式：互助小组内的学生相差不大，当困难出现在彼此的最近发展区内，可以很好地相互学习与促进。超出彼此最近发展区的困难还可以求助于班级求助站的同学，每个层面解决的问题不同，既能让困难合理解决，又能让所有人都体会到助人与被助的快乐。

2. 创设多方位的教师求助平台——"固定求助时空+教师答疑热线"模式

为了弥补向老师求助时间和空间上的局限，可设立固定的教师答疑时间和空间。所谓固定时间就是每节数学课一定空出五分钟时间为"答疑时间"，专门用来解决学生们提出的学习上的困难和同伴解决不了的问题；固定空间是数学课前黑板的一小块专门供学生写需要老师或是在班级共同解决的问题或难题，在黑板边上设立相应的"集疑信箱"，来不及写在黑板上的可以事先写在纸上投入信箱中。这样课堂上宝贵的答疑五分钟专门解决学生自己提出的学习难题，既能保证解决部分学生学习上的困难，又从学情的角度进行知识漏洞的弥补，填补了教学盲区。课下，教师可设立答疑热线，学生可以在合适的时间打电话向老师求助，或者以给老师QQ留"题"等方式，为学生提供课后求助路径。

3. 创设多时空的线上求助平台："班级学习QQ群+思路写作日志"模式

有效地利用现代通信的相关手段弥补了课下学生求助的困难。QQ是一款十分流行的聊天软件，深受学生欢迎。建立班级学习QQ群，学生在家里做作业或学习遇到困难时，可以在群内向老师和同学们求助。同时，教师可以利用QQ日志（包括微博、微信）等线上平台，引导学生将自己解决的数学难题思路写出来，通过网络在空间里发出来，供学生相互交流、相互学习。这种利用网络媒体进行传播和学习的方式颇受学生喜爱。

及时求助是学生提高学习效率、解决学习过程中遇到的困难的一种有效方式。有效求助，也是学生交往能力的一种体现。教师在教学中应关注学生学业求助的辅助机制，给予学生细致的关心和指导，创造更多样的、有效地解决学习中遇到的难题的方式，营造良好的学习氛围，使学生"相信自己能够学好数学"，并为之不断努力。

第五节 不同类型学业求助的机制分析

虽然"题目不会做"是儿童数学学业求助的主要原因，折射出的却是数学学习过程中的问题。本书根据学生在数学学习过程中产生问题的难易程度将求助分为基础性求助、突破性求助和自我性求助，再结合具体的求助案例从教与学的角度分析不同类型学业求助的解决机制，以帮助儿童学业求助有效地发生、发展，以及获得良好结果。

一、基础性求助

所谓基础性求助是指儿童在一般的数学学习过程中遇到困惑而进行的求助，包括相关文字或数学表述看不明白、题目不能正确解答、老师或是他人的讲解没听懂，其显著特点是妨碍了数学学习的正常进行。学生的求助绝大多数属于基础性求助。

1. 在"看不明"的研读后追问：寻求真正的数学理解

新课程教学呼唤学生"自主、合作、探究"地学习，教师从教学生转变为引导学生自学。而实实在在的探究、自学必然会有看不明、理解不透的地方，进而伴随着大量错误的生成。

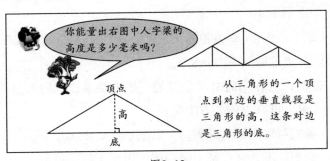

图8-13

[求助案例1]在"认识三角形"一课中，图8-13的内容教师一般都会安排学生自学，在组织小组交流的基础上进行相关知识的理解。

生1（指着课堂练习中的一道判断题）：三角形有一条高，是对的啊，为什么会错呢？你看，书上不是说"从三角形的一个顶点到对边的垂直线段是三角形的高"。而且从这个图上也看到了这条高。

生2：我一开始也认为是对的。但你再读读这句话：从三角形的一个顶点到对边……

生1：噢，三角形有三个顶点，那就是说三角形的每一个顶点到对边的垂直线段都是三角形的高。

生2：对的，三角形就应该有……

生1：三条高！

填空、判断这样的题型正是验证学生对相关概念、定义真正理解的程度，教师可以设计这样一些理解阶梯，在"看不明"的求助情况下，引导学生带着疑问研读、讨论、互助，让思维寻求一份真正的数学理解。

2. 在"做不对"的验算后寻因：选择合理的解题方法

由于学生的实际生活经验有限，有些问题从数学学科的本质理解上没有偏差，但在实际生活中不符合常规。这就需要我们引导学生用不同的方法进行验证，从生活的角度去理解，把生硬的知识生活化。

[求助案例2]课间，同桌俩拿着练习册来找老师。

生：老师，我觉得我们这一题是对的，为什么会错？是不是您改错了？

原题再现：在一个长7厘米、宽5厘米的长方形纸上，要剪出边长是2厘米的正方形，最多能剪出这样的正方形多少个？

学生做法：$7 \times 5 = 35$（平方厘米）

$2 \times 2 = 4$（平方厘米）

$35 \div 4 = 8$（个）……3（平方厘米）

答：最多能剪出这样的正方形8个。

师：哦，你们认为你们的结果是对的？那没关系，我们可以再用其他的方法来验证。想一想，可以用什么方法呢？

生1：对，我们可以用纸实际剪剪，看到底能剪出多少个。

生2：那太麻烦，不如就在纸上画一画，再折一折。

师赞成地说：很好，觉得自己没有错或是发现不了错误的时候，可以重新选一种方法来验证。

从学生的答题过程中，看不出任何错误。如果让学生自己订正，很可能无果，而且会扰乱学生原有的认知结构。在这种"做不对"的求助情况下，引导学生用实际操作法（用纸实际剪剪看）、画图法（用笔在长方形里画一画）、折纸法（用纸折一折）来验证，学生在操作中把自己的思维引到实际生活中的问题上来，自己选择一种方法来验证，正确的结果必然水落石出。

3. 在"听不懂"的提问后反思：指向直接的数学体验

［求助案例3］课堂上，老师请同学们在自己的身边找一找三角形的影子。

生（自信地）：三角板是三角形。

师：三角板是三角形吗？不对，是有三角形的影子。

生（疑惑）问：老师，三角板怎么不是三角形啊，我们都认为三角板就是三角形的。

师：三角板上面的这个面是三角形的，三角形是平面的，三角板是个物体……

（生越来越听不懂了）

学生听不懂，是接触到的知识超出了他原有的认知，如果一味地讲述，学生会越听越糊涂。此时的求助需要一种数学体验，一种从体到面的直观感受。教师可直接用三角板在黑板上画出一个三角形，指出：我们可以用三角板这个物体来画出这样一个三角形，但物体和图形是不同的。同学们再想想看，是不是这样？面对学生的"听不懂"，选择一种直观体验可以让思维再深刻些。

二、突破性求助

所谓突破性求助是指儿童在掌握一般知识的基础上为了进行更高层次的思维突破所进行的求助。包括用多种方法解答、方法优化和方法创新。该类型求助集中在一部分数学学习发展较好的学生群体中。

1. 方法多样：让儿童的思维多重选择

利用多种方法，多角度、多途径地解答问题，可以使儿童的思维多一种选择，走向开阔。但不是所有的学生都能够对题目从不同的角度进行观察和分析，从而找到不同的解决问题的方法。这时，求助可以帮助学生寻找到自己需要的不同角度，从而使自己的思维开阔。

[求助案例4] 六（1）班42人参加植树，男生每人植3棵，女生每人植1棵，男生一共比女生多植树54棵。六（1）班男生、女生各多少人？

此题可以用多种方法解答。当学生已经选择一种方法解答出时，教师可以引导学生先问问自己：还能用不同的方法解答吗？如果用不同的方法，思路是什么？如果有必要，可以再问问别人：你是用什么方法解答的？让学生通过独立思考和彼此间的方法分享，使自己的思维多一种选择，从而变得开阔。

2. 方法优化：让儿童的思维多元思辨

在实际教学中，方法多固然可以把题目做得"全"、做得"透"、做得"广"，但要在此基础上引导学生学会对方法的使用价值进行对比分析，即方法优化。方法优化需要儿童相互间的帮助和启发，进而走向思辨：

如题：东方小学40名同学和7名教师去公园。门票：成人10元，儿童8元，每10人可享受团体票5折优惠，怎样购票最合算？

教师引导学生先独立思考，再小组相互交流：生1、生2都是390元，生3是270元，生4是256元。

组内相互思辨、相互帮助：答案不统一。既然问题是怎样购票最合算，就应该花钱越少越好。"分别算出7张成人票和40张儿童票的价钱，再加起来等于390元"，这样肯定不行，没有把"每10人可享受团体票5折优惠"这个条件用上。但如果有256元，270元肯定也不是最合算的，到底怎样才是最合算的？

小组统一思想后再次独立求证。

……………

生1：我只算出了40×10×0.5+7×10=270（元），怎样还能更少？

生2：剩下的7不需要乘10，乘8就可以了。

生1疑惑地追问：为什么呢？

生2：7个教师可以放在团队票里，多出7张儿童票，这样只需要256元！

生3：我算出了更少的钱：一共47个人，可以按50人来买票，50×10×0.5=250（元），虽然多买了3张票，但价钱反而更少。

生4：那不如另外找三个人来"拼团"，这样又可以少15元，只需要235元！

到此，这道题真正的答案已经不重要了，学生的思维在不断地优化过程中尝试着一次又一次的突破：从开始的按部就班到相互的启发，在彼此的思辨中得到帮助，打开思路。

3. 方法创新：让儿童的思维多种可能

在常规的教学过程中，学生通过自我尝试、相互启发，使解题的思路越来越广，思维也越来越活。当学生可能出现一种新的答题思路时，这时的求助像是一份宝贵的礼物，等待你惊喜地接收、由衷地称赞和及时地肯定和分享。

在教学六年级下册比例尺时，有这样一道例题：明华小学到少年宫的图上距离是5厘米，实际距离是多少米？（图8-14）

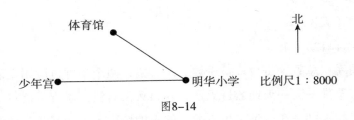

图8-14

学生利用计算法、解比例法算出学校到少年宫的实际距离是400米。在进行"试一试"（原题如下）的教学时，让学生自己选择方法独立解答。

试一试：医院在明华小学的正北方向，它们之间的实际距离是240米，算出明华小学到医院的图上距离。

全班交流时学生有的先进行单位换算再用实际距离除以8000（缩小），也有的先缩小再进行单位换算，还有的用比例式解比例得出图上学校到医院的距离是3厘米。

师：同学们的方法还真不少，你们能灵活运用比例尺的知识……

生：老师，我还有一种方法：先算出240占400的五分之三，再算出5厘米的五分之三就是3厘米，对吗？

六年级的学生已经能够灵活运用之前所学的所有知识，他们的视野不再是眼前的点滴，而在于整体的知识建构。当一种新的方法呈现出来时，教师及时的肯定与分享会给儿童的思维多一种发展的可能。

三、自我性求助

所谓自我性求助是指学生在掌握了一定的求助方法，形成了一定的求助意识后从"他助"走向"自助"的求助方式。换位思考、实验探索、操作引导都可以帮助学生进行有效的自我性求助。

1. 换位思考：让儿童的思维走向多面

这是三年级的一道用"年、月、日"知识解决实际问题的题目：2012年，某车间从2月25日到3月7日共生产玩具1320个，平均每天生产玩具多少个？

学生小茹一遍遍地演算着、订正着：

28－25+1=4（天）

4+7=11（天）

1320÷11=120（个）

数量关系"总数÷份数＝每份数"没有错，两个条件也应用正确，为什么会错？她甚至都一天一天地数过天数，共11天没有错。思维就此打结。最终，她选择向老师求助。在这种"想不通"的求助情况下，题目学生已经琢磨过多遍，缺就缺在最核心的一个提示：忽略了"2012年"这个看似多余其实重要的条件。如果教师按照常规方法讲授：

师：大家想想2012年是什么年啊？

生（机械性地）：闰年。

师：对的，闰年的2月是多少天？

生：29天。

师：所以，这一题要用1320除以……

教师这样的引导，让学生的思维被动地接受，风平浪静，没有形成深刻的数学感悟，此时的帮助属于"即时性"的。如果教师引导学生把原先的想法放空，重新审题：提示每一个条件都不要轻易放过。这时细心的学生便会发现解题的关键，看似轻轻一点，却会使学生产生一种恍然大悟后的成就感：啊，原来如此！在"想不通"后换一种思维方式，会产生意想不到的效果。

2. 实验探究：让儿童的思维走向求证

数学课堂上，儿童在面对新知识时，经常会开展猜测、辩论、验证、反思、运用等一系列学习活动。在此活动过程中，儿童的思维相互碰撞，探究意识也在相互的帮助中萌发。

例如，在教学"圆锥的体积"时，学生可对等底等高的圆柱和圆锥进行目测，猜想出它们体积之间的关系。

生1：我认为等底等高的圆柱体积是圆锥的2倍。

生2：我认为圆柱的体积应该是圆锥的3倍。

生3：我认为是3.14倍。

师：谁的答案是正确的呢？我们应该——

生（异口同声）：验证！

…………

生4：通过实验，我们发现等底等高的圆柱体积是圆锥的3倍。

当学生的思维结果呈现不一致时，教师引导学生通过实验来验证。学生经历了实实在在的探究后，结果自然水到渠成。在这样的学习过程中，学生的经历是完整的，方法是科学的，感受是鲜活的，印象是深刻的。

3. 操作引导：让儿童的思维走向创新

在初步认识面积之后，为了解决"不能直接判断两个图形的面积大小怎么办？"这一问题时，教师提供了一些操作工具。

师：老师给每个组准备了一把剪刀、一些大小一样的小纸条、一张透明的方格纸，想一想它们能给我们什么帮助呢？当然，你们也可以选择自己的物品进行操作。

每组里的几个小脑袋立即凑在一起，开始摆弄这些物品。

生1迫不及待地：把长方形和正方形叠在一起，就能比出来了（生1快速操作着）……不行啊（疑惑地看着同学们），都多出来一部分……

生2补充：把多出来的剪下来，再叠在一起比！

生3迟疑：剪下来就破坏原来的图形了，这样好吗？

生4自信地：我们不用剪刀，把多余的部分各自折起来，再比较折起来的部分大小！

生1又兴奋起来：折起来的部分我们可以用老师给的小纸条拼，谁拼得多谁就大！

生3建议：那不如把方格纸摆在上面，直接数多出几格！

整个过程从"叠"开始，经历了从剪到不剪，从折到不折，从拼到不拼，最终优化出了"数"方格，这不仅是一系列动作的变化，更是学生相互求助、相互启发的过程——遇疑—求助—解疑—优化，学生在相互的交流与碰撞中获得真知、走向创新。

任何学习都是一种积极主动的建构过程，求助亦如此。学生在数学学习中遇到困难能够产生积极的心理反应，进行客观的自我评价，智慧地选择求助方式和求助对象，正确地进行问题表述，有效的求助行为才得以发生；同时带给学生的是一种不可或缺的适应性学习策略，以打开学生数学学习的另一扇窗，让学生真正做到"在他人的鼓励和引导下，体验克服困难、解决问题的过程，相信自己能够学好数学"。

第六节　数学教学的改进机制
——基于测试的角度

学生的学习经常伴随各种错误，除了学生主动地进行学业求助之外，还可以通过对知识的测评来发现学生在学习过程中的种种困难与疑惑。正视学生的困难，给学生提供需要的帮助，是教师的责任所在。本节将基于一卷三测的实证研究分析，提出有效的教学改进机制，从教学角度给学生的数学学习以需要的帮助。

一、研究与设计：基于一卷三测结果的实证研究

（一）测试背景

学生在数学学习过程中，经常伴随着各种错误。作为教师，面对学生的错误，大多采用不厌其烦的讲授方式，理所应当地认为自己讲过后学生就会掌握。事实上，我们经常会发出这样的抱怨：这题都讲过N遍了，学生一做还是错；或者今天会做了，过段时间做又错了。问题出在哪里？是我们讲得不够卖力还是教得不得其法？看来，我们应该反思：学生需要我们怎样的帮助来解决他们的学业困难，完成他们的学业求助？

《义务教育数学课程标准（2011年版）》明确指出："评价的主要目的是全面了解学生数学学习的过程和结果，激励学生学习和改进教师教学。"在课改进入深水区的今天，对学业测试的分析与研究仍是促进教师反思、改进教学的主要路径。本研究对一个固定学生群体在不同时间进行三次同题测试，统计每次错误及类型，进行三次纵向对比，试图从该群体呈现出的错误中探寻出有效的教学改进措施，给儿童数学学习以需要的帮助。

（二）测试对象

测试对象是一年级某班共42名学生，其中男生22人，女生20人。各层次学生数均衡。一年级下学期儿童经过一个多学期的学习，对于学校学习已适应，积累了一定的测试经验，并且没有过多的外界因素干扰，因此，测试过程和结果具有一定的信度。一个班级涵盖了班级中各发展层次的学生，测试结果具有一定的广度和代表性。

（三）测试工具

研究工具是内容为"100以内数的认识"（苏教版数学第二册）单元测试卷。以布卢姆的教育目标分类的知识维度和认知过程维度为依据，对本次测试内容的编制、考核点与考核内容进行如表8-2所示的统计：

表8-2　"100以内数的认识"测试内容的编制、考核点与考核内容统计表

单元评价建议
学生是否掌握100以内数的组成、数的顺序，能否正确地读数和写数，比较数的大小；对100以内数的含义及其相互关系是否具有良好的直觉；能否在具体情境中合理描述数量之间的关系并进行简单的估计和判断；是否乐于用学过的数描述日常生活中事物的数量

题号与题型	测试内容	知识维度	认知过程维度					
			记忆	理解	应用	分析	评价	创造
一、算一算	数的运算	程序性知识			√			
二、填一填	数的意义 （第2、7、9题）	概念性知识		√		√		
	数的表示 （第3、4、10、11题）	事实性知识	√	√				√
	数的关系 （第5、6、8、12、13题）	事实性知识	√			√		
	数的运算 （第1、15题）	程序性知识			√	√	√	
	数的估算 （第14题）	程序性知识				√		
三、选一选	数的关系 数的估算	事实性知识 程序性知识			√	√	√	
四、解决问题	数的问题解决	程序性知识 元认知知识		√	√	√	√	

从表8-2统计可知：测试题目从数感的6个构成要素：数的意义、数的表示、数的关系、数的运算、数的估算和数的问题解决进行设计以考查学生对本单元知识的掌握情况。维度上既涵盖程序性知识（如数的运算）、概念性知识（如数的认识、意义），也涉及事实性知识（如数的关系、表示等），同时需要儿童调用自身的元认知知识来完成整个答卷过程。在认知过程维度，大多数试题涵盖了多个认知过程，考查儿童的综合运用能力，如在数的运算中，既需要学生分析题意、应用算理进行计算，又需要学生判断（评价）数的大小。因此，本张试卷考核难度适中、规范，体现课标的评价标准，结果具有一定的信度和效度。

（四）测试方法与过程

同一份试卷，对同一个学生群体分三个时间节点进行测试：第一次是该单元学习结束后，第二次在本学期期末复习期间，第三次为暑假过后的二年级上学期开学一周内。每次测试都由同一位教师监考、改卷、评讲试卷，并指导学生订正后二次批改、订正，直至学生全部订正正确后将试卷收回。

收集三次测试试卷，进行数据统计。具体对三次测试的班级整体成绩、学生个体成绩和个体每一次测试出现的错误情况，包括做错、漏题、审题错误都一一统计加以标注，以失分分值作为统计的量化指标，最后利用相关统计软件进行数据的整体分析、对比分析和交叉分析。

二、结果与分析：我们的"帮助"是儿童需要的吗？

（一）总体情况

参加三次测试的42名学生总分分别是3565分（学期中的第一次）、3867分（期末复习时的第二次）、3901分（新学期初始后的第三次），总体来看第一次与第二次测试的结果相差较大（均分差7.19分）。而相隔两个月暑期的第二次与第三次的测试结果相差无几（均分差0.81分）。进一步用配对样本t检验的方法来验证学生在三次测试中的总分是否存在明显差异，见表8-3：

表8-3 成对样本检验

	成对差分					t	df	sig.（双侧）
				差分的 95% 置信区间				
	均值	标准差	均值的标准误	下限	上限			
对 1 总分一—总分二	–7.190	8.196	1.265	–9.745	–4.636	–5.685	41	.000
对 2 总分一—总分三	8.000	8.517	1.314	5.346	10.654	6.087	41	.000
对 3 总分二—总分三	.810	6.325	.976	–1.162	2.781	.829	41	.412

结果分析：上表是成对样本检验，对1（第一次总分与第二次总分）可以看出，t为–5.685，自由度为41，95%的置信区间为（–9.745，–4.636），显著性检验值sig为0，小于1%；对2也是同一情况，说明总分一与总分二、总分一与总分三之间差异极显著。从对3可以看出，t为0.829，自由度为41，95%的置信区间为（–1.162，2.781），显著性检验值sig为0.412，远大于5%，说明总分三和总分二之间没有显著变化。由此可知：在第一次测试后，教师对试卷评讲、组织订正有效解决了学生的部分学习困难，致使第二次测试成绩有了显著的提升。当然，也不排除期末复习阶段，学生对所学经过半个学期的理解与整合，已建构出较为稳定的知识体系，此时测试，效果好与刚学完就测这个因素有关。而总分二和总分三无显著变化，说明学生对知识掌握较为稳定，并没有因为间隔时间长而产生遗忘，同时也说明在学生的学业测试中有一部分难题已经固化，导致重复出错。

（二）分类情况

1. 错误类型

将每一名学生三次测试中出现的错误统计下来，以扣分分数作为量化指标，全班42名学生三次测试共失分1267分，其中漏题失分率占总失分的4%，对题意不理解或解答形式出错失分率为3%。其余93%是学生真正意义上的答题错误。由于进行了三次重复测试，学生的错误又会出现以下不同的情况：三次测试重复出错（本文简称三次重复）的占15%，第一次和第二次重复出错（简称近期重复）占12%，第一次和第三次或是第二次和第三次重复出错（简称远期重复）占15%。前两次出错但第三次答对（简称错已掌握）的占41%，前两次没有出错，第三次却产生错误（简称新错）的占10%。

2. 三次重复错误内容和题型

从学生呈现的错误中，重复出现的错误占全部错误的42%，其中三次测试都错在同一道题的占总失分的15%。在研究样本中，共有35题次出现三次重复错误情况。三次重复错误内容最多的是"数的综合应用"，出现三次重复出错的学生中83.33%该内容出错；其次是关于"数的意义"，出错人数占38.89%；最后是关于"数的表示"和"数的问题解决"，均占22.22%。题型全部集中在"填一填"（100%）和"解决问题"（18.18%）。"算一算"（数的运算）和"选一选"没有出现三次重复错误。错误最多的是"填一填"的第9题：用4颗珠子，在计数器上表示出最小的两位数是（　　），最大的两位数是（　　）。

3. 近期重复错误内容和题型

在学期中和学期末两次测试中都出现相同错误的学生中，50%的学生错在"数的问题解决"这个内容上。其次是"数的综合应用"，错误有8题次，占错误学生数的36.36%；"数的关系"重复错误有5题次，占22.73%。题型同样集中在"填一填"和"解决问题"中，各占出错学生总数的72.73%和45.45%。但近期重复出现错误题型中"选一选"也有涉及，占9.09%。

4. 远期重复错误内容和题型

经过一个暑期再进行测试，共发现47题次出现与第一次或第二次测试时同样的错误。其中出错比重最大的是关于"数的问题解决"，占50%，其次是"数的综合应用"（35.71%），"数的表示"和"数的意义"均占28.57%。重复错误题型"填一填"依然占最大比重75%，其次是"解决问题"占35.71%。"选一选"中错误重复出现的比重上升到25%。

5. 新出现错误内容和题型

全班71.43%的学生在新学期初的第三次测试中，出现了前两次没有出现的错误。43.33%的学生出错在"数的问题解决"试题中，"数的意义""数的表示"等也出错较多，分别占40%、30%。与之前不同的是每种题型都出现了或多或少的错误，其中出错学生最多的还是在"填一填"这项，占82.76%，其次"解决问题"稍高一些（44.83%），而"算一算"和"选一选"均为13.79%。

6. 元认知错误与学生性别、层次分析

元认知是一个人所具有的关于自己思维活动和学习活动的认知和监控。其核心是对认知的认知。测试时学生对答题要求的认知决定了自己采用什么方式进行答题，包括不认为或是忘记自己还有题目没有完成（漏题），这些错误本研究称为元认知错误。调查可知：测试成绩优秀的学生元认知水平也较高，而越是失分较多的学生，漏题失分和答题形式错误失分也较多。从漏题学生的性别看，没有明显的性别差异，男女生失分相差不大，但对做题的要求理解方面，女生的失分值明显高于男生。

（三）结论

1. 重复出错率较高：儿童需要的不仅仅是单一的试卷评讲

在研究样本中，有53.97%的学生存在重复出错现象，重复错误失分占三次总失分的42%（包括三次重复、近期和远期重复）。用简单相关分析，分析总失分和三次重复失分情况的相关性，见表8-4：

表8-4　总失分和三次重复失分情况的相关性

		总失分	三次重复
总失分	Pearson 相关性	1	.897**
	显著性（双侧）		.000
	平方与叉积的和	22935.833	6497.667
	协方差	559.411	158.480
	N	42	42
三次重复	Pearson 相关性	.897**	1
	显著性（双侧）	.000	
	平方与叉积的和	6497.667	2288.476
	协方差	158.480	55.816
	N	42	42

**.在 .01 水平（双侧）上显著相关。

由表可知：总失分和三次重复失分之间的相关系数为0.897，显著性水平为0，小于0.01。所以总失分与三次重复失分两者相关关系为正向，且相关性很强。数据告诉我们："卷面测试—评讲试卷—订正回批"这一套教师最平常的教学工作，其有效性并不高，只能解决学生测试问题的50%左右！这也解释了老师们经常抱怨"为什么讲再多学生还是不会"的问题。还有一半的学业困难会伴随着儿童的后续学习，而这些困难很可能导致儿童的学习难度日益加大。在统计中还发现这样的个例：通过试卷评价、学生订正后过一段时间再考，学生只记得自己这道题是错的，但又不能正确解答，因此就随便写上一个和前一次不一样的答案。如果说原本的答案还能捕捉到儿童思维的走向，那么，这种"夹生饭"式的错误不仅不能帮助儿童的思维走向正确的路径，而且浪费了作为教学资源的错误。

2. 程序性知识重复出错率高：儿童需要的不仅仅是单个知识点的理解

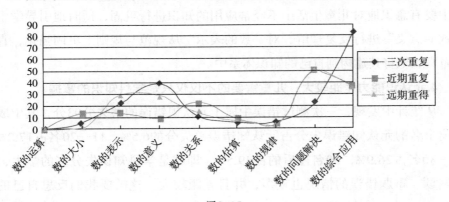

图8-15

把三次测试中三次重复、近期重复和远期重复错误内容进行比较（图8-15），不难看出：虽然大部分知识点都或多或少地存在重复出错，但重复出错的内容还是相对集中：其中出错率最高的是"数的问题解决"，依次是"数的综合应用"和"数的意义"，题型也集中在"填一填"和"解决问题"上。反映出这些内容是教师在教学中的薄弱部分，也是学生学习的难点，仅仅依赖教师的讲授并不能让学生有更深刻的理解与内化。因此在教学中，要运用多种方式引导学生对数的意义进行理解，用不同的表示情境和材料触发学生从不同角度对数的意义进行巩固和知识建构；对于数的综合应用，需要引导学生在充分理解数的意义等基本知识的基础上，进行多层次、多角度、多形式的练习；而数的问题解决侧重于学生对问题情境的理解和数量关系的理顺，从学生的已有经验基础上设计不同的关系变式，增强学生问题解决的能力。

3.概念性、事实性知识遗忘率较高：儿童需要的不仅仅是一时的记忆

虽然第三次测试与第二次测试总分相差不大，甚至略有上升，但从图8-15可以发现：在大多数考核要素数值都相近的近期和远期重复错误中，只有"数的表示"和"数的意义"这两个数值远期重复明显高于近期重复。这说明经过长时间的间隔后，学生对于概念性知识和事实性知识的错误增加了。在新错的统计中，这两类知识的错误人数更是上升到30%和40%（仅低于"数的问题解决"的43.33%），反而是一直出错率最高的"数的综合应用"下降了许多。究其原因，数的综合应用类知识广泛渗透在儿童的生活中，随着生活经验的不断积累，儿童对于数的应用也在不断地加强。反倒是事实性知识和概念性知识平时接触较少，儿童容易产生遗忘，不能正确地按要求表示数。因此，教师在教学中要有意识地对儿童生活中不经常应用的知识进行巩固，适时地引导学生对"数的意义"进行反复理解，对"数的表示"从规范与规则上巩固强化，直至儿童真正地将其建构到自己的知识体系中。

4.元认识能力差距较大：儿童需要的不仅仅只是学科知识的掌握

从统计中发现，三次测试错误中属于元认识错误的共失分93分，其中成绩排前十名的元认知错误失分占元认知错误总失分的6.5%，11—20名占17.2%，21—30名占26.9%，30名往后的占49.5%，即越是学科知识失分多的学生，出现漏题、审题错误的情况也较多，并且差距较大。这需要我们反思自己的教学行为：对于"学困生"，教师的辅导重点更多的是在学科知识上，能够耐心地一遍遍讲授这题是如何思考、怎样解答，而不会过多地关注、培养这部分学生如何审题、如何检查。有时为了直接进入知识的核心，老师都会直接将题目"翻译"成最容易理解的，以期学生能正确解答。反之，对于"学优生"，教师会不断地提高要求：这个横式上怎么会漏了得数？以后做完题要把题目从左向右再读一遍，就会检查出自己的"粗心"了……这样不同的教学重点无疑会加大学生间的差距。其实，"学困生"的"困境"首先是在元认知能力上，如果能够形成一定的元认知能力，其学科知识的学习能力也会水涨船高。

三、教学改进：给儿童以需要的帮助

儿童在数学学习中总会出现这样那样的错误。作为教师，如何帮助儿童答疑解惑，解决学业困难，给予他们真正需要的帮助呢？上文基于一卷三测的研究可以给我们以下四点启示：

（一）变单一讲授为多样引导，关注概念性知识的过程理解

概念性知识是一种较为抽象概括的、有组织的知识性类型。数学概念是对客观事物的数量关系和空间形成的本质属性的描述与反映。由于儿童的抽象、概括能力较弱，数学的概念学习很容易成为看似简单实则抽象的学习难点。通常教师对于这类"客观"的"描述与反映"，也一般采用客观的讲授和解释。这样单一浅层次的讲授让儿童的理解浮于表面，缺乏过程性的理解。因此，在教学概念性知识时应把握概念形成与发展的整体脉络，变单一的讲述为多样的情境、表述、方式进行立体的阐释，让儿童参与每一个概念的形成与过程理解，从而培养思维的深度。

例如，在对数的意义进行教学时，要明确从计数开始到计算结束，数的意义始终贯穿于数的教学之中。每个学段关于数的学习都是对于"数的意义"的不断深入与完善。比如，低年级会以"一架飞机""两棵大树""三个秋千"等具体物体的数量来引导儿童理解数，利用生活经验引入数的表示、数的关系和数的运算，让儿童用自己的理解与经验建构"数觉阶段"，初步形成数感；中年级虽然还是继续学习数的意义、数的表示、数的关系等内容，但学习素材已经抽象到"像表示物体个数的1、2、3……"这样的定义概括，教师需要了解学生原有的学习经历，从较为丰富的生活经验中引导学生联系身边的具体事物来理解和描述数的意义，从"数觉阶段"过渡到"符号阶段"，从而发展数感；小学高年级已经积累了学习整数、小数、分数、有理数等数的概念和运算规则，教师帮助儿童在学习数的估算和数的问题解决中继续加强对数的意义的理解与建构，增进对数量关系及其变化规律的理解，经历"建模阶段"，形成较为成熟的数感。

（二）变消极定式为多层建构，积累事实性知识的立体认知

事实性知识又叫事实，是一种重要的知识类型。虽然数学中的知识大多数是运用思维的相关联知识，但事实性知识也是儿童学习数学所必备知识的基

本要素。但受到儿童自身积累的知识经验和思维经验影响，有些经验与数学中事实性知识产生矛盾时，往往会受到一定的消极思维定式的影响。教师要从儿童的生活经验出发，利用观察、操作、对比、体验、解决问题等多形式、多角度、多层次的学习实践，让儿童通过实践、思考、探索和交流等活动，充分积累学习认知经验，建构出事实性知识的立体认知。

例如，在教学除法竖式时，学生在之前有学习加减法竖式、乘法竖式的经验，自然会认为除法竖式和加减法、乘法竖式的写法一样，而且像那样去写也没有什么不好——学生通过表内乘法完全可以口算出除法的结果，直接写上反而简便。这样一些经历和想法为除法竖式的教学带来了消极的影响。不少教师对此会强化学生记忆，说明就是这样规定的。儿童不理解，自然就会出现问题。如何让儿童能够感受并理解除法竖式的与众不同呢？苏教版教材对此也进行了改进：将原本放在二年级上学期学习的除法竖式移到了二年级下学期学习"有余数的除法"单元中。这就是让教师引导学生结合除法的本质——平均分来理解除法竖式的与众不同：先从高位平均分（除起），这首先与加、减、乘法从低位算起不同；再者平均分有时不能正好分完，出现余数的现象就进而体会到除法竖式这样写的必要了。在此基础上，教师可再利用实物进行平均分，在操作的记录过程中显现出除法竖式的科学性和特别性，再次加强学生对除法及除法竖式的理解。除此之外，教师还可以采用较为复杂的除法进行竖式计算，让学生多层次、多方位地体会到除法竖式的合理性、简洁性与过程性。这样多层次的理解积累，构建出"除法竖式"这样一个事实性知识的立体认知。

（三）变关注结果为促进认知，建立程序性知识的本然机制

程序性知识是关于完成某项任务的行为或操作步骤的知识，或者说是关于"如何做"的知识。而数学中的程序性知识就是关于完成某项数学任务的行为或操作步骤，用于回答"如何做"的问题。包括数学中的一些原理、规则和思想方法。在小学数学学习中，程序性知识学习的发生、发展和结束伴随着思维的发生与发展。学生的思维推动着程序性知识一步一步地完成信息的搜集、理解、处理、加工和演绎，从而解决问题。教师要从关注结果向过程追溯，明晰儿童对知识的认识机制：从儿童的经验出发，搭建有助于儿童理解的活动平台，将解决问题过程中的每一个规则、方法和策略让学生充分感受、理解、内化，形成自己的解决技能。

例如，本次研究的测试卷中，重复出错率最高的一道填空题：用4颗珠子，在计数器上表示出最小的两位数是（　　　），最大的两位数是（　　　）。这里解题的程序至少包括三步：第一步考查学生对两位数的认识，即个位和十位要有"数"，同时也需要学生进一步理解"十位上有数个位上可以没有数，写零表示"和"十位上没有数就不是两位数"这两层意思；第二步考查学生对数值的理解，即用4颗珠子表示，说明个数上和十位上的数加起来是"4"，结合第一步，学生可以列出个数和十位上的数相加是4的所有两位数（40、13、22、31）；第三步要在列举的数中找到最小的两位数（13）和最大的两位数（40），从而完成答题。这三步既是儿童思维的逐步发展，也是此类问题解决的本然机制。这其中哪一步出现问题，都不可能正确解答。因此，教师要注重培养学生搜集信息的能力，会从众多的问题中理清自己需要的信息，这是学习发生的第一步；其次帮助学生形成解决问题的策略和规则，体会学习的发展；最后养成良好而严谨的思维习惯和答题习惯，让整个学习机制得以有效实施。

（四）变知识习得为素养提升，发展元认知能力的多层内涵

元认知是学习者对自己的思维活动和学习活动的认知和监控。它既是所有知识的核心，又高于其他认知。儿童的心理发展还不成熟，对于自己的认知活动和对认知活动的认知还不能区分，通常以"我会……"来进行元认知能力的发展。这种发展与个体的认知是成正比的。有研究表明：认知能力越强的学生，其元认知能力也强。在上文的统计中，也验证了这一点：一些注意品质较差、出现漏题或是不了解题意的孩子，其综合得分也是较低的。我们需要反思：在平时的教学中，对于班级里所谓的"学困生"，只是关注他们学科知识的掌握，而忽视了对其更重要的元认识能力的提升及学习习惯的培养。

元认知能力包括元认知知识、体验和监控三个内容。发展元认知能力也是关注儿童素养的提升。引导儿童学会认识自我，帮助儿童提升元认识水平，是我们教学中不可忽视的一项重要任务。结合儿童的年龄特征，教师在教学中可以具体的学科知识为载体，从学习材料、学习目标、学习策略等方面唤醒儿童的主体意识；创设自觉思维的情境，引导儿童进行元认知的体验和监控，利用"问"来进行元认知训练。比如，课前问："同学们准备好上课了吗？"提醒学生做好学习前的准备（主要是心理上的）；在新知学习后，教师引导学生："你有什么疑问吗？"促使学生反思自己的学习过程，对学习过程进行自我监控和评价；在全课总结时问："今天你的收获是什么？"引导学生进行全课的回顾和对自己学习的梳理。除此之外，还可以培养学生进行"自问"，看到题目，自己问自己："这道题的条件是什么？问题是什么？""我可以怎么做？"题目做完后还可以问："我对题意的理解对吗？""我的解题是否正确、完整？"……简单的一个"问"字，不断地促进儿童自我反省，从而提高问题解决能力，帮助儿童习得宝贵的元认知知识，积累元认知体验，进行有效的元认知监控，从而发展元认知水平，真正提升儿童"学习如何学习"的能力。

相关研究发现：教师十分重视学生的分数，重视学生的学习成果，从而导致教师对学生错误的认知标准是看结果（对或错），而不是看过程（会或不会）。通过对一卷三测的结果统计与分析，透过错误表象让我们窥探到儿童之所以出错，甚至是屡次出错的背后，是我们用单一的评讲代替对学科知识的有效认识与分析，用不停地抱怨代替探索儿童真正需要的帮助是什么——多样引导、多层建构、促进认知、素养提升，只有这样，才能有效解决儿童的学业困难，给他们需要的帮助。

第九章

基于儿童学习机制的
童心课堂评价体系

　　随着基础教育课程改革的深入实施，有关教育质量评价的议题已经成了当今我国基础教育研究的热点，受到了众多理论研究者及一线教师的关注与思考。2013年6月3日教育部下发的《教育部关于推进中小学教育质量综合评价改革的意见》直指以学业成绩作为衡量学生发展唯一指标的做法，倡导构建绿色评价指标体系。2014年3月30日教育部下发的《教育部关于全面深化课程改革　落实立德树人根本任务的意见》指出："加强发展性评价，发挥评价促进学生成长、教师发展和改进教学实践的功能。……鼓励学校积极探索，完善科学多元的评价指标体系，引导树立科学的教育质量观。"《基础教育课程改革纲要（试行）》也明确提出，建立促进学生全面发展的评价体系应当成为教学的重要部分。

　　基于儿童学习机制的课堂教学评估体系力求体现"以人为本，以学生发展为本"的核心素养理念，同时遵循素质教育的评价原则，评价方式民主多样，评价内容丰富有效，充分体现多元性和开放性，努力构建"童心星卡：从结果评价走向核心素养评价"的教育评价体系，从顶层设计走向全面实施，从校内课内拓展到校外活动，从关注学业成绩到注重能力提升，从单一结果过渡到多元过程……全校师生用一张张小小的星卡铺就一条星级少年成长的美丽路径。

第一节 "童心星卡"评价理论建构

一、对评价改革的认识

我国教育以学科为中心,具有重基础知识、重习惯养成等优点,而突出问题是忽视孩子独立人格的培养。西方教育以儿童为中心,尊重人权,重能力、重个性,而突出问题是忽视学科基础。我们认为,坚守东方教育传统,适当吸纳西方教育对儿童独立人格的尊重,在东西方文化的碰撞中寻找"中间地带",才能更容易把握教育的本真。因此,教育评价的改革势在必行。

1. 评价改革能引导学生全面、和谐、个性化发展

教育评价的改革,让每一个学生都受到尊重和重视,让每一个学生都对学习与生活充满信心,让每一个学生都发现并发展自己的特长,让每一个学生都拥有并追逐自己的梦想,让每一个学生都成为"独特的这一个",让每一个学生的需求都得到满足,让每一个学生的智慧都得到开启,让每一个学生的生命质量都得到提升,让每一个学生都能得到全面、和谐与个性化的发展,让每一个学生都在校园里与人美好地交往,让学校成为学生"一生中到过的最美好的地方"。

2. 评价改革能促进全校教师的专业成长与发展

面对课程改革的深入进行,教育评价改革可以深化文化理论的学习与实践,最大可能地提升教师的专业化成长。教育的本质是人的发展,如果忽视了教师的发展,会造成教师自我的迷失与职业倦怠。教师的专业发展是一个终身学习、不断探索、解决问题的过程,是一个教师的职业理想、职业道德、职业情感升华的过程,是教育实践能力不断成熟,教育经验不断提升、不断创新的过程。参与教育评价改革可以改变教师的生活方式,使教师的教学实践拥有相

应的学术品位。

3. 评价改革能促进学校教育研究工作开拓创新

教育评价的改革能更好地发挥其导向功能，为建设创新型国家和培育创新人才营造良好的育人环境。提高教育教学质量依赖教学工作创新，教育教学工作的创新要求教师走教学与教研一体化道路，以教学研究促进教学能力的提高，促进素质教育的落实，促进教学工作与时俱进。只有在不断的教学与科研的过程中，教师才能在教学实践中及时吸取教学研究的最新成果、教学改革的最新经验及学科建设的最新成就，才能实现教学工作的创新，不断提高教育教学质量。

4. 评价改革能有效促使学生核心素养的落地生根

2016年9月14日，《中国学生发展核心素养》总体框架发布，我国教育界对学生核心素养的模型已达成共识，核心素养的落地生根就要求评价改革不断跟进。国际上学生核心素养的教育质量评价以PISA（国际学生评估项目）测试最为典型，目前已涵盖阅读、数学、科学等多个学科领域。借鉴PISA的有效经验，我校基于学生的学习活动、生活活动、社会实践活动、网络活动四维空间，从文化基础、自主发展、社会参与三个方面出发，以大数据为工具开展对学生核心素养的评价构想。

二、童心星卡的内涵意义

1. 童心星卡的内涵

"童心星卡"评价，通过对学生发展过程的关注和引导，在核心目标指引下，注重学生的行为习惯、公民素养、人格品质、理想信念、潜能发展、情绪行为调控、人际沟通等方面的培养，以"星卡"为激励手段，实施多元化、多角度的激励性评价，让学生体验到成功的愉悦，感受到自身的价值存在，从而满足学生的心理需求，促进学生更好地发展，提升学生核心素养。

2. 童心星卡的评价目标

"童心星卡"评价体系，在一个中心即一切以儿童的健康成长为中心的指引下，努力实现两个目标：一是让学生在星级少年的评比中确定自己的方向。二是让学生在这种开心、愉悦的评价氛围中快乐成长，找到自己的幸福童年。

3. 童心星卡的意义解读

"童心星卡"评价体系不是给学生下一个精确的结论，更不是给学生一个等级分数并与他人比较，而是更多地体现为对学生发展的关怀，使学生健康、幸福、快乐地成长，鼓励更多的学生更好地自我完善。这样的评价是面向全体学生培育童真，是星卡累计培育童趣，是发现专长培育童星。通过评价，激励学生在原有的水平上有所提高，发现学生的潜能，发挥学生的特长，了解学生发展中的需求，帮助学生认识自我、建立自信，使每个学生更加热爱自己、悦纳自己、超越自己，从而活泼、健康、幸福地成长。

三、童心星卡评价理论依据

1. 多元智力理论

美国教育家、心理学家霍华德·加德纳在1983年出版的《智力的结构》一书中提出"智力是在某种社会或文化环境或文化环境的价值标准下，个体用以解决自己遇到的真正的难题或生产及创造出有效产品所需要的能力"。每个人都至少具备语言智力、数理逻辑智力、音乐智力、空间智力、身体智力、人际交往智力和自我认知智力，后来，加德纳又添加了自然主义智力和存在主义智力。这一理论被称为多元智力理论。

2. 朱智贤儿童心理学理论

朱智贤教授认为，遗传素质是儿童心理发展的前提，环境和教育则规定了儿童心理发展；儿童心理发展的动力是儿童在不断积极活动的过程中，社会和教育向儿童提出的要求所引起的新需要和儿童已有的心理水平或心理状态之间的矛盾，是儿童心理发展的内因或内部矛盾，这个内部矛盾就是儿童心理发展的动力。朱智贤教授提出心理发展中内外因的具体内容，并涉及儿童学习积极性、能力发展、品德发展等一系列实际问题。

朱智贤教授认为儿童心理发展主要是由那些适合儿童心理发展的教育条件决定的。具体来讲：第一，教育决定儿童心理发展。第二，教育本身又必须适合儿童心理发展，从儿童心理的水平或状态出发，才能实现其作用；儿童心理从教育到发展必须经过一系列的量变和质变过程，只有那些高于儿童原有水平，经过他们的主观努力后才能达到的要求，才是最适合的要求。

3. 刘百川教育评价思想

刘百川先生认为："六十分及格的标准，也应当予以废除。因为百分之六十的正确，尚不能达到纯熟应用的目的。"与此同时，他反对向学生提出整齐划一的要求，譬如，他反对"消灭三分"口号，以及机械地规定学生的一切活动。他认为，评价中最重要的不是分数。晚年，他为徐州师范学院编写了《教育学讲义》，进一步指出："分数是暂时的标志，知识是永久的财富。"

第二节 "童心星卡"评价体系建构

童心星卡的评价体系包括物态的成长记录卡，以小星卡为媒介的具体实施；遵循班级、年级、校级的相关规定进行获卡、兑卡的规则建构；搭建校级、年级、班级三级评价的项目成果展示。

一、物态体系：教室里一道亮丽的风景线

"童心星卡"的颜色分别为红色、蓝色、绿色三种。红色，是童心的颜色，希望儿童"活泼、勇敢、快乐"；蓝色，是海洋的颜色，期待儿童拥有"深邃的智慧"；绿色，是生命的颜色，意味着儿童的身心健康与可持续发展。每个同学在某一方面获得认可即可获得对应的童心星卡。"童心星卡"评价体系以学生的全面发展为发放依据，以学生的所有活动为发放抓手，立足于全体学生的全面健康成长。小星卡的设计与我校的校徽一脉相承。

图9-1 "童心星卡"三种颜色的寓意

同样，每个同学将自己获得的童心星卡按类别张贴在自己的成长记录卡上：

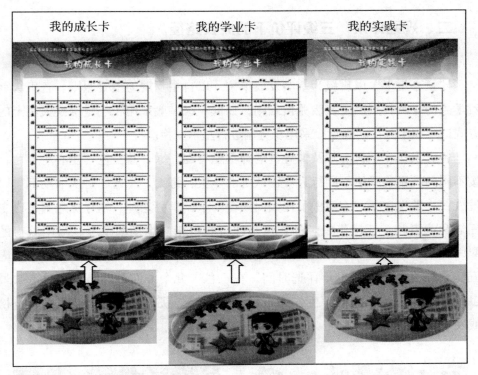

图9-2　个人成长记录卡

（1）红色星卡即童心成长足迹类，主要侧重于学生德育发展，根据学生"重大荣誉""关心他人""认识世界""特长""努力""进步"等方面进行肯定。

（2）蓝色星卡即童心学业评价类，主要对侧重于学生学科知识发展中的"好学""反思""勇于探究""批判思维""热爱生命""自我管理"等方面进行评价。

（3）绿色星卡即童心社会实践类，主要侧重于学生实践活动自身的发展，如对"勇于担当""社会实践""习惯""参与活动""热爱劳动""问题解决"等方面进行鼓励。

每个班设有星级少年成长角，每个学生都有专属的成长记录卡和记录袋。记录袋里是每个学生的红、绿、蓝三色童心星卡，每个同学将自己获得的不同颜色的小星卡分类集合在自己的成长记录卡上，成长记录卡存放在班级的星级少年成长角里，既是星级少年成长的见证，又成为教室里亮丽的风景线。

二、规则体系：三级评价下的成长路径

1. 班级星卡获得规则

"童心星卡"以班级为基本发放单位，以自主发展为主要原则。各班级针对学生的年龄特点制定班级兑换细则，如低年级一般采用积小星卡换大星卡的方式进行积卡兑换，高年级采用积分制进行星卡兑换。

各班主任、学科老师及辅导员老师都配有红、绿、蓝三色"童心星卡"，按不同的类别奖励给不同行为获得认可的学生；每天、每课、每次活动都可以发放："学生在某一方面做了什么而获得同学、学科老师、辅导员老师、班主任老师或者相关活动组织者的认可"即可获得相应类别的星卡，写明获得的原因，学生张贴在自己对应的成长记录卡上。班级有星级少年荣誉榜。每周五晨会课为班级星级少年评选时间，在三色卡九个方面各选出一名得卡数最多的学生或进步最大的学生作为班级星级少年，获得班级奖励，张贴荣誉榜或发表扬信。

 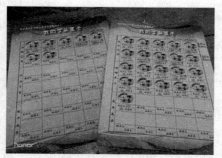

图9-3　每周的星级少年评比　　　　　图9-4　学生晒出的星卡

2. 年级双星少年评选

每个年级设有星级少年荣誉墙，每双周一双周讲时间，以年级为单位进行全员集中，其中一个重要环节就是表彰本年级双星少年。双星少年推荐办法：根据每次双周讲主题，各班推荐对应主题下获得星卡最多的两名学生作为年级双星少年候选人，在年级集会上进行具有仪式感的表彰与奖励。

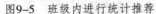
图9-5　班级内进行统计推荐　　　　　　图9-6　评选出的年级双星

3. 校级三星少年评选

学校每个主题月开展相关的活动和评比，每个月的最后一周升旗仪式上，对本月的活动进行总结，对主题月中表现突出、获得此项星卡数量最多的学生进行校级三星少年的评选与表彰，颁发校级三星少年证书。每学期校级星级少年不重复。对于全面发展的学生来说，学校还出台了星卡兑换条例，学生可以根据自己拥有的"童心星卡"的颜色与数量，依照学校规定去兑换相应的证书及实物奖励，甚至还有机会获得"特色奖励"。

图9-7　校级三星少年颁奖

"童心星卡"评价体系，尊重孩子的生活原生态，以全新的视角发现儿童的优点并给予激励。在奖励机制中，注重给儿童以成长的仪式感，重视教育的社会功能，着眼于儿童的发展，让儿童获得全面、和谐、有个性的可持续发展，让儿童"自由自在地""能动地"自主发展。

三、项目体系：顶层设计下的平台打造

学校基于学生的学习活动、生活活动、社会实践活动、网络活动四维空间，从文化基础、自主发展、社会参与三个方面构建童行成长、童思智慧、童做实践等课程体系，打造九大主题项目，寻找直抵儿童心灵、直达儿童需求、直通儿童天性、直指儿童智慧的评价体系。

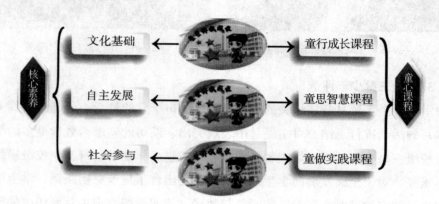

图9-8 从文化基础、自主发展、社会参与三个方面构建
童行成长、童思智慧、童做实践课程

1."童心星卡"与核心素养"暗暗扣合"

红色的"童心星卡"对应着核心素养中的"文化基础"，学生的人文底蕴与科学精神在红星卡上闪烁；蓝色的"童心星卡"对应着核心素养中的"自主发展"，让学生学会学习，让学生健康生活；绿色的"童心星卡"对应着核心素养中的"社会参与"，学生的责任担当与实践创新会在绿星卡上体现。

2."童心星卡"与童心课程"息息相通"

童心课程背后表达的是自然生长、可持续发展与共生共赢的理念与追求。童心课程，让教育的至真至善至美成为师生生命的风景线；童心课程，让至真至善至美的教育成为学校生命的风景线。红星卡指向"童行道德课程"，蓝星卡指向"童思智慧课程"，绿星卡指向"童做实践课程"。

3."童心星卡"与主题项目"美美与共"

学校每个月一个主题，围绕主题开启以促进学生德、智、体、美、劳等全面发展，儿童又乐于参与的基于"儿童"的童心成长节、童言读书节、童趣体育节、童梦艺术节、童幻科技节及童研课外实践的六大品牌项目。每个节日里，学生以活动参与、作品展示、主题汇报、团队交流等各式各样的活动参与其中，锻炼了能力，收获了满满的成就感。

童心成长节：涵盖一年级的新生入队仪式、三年级的十岁成童礼、六年级的"放飞梦想童心飞扬"毕业典礼。

童言读书节：坚持以"阅读润人生，童心筑未来"的主题分年级开展不同形式的展示活动：一年级拼音阅读闯关、二年级诗词佳作配画、三年级美文美诗朗诵、四年级现场习作创编、五年级读书成果汇报、六年级微型剧本表演。

童趣体育节：团体项目有低年级的袋鼠运瓜接力和双脚夹包跳接力、中年级的毛毛虫和碰碰球、高年级的乾坤球和毛毛虫；个人自选项目（每人限报5项）有顶气球、趣味曲棍球、套圈、十拿九稳、愤怒的小鸟、长筷夹球、踏石过河、跳跳乐、飞镖、高尔夫等。

童幻科技节：学生积极参与科技幻想绘画、科技主题队会、科幻电影影评、科普知识讲座、科技主题画报、科技创新大赛及科技知识竞赛等活动。

童梦艺术节：开展班级、年级、校级艺术节的专场演出，涉及配乐朗诵、歌曲演唱、舞蹈串烧、欢歌畅舞、小品表演等。

童研课外实践：指学生在参加国家、省市级比赛中展示或获奖。

在项目的推进中，我们结合"童心星卡"的奖励机制对学生的评价有个人、团队、班级全体、年级整体参与等。不同的主题有不同的评价指标，让每一个学生都在不同的方面得到发展、得到肯定、享受成功。

第三节 "童心星卡"之童心学业评价

一、童心学业评价的总体架构

追本溯源，学业评价是指以国家的教育教学目标为依据，运用恰当的、有效的工具和途径，系统地收集学生在各门学科教学和自学的影响下认知行为上的变化信息和证据，并对学生的知识和能力水平进行价值判断的过程。基于此，我们一改传统的教学评价体系，以儿童发展为核心的多元、有效、综合化的绿色评价替代单一、枯燥、模式化的书面考试。

1. 童心学业评价的关注点与促进面

注重终结性评价和形成性评价互补，关注过程评价。研究表明，终结性评价是面向历史的评价，而形成性评价是面向发展的评价。只有注重过程评价，才能深入了解学生在发展中遇到的问题，对学生的持续发展和提高进行有效的指导，评价促进发展的功能才可能真正地发挥作用。因而，在评价的过程中，我们采取互补的同时进一步关注即时、即地、即兴的过程性评价的方式，并采取激励、接纳、期待、亲近等评价手段，让过程性评价成为评价的主宰。

注重定性评价与定量评价相结合，关注质性评价。我们认为，促进学生发展的学业评价应采用定性与定量相结合的方式。定量评价采用等级制，定性评价采用语言描述，两者相辅相成。比如，在课堂表现方面从学生的学习认真程度、基础知识和基本技能掌握情况、解决问题及合作交流四个方面对学生进行观察，结合不同学生的不同表现教师做出适宜的评价，这样的评价给学生的无疑是一种全面而中肯的评价结果。

注重静态评价与动态评价互给，关注以动替静。以往以试卷作为评价的形式看到的是静态下的结果，而发展性评价要求关注学生的发展进程，重视学生个体过去与现在的比较，着重于学生综合素质的增值。这就要求要有"以动替静"的评价。一方面将笔试无法进行的操作式评价采用面试的方式进行；另一方面，如果学生对某次考试不满意，可以采取"延迟判断"方法，选择二次或多次考试，淡化评价的甄别功能。这样的做法，促使不同层次的学生在不同的评价中找到自信的同时得到各自最大的发展。

注重评价主体多元互动，促进师生和谐发展。我们尝试建立学生自评（即评价建立在学生主动参与、自我反思、自我教育与自我发展的基础上）、同伴互评（即以相互信任、相互尊重为前提的生生互评活动）、家长参评（这一评价的目的是增加评价的客观性和全面性）和教师综合评定（教师综合评价旨在发挥多主体评价的合力作用）的多元评价，同时以民主的、开放的、立体结构的评价体系，从不同角度为学生提供有关自己学习发展状况的信息，有助于学生更全面地认识自我，树立自信，促其不断改进，获得和谐的可持续发展。

注重学、教、评一致性，促进师生协同发展。学生的学业评价与教师的教学是相互影响、不可分割的有机整体。我们要求每位教师以全新的教育评价理念渗透教学，为学生创设民主、和谐的学习环境，关注学生参与的广度与深度，把握好预设与非预设生成的动态平衡。在作业与考试层面以课标的基本要求为基准，突出基础性、发展性、针对性、选择性、激励性等特性。将注重发展、强调过程的教育观念内化为教学态度，融于日常教学各环节之中，以求学生评价与学校教育教学具有高度的一体性，切实有效地改进学与教，从而促进师生协同发展。

2. 童心学业评价方法的五个联结

评价方法的恰当选择，是有效地进行学生学习质量评价的重要条件。根据教学要求和学习质量的评价目标，我们在评价中，主要通过五个"联结"予以实施。

一是平时与阶段相联结，增加童心评价的可信度。仅凭一两次书面测试很难完全评价出学生的真实学科水平。我们注重平时的多角度评价，一方面这样能反映出学生在学科学习中的进步、发展情况，另一方面淡化学生对阶段性考试考查的"恐惧意识"，从而增加评价的可信度。

二是分项与综合相联结，提升童心评价的综合性。随着社会的不断发展与进步，综合性学习不仅是学科性质的一种要求，也是学科学习方式的一大趋势。分项评价的方式可以分解学生学习负担，综合性评价能提升学生的综合素养。

三是课内与课外相联结，凸显童心评价的延展性。评价中我们发现课内进行的评价可以保证评价的准确性。某些评价在课外实施，通过游戏、活动的形式进行，寓评价于活动之中，从而在具体的环境中，检测学生对学科知识的理解和运用能力。课内外的结合让学生的学习有了一定的延展性。

四是师评与生评相联结，体现童心评价的多元性。采用学生个人自评、同桌互评、小组评议等学生自评的方式，尽管较难控制，但适合小学生活泼、好动的特点，有利于发挥学生的主体作用，调动学生学习的积极性。两者结合使用，能促使小学生的学科学习处于主动、积极的状态之中。

五是面试与笔试相联结，彰显童心评价全位性。传统的学生学习质量评价，重笔试轻面试。但是，学生的许多学科能力通过笔试是检验不出来的，如"听""说""动手实践"就需要通过面试的方式进行评价。学生在这一评价中动手与动脑结合，理论与思维结合，学生的评价更加全方位。

二、童心学业评价的学科细化

1. 童言语文评价体系的"四开放"

一是评价内容的开放。基于新课程的评价理念，打破一张试卷分"基础知识""阅读理解""习作表达"三大块和答案唯一论的局面，在内容上从积累与应用、阅读与思考、朗读与交际、习作与创新、综合与实践等方面对学生进行综合的、全方位的、多角度的评价，以体现新课程促进学生全面发展的核心理念。以阅读与思考为例，从课内文章阅读、课外作品阅读与生活积累三方面考查学生对文字材料的感悟、理解、评价、鉴赏与表达等能力。

二是评价方式的开放。《义务教育语文课程标准（2011年版）》指出："要综合采用多种评价方式，考试只是评价的方式之一。"基于此，我们除采用考试的方式对学生进行评价外，还注重在平常的教学行为的三个层面，即平时作业评价、课内学习评价和课外延伸评价对学生能力形成的过程进行综合评价。其中，作业评价的内容分为汉语拼音、识字、写字、阅读、习作、语文交际等六项，教师或师生的批改与记载作为对学生语文素质评价的第一手资料。教师的评价在知识与能力、过程与方法、情感态度与价值观等方面发挥主导作用，同时让学生通过自评和互评进行反思、比较，明辨是非，扬长避短。课外延伸部分则从作品展示、课前读诗讲史等活动进行评价。

三是评价题型的开放。评价题型的设计考虑不同层次学生的学习状况，设计出不同项目、不同要求的命题。题型能满足不同学生学习发展的需要，让每一个学生都能找到自己的亮点，在与命题的对话中体会到成功的喜悦。比如，一年级的拼音闯关中就设计了拼音词朗读（任选一组）、看图说话（任选一幅）、根据提供词语情境说话（任选一组）等不同层次的自选题，中高年级的学生可以就文章中某一人物的做法进行评价，也可结合文章中的人与事从辩证的角度谈其产生的社会现实意义。这样的开放题型对学生的学与教师的教都提供了变通性，使师生的活动有了后退与新的提升空间。

四是命题形式开放。我们尝试设立"作业超市"，打破一直以来老师布置作业，学生按时完成的天经地义的僵局。让学生自主参与命题（一人或多人皆可）张贴在相应的栏目中，学生可以自由挑选自己喜爱的、乐意完成的作业，完成后交给设计者检查。同时，开展学生自主命题的最佳"设计师"与自主选做的最佳"挑战者"评选活动。为学生搭建一个展示自我、实践创新的舞台，构建一个自主学习、主动发展的平台。同时，学生的主动意识与团结进取的精神也得以培养。

2. 童化数学评价性质的"全"把控

《义务教育数学课程标准（2011年版）》在基本理念中明确指出："评价的主要目的是为了全面了解学生的数学学习历程，激励学生的学习和改进教师的教学；应建立评价目标多元、评价方法多样的评价体系。对数学学习的评价要关注学生学习的结果，更要关注他们学习的过程；要关注学生数学学习的水平，更要关注他们在数学活动中所表现出来的情感与态度，帮助学生认识自我，建立自信。"

我们的童化数学界定在"儿童化"与"生活化"的视野，将数学涉猎的数与代数、空间与图形、统计与概率、综合实践与应用四大领域的内容更加可视化与可操作化，将数感的建立与思维的发展趋于系统化，使评价的诊断性与激励性得以彰显。其目的是为了了解学生学习数学的成就与进步，核心是促进学生数学学习的全面、持续、和谐发展。我们的做法是"调整考试内容，改变考试方式，恰当处理考试结果"。面试与笔试的试卷原则要求：知识与技能的考查注重基础性，解题策略渗透开放性，情境计算题有时代感，试题体现对学生综合能力的考查，测试体现人文关怀。由此，我们在童化数学的评价视角、评价形式、评价内容、评价标准、评价方法及评价人员六个方面做了充分考虑与调整。

表9-1　童化数学学业评价具体操作示意表

评价形式		评价内容	评价标准	评价方法	评价人员
定量评价	笔试	考核概念理解、计算、思考、运用知识解决实际问题等能力	依据试卷具体内容裁定	平时评价与期末评价相结合，分别占40%与60%	教师
	口算	考查口算能力，主要是速度与正确率	学生在规定时间内直接写得数	编制2—5套难易程度不同的试卷，学生根据自己的学习层次选择一套试题。每月测试一次，最后取平均分	教师
	实践操作	考查学生的实践操作能力，内容根据教材的实践操作内容而定	操作正确，方法科学合理，程序规范。方法具有多样性或创造性的可给予加分	提供若干实践操作内容，学生选择自己感兴趣的一个，可以独立完成，也可以选择合作伙伴共同完成。每月检测一次，每个学生一学期只需要参加一次检测。教师要做好记录，保留资料	教师
定性评价	数学表达	概念的形成、公式算理的推导、应用题分析推理、现实生活中数学问题的描述、提出疑问等	有条理、清晰地表达，提出有价值的数学问题等均可得满分。评价时考虑到学生的差异，灵活掌握	课堂观察，主要通过课堂评价，教师做好评价记录	教师学生

续 表

评价形式	评价内容	评价标准	评价方法	评价人员
定性评价	课堂表现	专心听讲，注意观察；积极发言，声音响亮；踊跃参加小组活动，认真倾听别人发言；虚心接受他人评价；不懂即问，虚心好学	能很好地做到以上几点的，得满分；某方面有不足的，酌情降低分数	可采用学生互评、教师评价相结合的方法	教师学生
	作业情况	课堂作业与课外作业	作业书写工整、正确率高或作业有进步者得满分，某方面不足的，视情况减分		教师学生家长
	成果展示	数学日记、数学小报、设计的美观图案、数学金点子等	主动参与展示，视作品受欢迎程度酌情给分		教师学生

3. 童话英语评价类型的"共"融合

童话英语评价的内容极其广泛，不仅包括语言知识、语言技能和实际交际能力，还包括学生在学习过程中表现出来的学习态度。因而，评价分为测试型评价和非测试型评价两种形式。非测试型评价即形成性评价，在整个教学活动中占主导地位，其内容包括学习兴趣与策略、课堂表现、口语表达能力、书面作业四个方面。

童话英语的评价阐述如下：

一是操作对象的多样化。集中在教师、学生及家长三方面。

二是评价形式的多样化。主要分为以下几个方面：第一，录音评价：学生按教师要求将相关内容录入空白磁带上交，教师在磁带上进行评价。第二，口头评价：考查学生运用语言进行实际交际的能力，可看出学生语言的熟练程度。重点落在语言的标准、语调的自然、语速的流利及语言的运用、语言的即兴反应上。口试分为听、做、说、读、唱、玩几个板块。具体有听听做做，如听音模仿、说日常用语、根据所给题目即兴会话、根据所给情景即兴编演对

257

话；读单词、读课文、读音标、读音标组合、读课外段落；唱儿歌、唱歌谣；课文对话的表演，自编对话的表演，儿童剧、课本剧的表演。第三，笔试评价：从书写、词汇、语法、归纳概括与语言表达等方面测试学生对知识点的掌握及阅读能力的掌握情况。

童话英语教学的核心要素在"话语"上，因而我们评价的基点也定在话语上，将朗读单词、背诵课文、表演对话、唱英文歌曲、朗诵歌谣、做值日汇报、讲英文故事、英语课本剧表演、参加准交际活动等形式融于评价中，将形成性评价寓于评价的结果中。

4. 常识学科评价方式的"整"覆盖

无论从人的全面发展，还是从核心素养培养的角度，我们都应当将学生的学习与评价从语文、数学、英语的所谓主学科评价转移至全学科的评价，实现学科评价的"整"覆盖。

在常识学科具体的学业评价中，我们主要以表现性评价为主。包括对研究主题或实践活动方案设计和组织实施的评价、对实验操作的评价；对美术、科技作品、音乐、体育的设计及活动展示的评价。主要考查学生的活动设计能力、活动实践能力、解决问题的能力和合作交流能力。由此，我们依据学科课程标准的相关要求，结合各个学科的学科性质及教学内容，坚持课堂观察、个体测试与作品呈交的形式进行。

在具体的实践中我们考虑到学生人数的不断增加，任课教师的随堂监测分解了测试工作强度，教学管理部门分时段、分学科、分年级进行抽测，以实现常识性学科评价的全面覆盖。

三、童心学业评价的实施愿景

学业评价在本质上是一个非常复杂的判断与处理的过程，是师生思考和认知过程的等级结构模型中最基本的因素。通过评价者对评价对象的各个方面，根据评价标准进行量化和非量化的测量过程，最终得出一个可靠的并且符合逻辑的结论。在童心课堂教学改革中，我们将学业评价这一主体放在重要的位置，我们也坚信，随着课堂改革的进一步深入与成熟，我们将始终坚持以"童心"为原点，以学生的全面成长为终极目标来驾驭我们的评价。

学生的学业考核和评价应包括学生的思想品德与行为规范，社会实践表现，基础型课程、拓展型课程、研究型课程学习，以及担任社会工作等方面的情况。我们强调学业评价对学科教师教学的激励作用、诊断作用和促进作用的同时，要注意弱化评价的选拔与甄别功能。我们很清晰地明确学业评价可以从不同的角度分类：按评价的目的，可分为选拔性评价、水平性评价、反馈性评价；按不同的认知维度，可分为知识评价、技能评价、能力评价；按在教学过程中的作用，可分为形成性评价、诊断性评价、终结性评价；按评价的主体，可分为他人评价、自我评价。但无论哪种类型的评价，都要体现评价的科学性和有效性。也就是说，学业评价应在教学实践中尽可能符合实际需要，从而推动学生学业进步。

将来，我们期待形成一个更为系统的童心学业评价体系，教师层面拥有便于操作的学科评价细化表，学生对自主经营的学业成长档案袋了如指掌，家长对孩子的学业评价自愿参与度与有效性高涨。每一个学生都有属于自己的电子学业成长手册。

总之，童心学业评价不仅关注学生学习成绩，而且发现和发展学生多方面的潜能，了解学生发展中的需求，帮助学生认识自我、建立自信。从学生学业的知识与技能、过程与方法、情感态度与价值观三个维度进行综合评价。发挥评价的教育功能，促进学生在原有水平上的发展。始终贯彻以儿童发展为本的教育理念，关注每一个儿童的全面发展、持续发展和终身发展。

第四节 "童心星卡"评价实践结论

一、实践效果

（1）评价以"童心星卡"的获得为操作平台，"童心星卡"以学生的全面发展为发放依据，以学生的所有活动为发放抓手，立足于全体学生的全面发展与健康成长。实施星卡评价以来，无论学生还是教师甚至整个校园都在进行一场静悄悄的革命，我们已经感受到小小的星卡所发出的巨大的能量。

（2）近两年的问卷结果表明：学生对星卡评价的满意度较高。2018年12月，我们随机抽查了全校15个班866名学生对于星卡评价的满意度，被抽查的866名学生中，有796名学生表示很喜欢星卡评价，占被访总人数的91.9%，其中中低年级学生满意度相对于高年级比重更高一些。具体班级情况如图9-9所示：

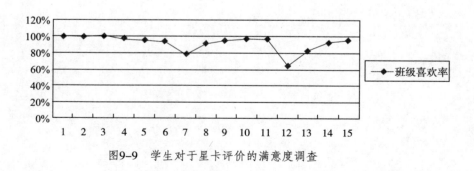

图9-9　学生对于星卡评价的满意度调查

2019年12月，我们再次进行问卷调查，低年级学生满意度依旧很高，单独对中高年级1338名学生进行问卷，82.14%的学生都表示喜欢老师用星卡来奖励自己，满意度比2018年显著提高。

（3）学生、教师、家长的访谈结果表示满意。学生在访谈中表示很喜欢星卡，班级后面挂的文件袋可以把得到的星卡分类贴好，时间久了，能够看出自己在学习、活动、成长等方面的表现；家长表示实施星卡评价以来，能让家长更了解孩子在学校的多方面情况，孩子的变化也很大，积极上进，自觉遵守规章制度，学习热情也提高了；老师认为，星卡评价实施后班级非常活跃，同学之间互相竞争，孩子们自制力一步步提高。老师们觉得星卡实施一定要坚持，让它成为激励学生向好的方面转变的强大动力。

星卡评价使学生的学习方式发生改变。见图9-10：

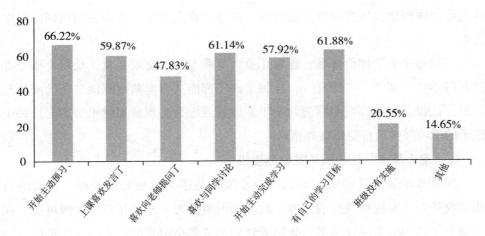

图9-10　星卡评价使学生的学习方式发生改变

超过一半的学生认为自己在主动预习、复习、与同学讨论、设立自己的学习目标这几个方面有很大的进步，这些都表明实施星卡评价以来，学生能够做到主动学习、乐于学习。而约占50%的学生开始喜欢提问、发言、主动完成任务，同样也是喜欢思考、喜欢自主学习的表现。这些变化充分说明了星卡评价极大地激发了学生的学习兴趣，有效地促进了学生的自主探究与学习，学生也能够从中获得满足感与成就感，从而帮助学生形成一个良性的循环。总的来说，星卡评价体系符合儿童的心理特征，有助于儿童形成一种适合的内在学习机制。

（4）星卡评价促进了教师的专业发展。对于教师来说，星卡评价锻炼并提高了他们在班级管理方面的能力，指明了班级管理努力的方向，积累了更多的经验，特别是对于新教师而言。同时，通过星卡评价的实施，他们感受到学生的变化、班级的变化，从而也带动了自身的成长与变化。教师围绕星卡评价撰写的文章也陆续获奖和发表。

二、实践结论

1."童心星卡"让每个孩子都很精彩

尊重与要求相结合是教育永恒的法则。没有尊重就没有教育，只有尊重也不是教育，教育的艺术重在尊重与要求相结合；规则是实施要求的基本方式，但规则要基于对儿童个体的尊重，当规则与个体矛盾时，教师要学会等待，要从儿童个体健康发展的角度灵活处理，以体现育人为本，不应强调规则而目中无人。

"童心星卡"评价体系，理解儿童，尊重儿童，发现儿童，让每个孩子都能时时感到"意外""惊喜"，让每个孩子都能从自身角度畅谈自己的成长与不足，让每个孩子都拥有缤纷的童年梦想并愿意为实现梦想付出努力，让每个孩子的学习与生活都变得格外精彩。

2."童心星卡"让校园焕发勃勃生机

评价改革发展了教师，而教师的发展是为了儿童更好地发展，教师的自我发现是为了发现更美好的儿童，教师的创造是为了开发儿童的无限可能。在"星卡飞扬"的美丽校园里，我们看到的儿童都是阳光的、充满正能量的，一种良性的发展态势印证了我们最初的教育理想。

"童心星卡"评价体系，让师专二附小这片教育的热土焕发着勃勃生机，让每个儿童都成为"独特的这一个"。从儿童的学习状态，我们可以看到不同寻常的"评价改革"带给儿童的震撼心灵的变化。师生们舒展心灵，放飞梦想，"向着明亮那方"且思且行、且行且思。

3."童心星卡"让儿童全面、自主发展

孩子的成长需要教育者的主导，但外力通过内力才能发挥作用，强调主导不能忽视孩子作为成长的主体地位。教育的最高境界是自主教育，引导学生通过自主规划、自主体验、自主感悟、自主反思、自主管理等，达到自我修养的目的。其核心是充分尊重学生的个性、兴趣、爱好、能力、特长等，因人施教。

　　一种全新的评价理念，它所关注的教育质量评价，以学生的学习、成长和发展为基本的价值标准，来反映学校的教育状况，来体现教育过程的本质。我们姑且称其为"好的评价"。好的评价创造适合儿童的教育，好的评价让师生"教学相长"，好的评价让儿童成为"这一个"，好的评价让儿童有无限可能，让我们的星卡评价在实践中不断历练，和儿童一起成长，成就一种"好的评价"！

参 考 文 献

［1］中华人民共和国教育部.义务教育数学课程标准［S］.北京：北京师范大学出版社，2012.

［2］［瑞士］皮亚杰.结构主义［M］.倪连生，王琳，译.北京：商务印书馆，1984.

［3］［比］J. M. 布洛克曼.结构主义：莫斯科—布拉格—巴黎［M］.李幼蒸，译.北京：中国人民大学出版社，2005.

［4］张景中，曹培生.从数学教育到教育数学［M］.北京：中国少年儿童出版社，2007.

［5］李克建.追寻教育研究之道——结构主义、后结构主义与教育研究方法论［M］.北京：光明日报出版社，2011.

［6］郑毓信.善于提问［J］.人民教育，2008（19）.

［7］朱智贤.儿童心理学［M］.北京：人民教育出版社，2009.

［8］中华人民共和国教育部.品德与生活课程标准［S］.北京：北京师范大学出版社，2011.

［9］谢兴梅.活动性教学中"活动"的品质及教学模式转换［J］.辽宁教育，2016（8）：46.

［10］崔允漷.有效教学［M］.上海：华东师范大学出版社，2009.

［11］［美］奥苏伯尔，等.教育心理学：认知观［M］.北京：人民教育出版社，1986.

［12］詹栋梁.儿童哲学［M］.广州：广东教育出版社，2005.

［13］中华人民共和国教育部.义务教育语文课程标准［S］.北京：北京师范大学出版社，2012.

［14］皮连生.学与教的心理学［M］.上海：华东师范大学出版社，2009.

［15］袁行霈.中国诗歌艺术研究［M］.北京：北京大学出版社，1987.

［16］朱光潜.诗论［M］.南京：江苏文艺出版社，2008.

［17］李莉芸.基于图式理论的小学语文阅读前导活动［J］.教育理论与实践，2016（29）：53-55.

［18］李国忠.图式理论与小学语文阅读教学研究［J］.语文建设，2013（6）：4-6.

［19］潘家明.回归诗性的阅读［J］.教育与教学研究，2010（3）：112-114.

［20］陈佑清.交往学习论［J］.高等教育研究，2005（2）.

［21］陈志霞.课堂求助行为及其影响因素研究［J］.心理科学，2000（5）.

［22］中华人民共和国教育部.义务教育数学课程标准［S］.北京：北京师范大学出版社，2011.

［23］李晓东.关于学业求助的研究综述［J］.心理学动态，1999（1）.

［24］王水珍.论学业求助及其培养［J］.上海教育科研，2003（1）.

［25］常淑敏.由最近发展区到学生的学业求助——自我调控学习的重要策略［J］.当代教育科学，2003（22）.

［26］孔伟.学业求助的影响因素及教育策略探析［J］.现代教育科学，2008（10）.

［27］刘敏.初中数学困难学生的学业求助研究［J］.社会心理科学，2011（2）.

［28］孙兴华，马云鹏.小学数学教师如何处理学生计算错误的研究［J］.小学数学教与学，2016（5）.

［29］郭民，史宁中.小学生数感发展规律与特征的实证研究及其启示［J］.数学教育学报，2011（1）.

［30］中华人民共和国教育部.义务教育语文课程标准［S］.北京：北京师范大学出版社，2015.

［31］陈新民.识字与写字教学当遵从汉语言文字的特点［J］.甘肃兰州文理学院学报（社会科学版），2003（4）.

后　记

　　最近在读成尚荣先生的《儿童立场》一书，先生在书中有许多颇具哲理的观点，比如他提出的"教师发展应当有'第一专业'，这'第一专业'是儿童研究""儿童研究的总主题应当是认识儿童、发现儿童、发展儿童。发展儿童是研究儿童的宗旨，认识与发展儿童既是儿童研究的前提，也是儿童研究的目的""儿童研究的关键是确立正确、先进的儿童观"；关于儿童研究的方式，他总结"最具现场性的研究方式是日复一日的观察、最具深刻性的研究是个案研究、最适合教师的研究方式是叙事研究"。当看到这些话语时，我心中不禁会有一些小兴奋：我们的研究是不是就是先生所说的认识儿童、发现儿童和发展儿童呢？我们是不是正在努力地成长为一名专业的儿童研究者呢？至少我们是向这个方向努力的吧！

　　《童心课堂：基于儿童学习机制的实践研究》是学校立项的江苏省第三批前瞻性课堂教学改革实验项目"基于儿童学习机制的童心课堂实践研究"的研究成果。不得不说，在项目申报和研究过程中，我们的内心是忐忑的。身为一线教师的我们，理论积淀不够，实践层面零散，"前瞻"二字更让我们备感压力。像小学生一样，在专家们的指导下，我们一次次地修改和完善项目的研究方案和研究内容。直到今天，我仍清晰地记得成尚荣先生的指导：回到儿童，研究儿童，研究儿童是如何学习的……陆志平先生说："学校挖掘历史，研究儿童，特别是将与你们学校颇有渊源的朱智贤先生的《儿童心理学》作为理论指导，很有意义。要从朱先生的理论中梳理一些观点，结合现在儿童的特点，进行研究，寻找最适合当下儿童的教学规律和学习方式……"市教研室刘俊利主任每次见面，都会问我："研究到哪一步了？你们认为的学习机制到底是什么？"马建明主任为了童心课堂框架图中的五个环节，百忙之中与我一次又一次地论证、推敲……众多令人感激的细节不再一一赘述。在此，对所有帮助过、指导过我们这个研究的领导、专家和同行一并表示感谢！

在整理及修改书稿的过程中，我经常透过文字，回忆起实践中的每一个场景、每一幅画面，并不觉得这只是课堂教学改革尝试的成果展示，更像是一部教学研究生活纪实：每一段文字的背后，都是团队老师们从实践中高度地概括、精心地打磨，有时甚至为了一个合适的词语反复地琢磨、推敲；每一个课例的形成，都是学校老师们从研究课到汇报课再到展示课的磨课历程，有时甚至从校内上到校外，只为听取不同的声音来完善；每一个模型的架构，都是从实践上升到理论、从本校课堂到辐射区域的尝试，有时会一而再，再而三地调整与修改。这十来万字，记录的是一段生动的、活泼的、草根化的研究历程。在此，感谢百年附小优秀的教师团队，感谢在本书中提供案例支撑的张情情、苏肖肖、王旭、李海娜、郑佳、程敏慧、张小勤、卞小利、吴知伟、吴泞含等老师，虽然童心课堂的学科实践只是分为语文篇、数学篇和综合篇，未能将每一个学科都完全覆盖，但有了不同学科案例的充实，才使得我们童心课堂的学科实践更加丰满与立体。

可能，这十来万的文字还很稚嫩，有些地方学理上仍需进一步理顺；可能，这十一个案例有些环节很普通，设计也不出彩；可能，关于学习方式、评价方案也很片面、浅薄；可能……但我们也很欣喜她的出现，毕竟这是一段宝贵的记录，更是我们前进的方向！

2021年4月4日